近世京都近郊の村と百姓

尾脇秀和　著

佛教大学研究叢書

思文閣出版

目次

近世京都近郊の村と百姓

序章　本書の研究視角と構成

一　本書の問題関心――「表裏」の運用と「穏便」――

本書は、京都近郊に位置し、公家・寺院領を中心とする相給村落であった山城国乙訓郡石見上里村（現京都市西京区大原野石見・上里）と、同村百姓にして公家家来でもあり、庄屋・医師・手習師匠としても活動した大島家を分析対象として、近世、特に近世後期における百姓の変容とその実態について考察するものである。

近世百姓の研究において、「農民は土地に結びつけられ、かれらは自分自身のためにではなく、年貢を生産するために働いていた」というかつての近世百姓像[1]、すなわち百姓を、権力に抑圧された農奴的身分と位置づけるいわゆる貧農史観が、すでに過去のものとなったことはいうまでもない[2]。近世百姓が農業に限定されない多様な生業と側面を持っていたことは、今日ではもはや常識となっている[3]。

領主と百姓の関係は、深谷克己が指摘したように、「仁政」を媒介とした恩頼関係であり、「百姓成立」の実現が第一に意識されていた。すなわち百姓は、自ら「御百姓」たることを前面に出して主張を行い、これを受けた領主側は、「百姓成立」を保証する仁政を行わねばならないとする意識、論理構造が存在していたのである[4]。

さらに近世後期になると、百姓はかかる論理を盾に、種々の場面で明らかに実態とは異なる建前を以て、領主への要求・主張を展開するようになる。領主側は、百姓側の要求・主張を虚言と知りながらも、それが「百姓成立」の論理、つまり治者たる領主と被治者たる百姓という構図のもと、従来の社会秩序の上で行われる限り、これを許容せざるをえない状況さえ、次第に現出していったのである。

化政期の世相を批判的に述べた『世事見聞録』は、人々が道理を忘れて利勘を第一とする時世に憤慨しつつ、貨幣経済の強い影響を受けた都市近郊村落の富裕な百姓らが、領主側に対して使い分ける両姿勢――「表」（建前）と「裏」（実態）を、領主側の視点から、具体的に次のように叙述している。(5)

> さて融通弁利は世を賑はし人を補ひ、この上もなき体に見ゆれども、さにあらず。右体貧富偏り、或は奢り或は窮し、その間に利欲の徒、余多出来て、民を荒すなり。既に御当地（江戸）をはじめ、京大坂そのほか国々城下近辺の百姓、または宿々津々浦々などの町家に近き場所にて、菜も大根も銭に替り、花も薄も価に拘はる土地は、民の本意は失せて、人を誑かして利を貪る悪しき智恵になり（中略）諸事の懸引き商人の心持にて、義理を弛（はず）して利に走ること諭くて、万事表裏進退する境を弁へ（中略）今土民の心も業も替りて、右体表裏二筋の悪智恵起りて、土民に似合はざる利口弁舌、殊に融通利潤に諭くなりて、或は上を犯し、貴人を欺く事を覚え、譬へばさのみ不作になき年柄とても、種々風雨の難を唱へ、利口の方便を飾り、或は検見役人に愛相を尽し、賄賂を入れ、損毛引方を付け、又は強訴を入れ、且つ領主地頭を怖（おど）しなどして、年貢を少なく納め、米も悪しき所を年貢になし、善き米を己が勝手の売りものになし、また奉行所そのほか諸役所へ出る時は、態々麁末なる衣類にて見苦しき体をなし、さも土民らしく不調法に見せて、難渋の数を尽し歎き立て、もし己が利屈に当る時は強情に申し張り、もしまた不義理に落入りたる時は、土民ゆゑ弁へざる体になし（中略）兎角上をも恐れず、冥利を弁へず、諸役人をも取扱ひものにするなり。

かかる「表裏二筋の悪智恵」を使い分ける百姓像は、本書でも明らかにする事実を踏まえれば、『世事見聞録』の著者武陽隠士の被害妄想ではなく、当時の事実に即した叙述といえる。さらに武陽隠士は、わずかな給所しかない旗本領主の場合、特に百姓から侮られ、領主は「いつも百姓に負け」、「百姓は地頭に逆らひたるが勝になつて仕廻ふ」とまで憤慨するのである。[6]

しかし着目すべきは、かかる百姓の「表裏二筋の悪智恵」に対して、領主側は、百姓が「態々麁末なる衣類にて見苦しき体をなし」て、「さも土民らしく不調法に見せて、難渋の数を尽し歎き立て」るという姿勢、百姓成立の論理構造に沿って、領主に御救を求める「御百姓」としての態度を表面的にとっている以上、その要求・主張を容易に拒むことができなかった点、あるいは拒むことをしなかった点である。武陽隠士は近世後期の社会を「善悪ともにすべて穏便にすますこと常となりて、町人・遊民・百姓等まで武士を欺き掠め、また計略に陥るなど珍らしからぬ事になりぬ」といい、それを武士による武威衰退の結果、すなわち「臆病の沙汰」と評するが、[7]かかる解釈は「いつも百姓に負け」る領主側に立った武陽隠士の短絡的憤慨に過ぎない。[8]武陽隠士自身が同書で繰り返し述べているように、近世後期には、社会のあらゆる場面において「すべて穏便にすます」ことが常態化していた。筆者はこの「穏便にすます」ことを第一義とする意識こそ、近世社会を安定化させている基本姿勢であったと考えている。

もっとも、何もかも無条件に「穏便にすま」されるのではない。それは、百姓と領主の関係が、日本近世社会の受容した朱子学的意味における、治者と被治者（士・庶）の関係を維持すること、すなわち社会的分業を基礎とする、治者と被治者という上下関係とその社会的役割の峻別を、それぞれが自らの「分」（身分・職分などの社会的役割・立場・地位・領域）を弁えて立ち振る舞うことにより、従来の社会秩序を維持安定させることが必要条件となる。[9]つまり実態はどうあれ、この社会秩序が建前的・表面的に成立し、従来通り維持安定して推移するのが「穏便」な状態とみなされるのである。

近世後期の社会では、領主・百姓ともに、それぞれがその「分」を果たし、「分」相応に活動することを肯定的に意識して、治者と被治者という構図・秩序の現状が維持安定されている「穏便」な状況が望まれた。ゆえに「分」に基づく社会秩序の建前と乖離する状態が生じたとき、治者・被治者の両者が、種々の調整を加えることで、従来の建前通りに「分」を維持して「穏便」に推移させるという、社会秩序の安定が図られたのである。(10)建前と実態との乖離に対する表面的調整は、単なる百姓側の一方的「表裏二筋の悪智恵」ではなく、社会秩序の「穏便」、すなわち従来の「分」に基づく社会秩序の維持安定を実現するための行為であり、それは治者たる領主と被治者たる百姓の両者によって行われたのである。

水本邦彦は、公儀の裁判と村掟を分析する中で、公儀の「建前」と「内証」に着目し、「「建前」としての公儀の法は、刑罰権の公儀による掌握を原則とし、私的制裁権の否定を謳ってはいたが、その第一義的目的が社会全体の公共的秩序維持ではなく、公儀の威光維持にあったがゆえに、そこに、公然化せぬ限りにおいては内々の処理を容認するという「内証」の対応が生じた」と指摘した。(11)また五島敏芳は、百姓の欠落(かけおち)を素材として、百姓側が把握する欠落の実態と、領主へ申告される欠落内容の「乖離」に着目し、こうした百姓側による「工(たく)ミ」が領主を欺く行為であるにもかかわらず、「工ミ」を容認する領主側のはからい(「差略」)の存在を指摘し、百姓側の「工ミ」と領主側の「差略」の運用構造を「村社会に止まらぬ領主をも含み込んだ、トータルで相互妥協的かつ領主の体面を損なわない円滑処理システム」であったと述べている。(12)いずれも近世社会の建前と実態、「表裏」の運用に着目することで、近世の社会構造の特質を指摘している。

「表裏」――建前と実態の運用は、領主・百姓間のみならず、「分」の維持安定による社会秩序の「穏便」を第一に希求する、近世社会全体の特質、近世社会構造を存立させている理論として、詳細に分析されるべきであると考える。建前と実態の違いや調整を、〝あたりまえのこと〟や〝ありそうなこと〟等という浅薄な解釈で片付けてはならない。こうした発想があるとすれば、現代の我々もまた、近世ほどではないにせよ、建前と実態という「表裏」が運用される日本社会の日常に馴致しているために他ならないであろう。[13]ゆえに建前と実態の運用を実証的・理論的に検証することは、近世社会を理解する有効な視座になると考える。[14]治者側からみえる支配の建前を、近世社会の実態として解釈することなく、被治者における実際の態度・視点を主とした具体的事例によって、これを治者側の建前と比較しながら、その建前と実態の齟齬と調整実態を確認・整理し、治者と被治者両者における、建前と実態という「表裏」の運用から、近世社会を正確に理解する視点が重要である。

一見「悪智恵」にもみえる被治者たる百姓の「表裏二筋」の使い分けは、近世社会における様々な建前と実態の乖離に対して、これを「分」に基づいて、表面上建前通りに調整する行為である。実際本書で示すように、治者たる領主側は、この乖離と調整自体を暗黙裏に了承しており、この調整は、いわば治者と被治者両者による「穏便」実現の作法として機能している。

筆者は、近世百姓はもちろん、近世社会を考察する上で、常に建前と実態に着目し、殊に被治者側が建前を守ることに対する意識・行動について考察したい。それは、単なる建前と実態の乖離・齟齬そのものの指摘を目的としない。治者・被治者それぞれが「分」の維持安定という建前を遵奉し、それに合致しない実態に対し、表面的調整を加えることによって、従来の社会秩序の建前的「穏便」が希求されるという、近世社会の構造と特質に関心の眼を向け、これを明らかにしたいのである。また近世後期、「穏便」を希求し実現するために調整の必要が生じたことは、社会変容の進展や、百姓・町人をはじめとする人々の多様化の表出ともいえる。「穏便にすます」という意識や行動は、社会実態の変容や多様化に対応し、調整するために生じたものでもあったといえよう。

本書の根底にあるのは、以上のような問題意識である。本書は、錯綜した支配が行われた京都近郊相給村落である石見上里村という一村と、そこに住まう一百姓にして、同時に公家家来（堂上公家である正親町三条家の家来）でもあり、時に庄屋、また医師であり手習師匠でもあるといった、多様な側面を持つ大島家を分析対象として、その変容を多面的に考察する方法を取る。この村と家の変容実態とその意義を詳細かつ多角的に分析することによって、村と家（あるいは個人）の相関性を、より深く追求しようと試みる。特にその変容においては、種々の建前と実態の齟齬が生じる中、従来の「分」を維持安定させて、表面的な「穏便」を実現すべく、様々な調整が行われる。そうした「表裏」の意識と調整の上に、社会の安定が成り立っていることに着目して、京都近郊相給村落と百姓の変容・実態を具体的に明らかにする。

二　研究史の整理と課題

（一）　京都近郊相給村落の研究

相給村落の研究は、関東旗本知行論の中で多くの事例が蓄積され、その具体的実態が明らかにされてきた[15]。これに対し、類似した、あるいはより錯綜した相給構造をもつ畿内近国地域の実証的研究は、極めて少ない状況にある[16]。それはいわゆる非領国論[17]以降、同地域の研究が支配国論へと進展し、その関心が主に大坂町奉行をはじめとする国奉行の広域支配へと向けられていったためでもあろう[18]。

山城国、特に京都近郊は、公家・寺社領を中心とする相給であるという地域的特徴があった。井ヶ田良治は公家・寺社領主が領主権を有したこと、田畑一筆ごとに領主が特定され、百姓も各領主に分属していたこと、しかし百姓の所持田畑の所属する領主と、人身的に所属する領主が異なる、といった重要な指摘をなした。井ヶ田の研究は京都近郊相給村落についての先駆的成果ではあるが、時代も状況も異なる複数村落の事例を公家領という共通性のみによって同一線上で論じたため、その時期的変化を捉えられていない。旗本相給知行における知行主―知行付百姓―知行地の不整合説を批判し、その整合性を明らかにした白川部達夫が、不整合説を主張した先行研究が相給設定時と隔たった史料を使用してきたことを問題点として指摘したように[19]、相給村落成立時の土地・

百姓の状況、つまり初期設定が、時代の推移の中でどのように変化したか、特定の一か村における長期的変容を考察する必要があると考える。

京都近郊相給村落を支配側からみた場合、村高・各領高・領主構成、いずれもほとんど変化せず、全くの無変化のうちに明治期に至ったようにみえる。しかしその実態は、次第に変容したものと当然推測される。この表面上の無変化は、同地域が公家・寺社領などによる極めて錯綜した相給状況にあって検地が行われず、古検高が明治期まで存続したことによる。もっとも、相給村落に限らず、古検高と実態との乖離は、時代の推移とともにいずれの地域でも生じた問題であるが、その処理方法は様々であって、古検高を表高として継続しつつも、それと同時に実高が設定されて機能している地域も多い。しかし同国、とりわけ京都近郊相給村落の場合、表高と実高という両様の石高設定自体がないまま、一貫して古検高のみが使用され続けた村も多く、本書が取り扱う石見上里村もそのような村落である。初期の設定から変容した実態と表面的無変化の関係を、百姓側の視点から具体的に明らかにする必要がある。この石高の無変化は、実態と建前的な古検高とを合致させるべく調整する百姓側と、それを容認する領主という構図があって初めて実現する。建前としての古検高と実態との齟齬に、いかなる調整・操作が加えられて、その表面的無変化が実現していたのか、これを具体的に解明することは、近世における百姓と領主の関係を考察する上で重要な視点になる。

また、相給村落においては、村内の百姓がその領主ごとに領民として分属していたが（これを京都近郊相給村落では株百姓と呼ぶ）、この各領主における株百姓の設定も、時代の推移ともに変化したはずである。百姓側はその帰属百姓の初期設定を維持するために、どのような調整を行ったのか。これも具体的に解明する必要がある。

（2） 村落状況と百姓の諸活動

一八世紀後半以降、近世村落社会は百姓の均質化や村役人の村抱化などにより、変容・変質の度を高めていく。村役人層は変容する村落社会にどのように対処するかを課題とし、自家の地位を由緒の作成等によって正当化、あるいは士分化などによって、他の百姓より優位に立とうとする傾向をみせ始めていく[20]。

近世村落における社会変容の具体像については、渡辺尚志が変容に対処する豪農・村役人層の意識と行動を分析し、多くの事例を明らかにしているほか[21]、近年は豪農をはじめとする村・地域の指導者が、近世近代移行期に地域社会の現状をどのように理解し、行動したかを通じて、変革期を捉えなおす試みもなされている[22]。しかしそれらは、豪農・名望家の研究として、特に実際に村政を主導した人物に眼が向けられることが多い。実際には必ずしも村政を主導しえた村役人ばかりでもなく、またいずれの村でも等しく豪農や名望家が存在して、村政を主導していたのではない。

本書は豪農・名望家を対象としない。そもそも石見上里村には、かかる存在自体が存在しない。近世後期の同村内には、経済的・政治的に突出した地位にある百姓が存在せず、一六相給・戸数一二〇余の村内には常時三〇人を越える庄屋・年寄が存在して村政を運営しており、さらに村役人は必ずしも世襲ではなく原則輪番制であった。本書が特に考察の対象とする大島家も、そうした村役人層の一人に過ぎず、また常時村役人を勤めたわけでもない。こうした村の場合、特定の家や豪農が、その他の小百姓との対立の中で、村内秩序を統御するという構造は発生し得ない。ならば多くの村役人層を抱え、彼らの合議によって運営される相給村落の場合、どのような展開をみせたのか。この問題の考察も本書の課題としたい。

また多数の庄屋たちは程度や目的の差こそあれ、自らの理想・利益に合致する村の実現を志向しており、また村内外において多様な側面をもっている。大島家は、百姓身分でもあると同時に、別名で公家家来でもあるという二重身分的形態（「壱人両名」）を有し、さらにその生業上は農耕に従事しつつ、医師や手習師匠としても活動するという、実に多様な側面を有していた。この存在形態は、村とのいかなる関係の中で生まれ、活用されていたのか、これを具体的に明らかにする。

また近年、文化史研究においては、村役人層の文化的行動を、村や地域の動向と関連付けて考察するようになっている。大島家の医師や手習師匠としての「知」の活用も、背景にある村落の変容を踏まえた上で、その活動の意味を分析せねばならない。ゆえに地域における実際の生活と遊離しない「知」の活用、特に医師活動を中心に、それが村と家のいかなる関係によって展開していったのかも考察の対象としたい。なお、かかる文化活動の村・地域との関係、そこでの機能という視点では、高橋敏による上野国原之郷村を対象とした先行研究があり[23]、またこのような視点をうけて、近世医療の面では、海原亮による総合的見地に立った優れた研究成果がある[24]。筆者もこのような視点に立脚して、村と百姓、両者における変容の関係を重視しながら、大島家の文化活動、特に医師としての活動を分析することにする。

三　本書の構成

本書の構成は、以下の通りである。

第Ⅰ部「石見上里村の変容」（第一章〜第三章）では、近世初期から後期にかけての石見上里村と株百姓・村役人層の変容に焦点をあてる。

第一章「相給支配構造と株百姓の実態」では、京都近郊相給村落である石見上里村の基礎的考察として、その相給支配構造について、各領の石高と株百姓を焦点に、一見無変化にみえる状況の実態と、それが無変化であるように調整する百姓側の行為について、時期的変化の中で具体的に明らかにする。またそのような行為を行う同村百姓の領主観についても併せて分析する。

第二章「文政期の村方騒動と百姓の壱人両名」では、文政期に発生した村方騒動「六右衛門一件」を取り上げ、この係争によって表面化した村落の諸問題、殊に相給村落において、一人の百姓が村内他領間で二人の百姓として把握・支配されている、同村百姓の「壱人両名」を考察し、その意味を明らかにする。

第三章「村役人層の変容――「家記」編纂の意識とその社会的背景――」では、石見上里村の村政運営の変容について、村役人層の動向、特に天明期まで存在した世襲の村庄屋小野元右衛門家と、大島家（安田利左衛門家）の関係を軸に明らかにする。更に天保期に大島氏が村と自家の歴史を回顧すべく作成した「大嶋氏家記」の分析を通じて、同村の一村役人層家からみた、村の変容に対する意識について考察する。

第II部「大島家の変容」（第四章～第七章）では、第I部で明らかにした村の変容を背景とした、大島家の諸活動・諸側面について考察する。

第四章「大島家の壱人両名――大島数馬と利左衛門――」は、石見上里村大炊道場聞名寺領百姓利左衛門が、同村に居住する正親町三条家家来大島数馬でもあるという、公家家来と百姓という両面を二つの名前で保持し、実態的には二重身分の「壱人両名」であった事実に着目し、その発生原因・過程・展開を具体的に明らかにする。そしてその形成には、同家と村の関係の変容が密接に関わり、壱人両名の保持にも、村落構造が大きく関係していたことを明らかにする。

第五章「大島家の学芸活用」では、近世後期における大島家の学芸活動を取り上げる。手習師匠としての寺子屋経営や、大島家の学芸活動についてその概要を把握する。

第六章「在方医師の活動実態」では、大島家が行った在方医師としての活動を考察し、その活動の展開と往診活動から、村・地域の人々との関わりについて分析する。

第七章「在方医師と村――変死隠蔽事件を事例として――」では、大島家が医師の側面を利用して行った変死の隠蔽行為を取り上げ、それが村の安定、「穏便」の実現上、重要な意味をもっていたことを明らかにする。

以上の七章に加えて、結びとして終章を置き、本書全体の論旨を整理した。

表　各年の大島家「日記」

	年	執筆者	年齢				
			直方	直良	武幸	直珍	直勢
1	天明５年（1785）	直良	54	24	｜	｜	｜
2	６年（1786）	〃	55	25	｜	｜	｜
3	７年（1787）	〃	56	26	｜	｜	｜
4	８年（1788）	〃	57	27	｜	｜	｜
5	寛政３年（1791）	〃	60	30	1	｜	｜
6	４年（1792）	〃	61	31	2	｜	｜
7	７年（1795）	〃	64	34	5	｜	｜
8	８年（1796）	〃	65	35	6	｜	｜
9	９年（1797）	〃	66	36	7	｜	｜
10	10年（1798）	〃	67	37	8	｜	｜
11	享和３年（1803）	〃	72	42	13	｜	｜
12	文化６年（1809）	〃	78	48	19	2	｜
13	12年（1815）	武幸	84	54	25	8	｜
14	15年（1818）	〃	｜	57	28	11	｜
15	文政２年（1819）	〃	｜	58	29	12	｜
16	５年（1822）	〃	｜	61	32	15	｜
17	９年（1826）	直良・武幸	｜	65	36	19	｜
18	10年（1827）	〃	｜	66	37	20	｜
19	12年（1829）	直良	｜	68	39	22	｜
20	天保５年（1834）	直珍	｜	73	｜	27	｜
21	10年（1839）	〃	｜	78	｜	32	1
22	13年（1842）	〃	｜	81	｜	35	4
23	14年（1843）	〃	｜	82	｜	36	5
24	弘化５年（1848）	〃	｜	87	｜	41	10
25	嘉永７年（1854）	〃	｜	｜	｜	47	16
26	安政５年（1858）	〃	｜	｜	｜	51	20
27	万延２年（1861）	直勢	｜	｜	｜	54	23

註
1）改元のある場合(文化15年＝文政元年等)もあるが、表紙記載のままとした。
2）天明５年～８年の日記は、寛政８年に改めて書写したとの奥書がある。
3）文化12年は８月１日以降欠落。
4）文政９・10年は「武幸誌」と記されているが、武幸の眼病により、実際は直良がほぼ全て筆記している。また天保５・14年にも直良の代筆期間が存在するほか、安政５年には直勢の代筆期間がある。万延２年の日記には時折直珍による加筆が見受けられる。
5）年齢は大島家文書、及び没年から逆算した。
6）大島家当主は、大島数馬（員馬とも表記）を襲名するが、各日記で数馬を称しているのは、次の当主である。混同しないよう注意を要する。
- 天明５年～享和３年…直方（直良は丹治、武幸は岩三郎〈幼名〉と称す）
- 文化６年～文政12年…直良（直方は隠居し「父公」等と記載される。武幸は内蔵太、直珍は慶二郎〈幼名は房之介〉と称す）
- 天保５年～万延２年…直珍（直良は隠居後省斎と号す、直勢は周次郎〈「周二」とも表記〉と称す）

また付論「大島家の病と地域の医療」では、大島家に病人が発生した際の具体的事例を分析し、そこに地域の医師がどのように関わったか、近世後期京都近郊における地域医療の事例を提示した。

なお、本書全体にわたって使用する大島家「日記」(以下「日記」と記す)は、天明五年(一七八五)～万延二年(=文久元年・一八六一)までの七六年間のうち、二七年分が現存している(別表)[25]。記録者は大島直良、その子武幸・直珍、直珍の子直勢の三世代四名にわたっており(系図は第三章図1参照)、その内容は、内題を「家記」としていることからもわかるように、主に大島家の活動全般、および石見上里村内の動向が中心となっている。

(1) 児玉幸多『近世農民生活史(新稿版)』(吉川弘文館、一九五七年)一頁。

(2) 近世日本の社会や制度に対し、それを打破することで成立した明治近代国家は、自らの正当性と優越性を主張するため、「旧幕」時代を前近代的封建社会として負の印象を付与した。さらにマルクス主義戦後歴史学の影響下においても、近世日本は、世界史の基本法則とされていた発展段階における封建制の時代と見なされ、克服すべき封建制の源流という消極的位置づけがなされた。しかし八〇年代以降、ポスト・モダンにおける「大きな物語」の終焉という視点により、発展段階説をはじめとする、マルクス主義戦後歴史学の概念に疑問符が投げかけられ、また同時期、マルクス主義自体の影響力も減退した(歴史科学協議会編『戦後歴史学用語辞典』東京堂出版、二〇一二年等)。現在は史料に基づく実証的研究の進展も背景として、日本近世史や江戸時代像に新たな見解が示されるようになり、右のようなイデオロギーやバイアスにとらわれない、多様な研究成果が示されるようになった。近世百姓を封建制下における「農奴」とする理解からの脱却も、こうした歴史学全体の影響をうけたものである。

(3) 網野善彦『日本社会の歴史』(一九九七年、岩波書店)等での同氏の指摘が早いものとして知られる。近年では田中圭一が『百姓の江戸時代』(筑摩書房、二〇〇〇年)・『村からみた日本史』(筑摩書房、二〇〇二年)において、「支配者史観」や「貧農史観」を批判し、百姓の視点からの実態を明らかにしている。また渡邊忠司は近世の著作から近世百姓像を検討している（『近世社会と百姓成立――構造論的研究――』思文閣出版、二〇〇七年）。渡辺尚志は『百姓の力　江戸時代から見える日本』（柏書房、二〇〇八年）・『百姓の主張　訴訟と和解の江戸時代』（柏書房、二〇〇九年）・『百姓たちの江戸時代』（筑摩書房、二〇〇九年）など、近年の研究成果を受けた近世村落・百姓像について、一般の理解を高める著作を出版している。

（4）深谷克己『百姓成立』（塙書房、一九九三年）。

（5）本庄栄治郎校訂・瀧川政次郎解説『世事見聞録』（青蛙社、一九六六年）一〇七～一〇八頁。

（6）『世事見聞録』七二～七三頁。

（7）『世事見聞録』八三頁。

（8）瀧川政次郎は『世事見聞録』解説において、同書の価値を「その時弊を述べた部分にあ」って、「政策面は（中略）まことに陳腐な愚論暴論であって、殆んど採るべきものがない」とする。筆者もこれを首肯する。なお、同氏は同解説において、近世法制の表裏にも委しく言及しており、執筆当時（一九六六年）としては先見性のある優れた近世史観を叙述している。

（9）かかる治者・被治者の社会的分業理解は、近世日本社会において受用された朱子学の経典としての『孟子』（滕文公章句）にみえる、次の一節が端的に表現している（本文・訓点は、近世後期に最も広く読まれた後藤点本（寛政六年刊・北村四郎兵衛版、私蔵）による）。

然則治二天下一、独可二耕且為一与、有二大人之事一、有二小人之事一、且一人之身、而百工之所レ為備、如必自為而後用レ之、是率二天下一而路也、故曰、或労レ心、或労レ力、労レ心者治レ人、労レ力者治二於人一、治二於人一者食レ人、治レ人者食二於人一、天下之通義也。

右の箇所は、近世後期に広く読まれた『経典余師』において、次のように釈されている（嘉永五年五刻本、私蔵）。

然バ天下国家を治め玉ふにも、耕作を為て、また政道をも行なふことなるべきや、大人の事と小人の事と、おのづから別なり、且うへ一人の身にして百工のなすことを備へんとて、独して之を為て、而後に用んとセバ、さしつかへのミにて、実に天下の事をみだりて、悪きに路引なり、それゆへに、むかしより定めして、人に八心を労するもあり、また力を労するもあるなり、各々人の分あり、上に立ものハ心を労す、心を労ものハ人を治め、人を治るものハ人に養ハる、力を労ものハ人に治らるゝなり、人に治らるゝものハ人を食なふ也、是天下の通義なり

ここにみられる士庶（もちろん近世日本における士庶）の分別は、前者を「大人」、後者を「小人」とする上下関係である一方、それは「労レ心」・「治レ人」・「食ニ於人ニ」治者と、「労レ力」・「治ニ於人ニ」・「食レ人」被治者という、「各々人の分」という分別・役割分担のもと、両者の相関によって社会が構成・運用されるという、社会的分業関係でもある。近世日本の朱子学的解釈だが、近世社会の理念としても合致するものがあろう。

（10）水本邦彦は近年、「上から下までの身分がそれぞれに精勤することで、社会は安定し繁栄する」と考える河内屋可正の意識など、身分を肯定的に捉える事例を挙げて、近世における「能動的な身分意識」「身分を肯定する力」に着目している。そして「私たちは、近代というフィルターに遮られて、身分意識のもった能動的要素、発展的側面を見落としてきた」のではないかと述べ、近世を「身分に応じた生き方を良しとし、各身分の生業に専念することを肯定する社会」として、中世の「自助型自力」に対して「身分型自力」の社会と位置づける視点を提起している（水本邦彦『徳川社会論の視座』敬文社、二〇一三年）。筆者も近世を「分」維持安定を第一義とする社会として、「分」の一つである身分を肯定的に把握しており、この考え方とも共通する点があると考える。

（11）水本邦彦『近世の郷村自治と行政』（東京大学出版会、一九九三年）二一六頁。なお水本は、公儀の「建前」と「内証」の問題を「今後近世社会論の一つの柱として発展させたいテーマ」とも述べている（二二一頁）。

（12）五島敏芳「百姓成立と欠落――近世後期五郎兵衛新田村の一事例を中心に――」（『歴史学研究』七二八号、一九九九年）。

（13）たとえば法律や裁判に対する意識にも同様の特徴がみられ、それは日本独自の意識と考えられる（川島武宜『日本人の法意識』、岩波書店、一九六七年）。

（14）筆者が近年取り組んでいる「壱人両名」や身分・職分論も、このような近世社会の建前と実態の運用理解の上にある。尾脇秀和「近世「壱人両名」考――身分・職分の分離と二重身分――」（『歴史評論』七三二号、二〇一一年）・「吟味座席と身分・職分」（『日本歴史』七六六号、二〇一二年）・「近世禁裏御香水役人の実態――地下官

人の職務・相続・身分格式――」（『古文書研究』七五号、二〇一三年）参照。

(15) 関東近世史研究会編『旗本知行と相給村落』（文献出版、一九八六年）。この他個別事例は枚挙に遑がないが、若林淳之『旗本領の研究』（吉川弘文館、一九八七年）、川村優『旗本知行所の研究』（思文閣出版、一九八八年）・『旗本領郷村の研究』（岩田書院、二〇〇四年）等を挙げておく。

(16) 公家領の支配構造に関する研究として、井ヶ田良治「江戸時代における公家領の支配構造」（『同志社法学』三〇巻一号、一九七八年）、神崎彰利「近世における公家領の構造」（『明治大学刑事博物館年報』一二、一九八一年）、南山城地域を研究した水本邦彦『近世の郷村自治と行政』（前掲書）がある。本書で取り上げる乙訓郡では、長法寺村（五給）を扱った田中淳一郎「江戸時代乙訓郡相給村落の一考察」（中山修一先生喜寿記念事業会編『長岡京古文化論叢Ⅱ』、一九九二年）・「近世在地領主と相給村落」（朝尾直弘教授退官記念会編『日本社会の史的構造』、一九九五年）があるほか、『向日市史』下巻（一九八五年）、『長岡京市史』本文編二（一九九七年）等の自治体史が相給における百姓の構造を扱っている。

(17) 安岡重明『日本封建経済政策史論』（有斐閣、一九五九年。増補版は晃洋書房、一九八五年）。

(18) 藪田貫「『摂河支配国』論」（脇田修編『近世大坂地域の史的分析』御茶の水書房、一九八〇年）、村田路人『近世広域支配の研究』（大阪大学出版会、一九九五年）、岩城卓二『近世畿内・近国支配の構造』（柏書房、二〇〇六年）等。

(19) 白川部達夫「旗本相給知行論」（前掲註(15)『旗本知行と相給村落』）。

(20) 深谷克己「名主と庄屋」（青木美智男編『日本の近世』一七、中央公論社、一九九四年）・「十八世紀後半の社会――予感される近代――」（『岩波講座日本通史』第一四巻、一九九五年）、久留島浩「百姓と村の変質」（同、第一五巻）、深谷克己『江戸時代の身分願望』（吉川弘文間、二〇〇六年）、井上攻『由緒書と近世の村社会』（大河書房、二〇〇三年）等。

(21) 渡辺尚志『近世の豪農と村落共同体』（東京大学出版会、一九九四年）・『近世村落の特質と展開』（校倉書房、一九九八年）・『豪農・村落共同体と地域社会――近世から近代へ――』（柏書房、二〇〇七年）等。

(22) 平川新・谷山正道編『近世地域史フォーラム三　地域社会とリーダーたち』（吉川弘文館、二〇〇六年）。

(23) 高橋敏『近世村落生活文化史序説』(未来社、一九九〇年)。
(24) 海原亮『近世医療の社会史』(吉川弘文館、二〇〇七年)。
(25) 京都市大島直良家文書(以下、大島家文書)。大島直良氏所蔵。「日記」のみ長岡京市教育委員会所蔵紙焼写真、その他はすべて京都市歴史資料館紙焼写真を使用した(『京都市歴史資料館紙焼写真史料仮目録』での「日記」の文書番号は、D1―1~27)。竪帳で一冊三〇~一〇〇丁程度で平均六〇丁余、裏表紙に「直良記」「武幸誌」等と、その年の記録者の名が記されている。文化一二年の「日記」が八月一日以降欠落している以外は、各冊元日~大晦日までの一年分である。なお、明治九年の「日記」(筆者直勢)も現存するが、過去の「日記」の体裁を踏襲しているものの、無記事の日が多く、四月一四日で完全に中絶している。大島家の「日記」については、長谷川澄夫「京都近郊一郷士の生活――天明五年「大島家日記」より――」(中山修一先生喜寿記念事業会編『長岡京文化叢論II』、一九九二年)が天明五年分のみではあるが大島家の多様な活動の一端を紹介している。また天明五年分のみだが「天明五年「大島家日記」」(乙訓の文化遺産を守る会『乙訓文化遺産』八・九号、二〇〇一・〇二年)として一部翻刻もある。他に天明七・八年「日記」を抄出・紹介した平栄一郎・井ヶ田良治「大島家の『日記』について――天明七・八年の記事の紹介――」(同上七号、一九七二年)がある。

第Ⅰ部　石見上里村の変容

第一章　相給支配構造と株百姓の実態

本章は、山城国石見上里村を理解する基礎的作業として、同村内相給各領の土地状況と、各領に帰属する百姓（京都近郊相給村落では「株百姓」と呼ばれる）について、時期的変化に着目して考察する。公家・寺院領を中心とする一六〜一八相給であった石見上里村は、全領主分の史料が現存せず、不完全な分析に留まらざるを得ないが、この史料的制約の中で、まず表面的な村高と領主の変遷、および基礎的構造を確認した上で、各領主の土地状況や帰属する株百姓が、実際には時代とともにどのように変容したか、百姓はその変容に、いかなる調整・操作を加えることで、支配側からみた場合の表面的無変化を実現しているのかを明らかにする。そしてそのような調整・操作には、公家・寺院領によって構成される相給村落における、百姓のいかなる領主観が作用しているのか。複層的・重層的支配状況にある京都近郊相給村落の構造と実態、そして石高・株百姓数という建前的数値を維持するために、村内各領で行われた調整・操作の分析を通じて、その百姓と領主の関係を考察したい。

一　村落状況と構造の概要

（一）　石高と領主の変遷

まず、石見上里村の石高と領主の変遷について述べることにしたい（表1）。

慶長期の石見上里村には、堂上公家である富小路家・持明院家・中御門家・大炊御門家・竹内家・正親町三条家・白川家・甘露寺家・猪熊家・「中将殿」の一〇公家領と蔵入地、都合四九三・四石があった。[1] このうち、慶長一四年（一六〇九）に猪熊事件で処罰された猪熊家、および不詳の「中将殿」以外の八公家領は明治まで存続し、各領の高も甘露寺家領四〇・五四石がのち四〇・五石になっているほかは一切変化がない。なお猪熊家領・「中将殿」領の都合一〇〇石は、その後東坊城家領（一一・五六三石）・平松家領（二三・四三七石）・西大路家領（三五石）・法皇御所女中御匣御局領（三〇石）へと分割されたとみられる。ただし寛永二〇年（一六四三）、隣村井ノ内村が石見上里村に有する入作地での年貢納入を定めた史料には、[2] 入作四〇石の「御本所様」[3] として、「富小路様」「藪様」「橋本様」「白川様」「かんろうし様（甘露寺）」「おゝい様（大炊）」「中御門様」「三条様（正親町三条）」「御つほね様（局）」「竹内様」「持明院様」の一一領主が挙がっており、東坊城家・平松家・西大路家設定以前には、一時期堂上公家の藪家・橋本家領が存在した時期もあるようである。

寺院領も、因幡堂平等寺領四〇石・戒光寺（泉涌寺塔頭）一〇六石・大炊道場聞名寺七四・六石・花開院（華開院）一一石が元和元年（一六一五）七月にはすでに確認でき、[4] 古検高のまま明治に至っていることからみて、これらも公家領同様、近世初期の設定とみられる。なお、蔵人方に属する地下女役である二采女の知行は、慶長六年時点では西院村の内（一・五石）と下京畠（二・五石）の都合四石だが、寛永一八年（一六四一）には石見上里村の内一〇石が加増されており、この期間中に設定されたものと確認できる。[5]

寛永五年一〇月、大炊道場聞名寺領で行われた京都所司代板倉重宗による検見では、村高七六一・八四石とされ、貞享期以降七四・六石で固定する聞名寺領が七四・一九二石とされている。[6] もっとも、この検見によって石高が変更されることはなく、以降も古検高が踏襲された。ただし蔵入地のみは、延宝検地による確定まで高の変動が認められる。

慶安元年（一六四八）頃の村高は七二八・一八石、[7] 延宝検地直前は七二八・三五九石で、[8] 一一公家領（富小路家、

表1　石見上里村の領主構成とその変遷　　（単位：石）

慶長6年(1601)		貞享元年(1684)		元禄9年(1696)		享保14年(1729)		明治元年(1868)	
富小路家	100.		100.		100.		100.		100.
持明院家	45.		45.		45.		45.		45.
中御門家	35.		35.		35.		35.		35.
大炊御門家	34.9		34.9		34.9		34.9		34.9
竹内家	45.8		45.8		45.8		45.8		45.8
正親町三条(嵯峨)家	45.		45.		45.		45.		45.
白川家	37.7		37.7		37.7		37.7		37.7
甘露寺家	40.54		40.5		40.5		40.5		40.5
		戒光寺	106.		106.		106.		106.
		大炊道場聞名寺	74.6		74.6		74.6		74.6
		因幡堂平等寺	40.111		40.111		40.111		40.111
		花開院	11.064		11.064		11.064		11.064
		二釆女	10.		10.		10.		10.
猪熊家	50.	東坊城家	11.563		11.563	禁裏御料	11.563	元御料	11.563
中将殿	50.	平松家	23.437		23.437	仙洞御料	23.437	元御除料	23.437
		西大路家	35.	蔵入地	100.06	善峯寺	103.66		100.06
		御匣御局	30.						
蔵入地	8.28		35.06						
(合計)	493.04		760.735		760.735		764.335		760.735

註：慶長6年は寺社領不明、公家領・蔵入地のみ。

出典：「慶長之比堂上方御知行目録」(『大嶋氏家記』)、子年(元禄9)「覚」、元禄9年「差上申一札之事」(大島家文書)、『史料京都の歴史　第15巻　西京区』(平凡社、1994年)、『旧高旧領取調帳』。

持明院家・中御門家・大炊御門家・竹内家・正親町三条家・白川家・甘露寺家・西大路家・東坊城家・平松家）、四寺院領（戒光寺・大炊道場聞名寺・因幡堂平等寺・花開院）、その他二采女領、御匣御局領、蔵入地からなる一八相給となっている。

延宝七年（一六七九）の幕領検地により、蔵入地が古検二・六八石から新検三五・〇六石へと増加すると、[9]村高は七六〇・七三五石となった。貞享元年（一六八四）頃に西大路家領・御局領が上知となり蔵入地となった後、元禄一〇年（一六九七）には徳川綱吉の生母桂昌院によって、同村蔵入地はすべて西山善峯寺へ寄進され、以後同寺領となる（実際の引渡しは元禄一三年）。なおこの前後、山年貢一・八石を高に結び直した小物成新検高三・六石も同寺領として計上され、これを加えた七六四・二三五石が村高として確定、以後近世を通じてこの村高は変化しない。なお、複数領の合計により成立した善峯寺領は、旧領の水帳を引き継いだため、幕末・明治期に石高を書き上げる際にも「新検」「三拾五石古検」「三拾石古検」と旧領ごとに書き上げられている。[11]

元禄末から宝永期には、禁裏御増料と霊元上皇御料の設定[12]に伴い、東坊城家領が禁裏御料、平松家領が仙洞御料となった。領主変遷はこれが最後となり、以後、禁裏御料・仙洞御料・富小路家・持明院家・中御門家・大炊御門家・竹内家・正親町三条家・白川家・甘露寺家・戒光寺・大炊道場聞名寺・因幡堂平等寺・花開院・善峯寺・二采女の一六相給として明治に至る。

このように同村では、近世初期から一貫して存在した公家・寺院領が多く、領主構成・村高とも、蔵入地（のち善峯寺領の一部となる）を除いて古検を踏襲したため、領主・石高とも、表面上変化のない状態が明治まで続いたのである。

（2）村落の概況

石見上里村は行政村としては一村扱いであるが、小畑川沿いの上里、善峯川沿いの石見（史料上「岩見」とも表記される）という二集落によって構成されていた。石見・上里は共に本郷を主張し、本枝を巡ってしばしば対立した。『元禄郷帳』は「石見村共上里村」と記し、『天保郷帳』では「上里村」と記されるなど、その村名表記は一定していない。(13)

延享元年（一七四四）、京都町奉行所は以後一村として本枝を書き分けないことを裁許しているが、(14)その後も別村意識は根強く、村名表記と本枝を巡る問題は折にふれて再燃している。たとえば天保一四年（一八四三）九月、上知令の実施計画に伴って京都代官小堀氏による「天料禁仙局三所」の調査実施が通達され、巡検役人によって村境に棒杭が打ち込まれた。その際、棒杭には「上里村領」と記してあり、「岩見村」の記載がなく、村から代官所へ提出された絵図面にも「枝郷岩見」と記されていた。石見側はこれを上里へ強く抗議し、町奉行所へ出訴する動きをみせて一時騒動化している。(15)公儀や領主に対しては基本的に「石見上里村」（「岩見上里村」とも表記）として対応したようであるが、「石見村」「上里村」という表記で全村を意味する事例も多くみられ、村名表記は相当に曖昧であった。

村落全体の概況を示す史料に乏しいが、元禄一一年の明細書上からその概況を簡単に示しておきたい(16)（表2）。元禄一一年の石見上里村は、高七六〇・七三五石のうち、全体の約八六・五パーセントを田地が占め、畑は約八パーセントである。藪地からは上竹が負担されており、延宝検地帳には、百姓二七人が所有する藪地五反九畝一七歩が確認できる。(17)戸数は上里村八三軒／四九八人、石見村四〇軒／二四〇人、合わせて一二三軒／七三八人とされる。明治初期には一三五戸／六〇九人となっているが、(18)近世を通じて、戸数にはそれほど大きな変動がなかったようである。寺院は上里に阿弥陀寺・福楽寺・地蔵寺・喜春庵、石見に法泉寺・円明寺があった。(19)山は東

表2　元禄11年の村落状況

村高	石 760.735
(内訳)	
田方	658.5025
畑方	60.444
屋敷	10.189
永荒	31.5995
(上里村)	
在所	東西120間　南北134間
家数	83軒
人数	498人(男242人・女256人)
寺	4ヶ寺(坊主2人)
(石見村)	
在所	東西69間　南北70間
家数	40軒
人数	240人(男110人・女130人)
寺	2ヶ寺(坊主3人)
上竹	13束半(但1尺8寸縄〆)
柴	199束(代49匁5分5厘)
芝野	2ヶ所(村持)
小松山	3ヶ所(法泉寺・利左衛門・伝左衛門持山)
領内	東西608間　南北1224間
ため池	2ヶ所
小畑川筋	長1480間　川幅25間　常水1尺かち渡
善峯川筋	長720間　川幅25間　右同断5寸

出典：元禄11年2月「山城国乙訓郡西岡之内石見上里村(明細書上)」(大島家文書)。

山・西山という村持の草山二ヶ所(表2の史料では「芝野」と記載)、法泉寺・利左衛門・伝左衛門それぞれが所有する三ヶ所の小松山があった[20]。小松山を所有する法泉寺は石見村の有力一族である小野一統の菩提寺、伝左衛門(小野氏)と利左衛門(安田氏、のち大島氏となる)は、近世中期に村庄屋として存在した有力百姓であった(第三章で詳述)。このほかに井ノ内村・今里村・石見上里村入会の芝地も存在した[21]。古検のままであった同村では、近世を通じて「空地無高無年貢地数多有之」という状況にあり[22]、天明三年(一七八三)に新田開発人が見分に訪れ、騒動となったこともある[23]。

なお、上里の百姓である安田利左衛門家の「元禄十六癸未年耕作覚」「宝永四年耕作覚帳[24]」からは、大麦・小麦・菜種・空大豆・筍・茶・木綿などの作物の生産・収穫が確認でき、同家がそれより持高を減らしていた文政二年でも、その「日記」からは茶・筍・麦・綿・粟・豆・ゴマ・小豆・大根・稗などの生産・収穫が確認できる。石見上里村から京都までは、およそ二里二八町で、[25]商品作物を京都へ出荷する典型的な都市近郊農村であり、一日往復可能な距離にあった。近世後期には、同家も京都市中の町家から肥料として屎尿を購入している。[26]また向日町の絞油商鳥羽屋には、近世後期石見上里村の百姓が菜種を引当とした金子借用証文が多数現存しており、菜種も多く生産されていたことがうかがえる。[27]

（3）　村落内の重層的構造

石見上里村の百姓は、村内領主のいずれかに帰属し、その領民たる「百姓」（「株百姓」）として設定・把握されていた。すなわち領主側からみた場合、自家に帰属する株百姓と、同村他領（時に他村も含む）に帰属する百姓ながら、自家領の土地を所持・耕作する出作百姓との区分があった。領主が領民として支配できたのは株百姓のみであり、出作百姓には当然ながらその支配が及ばない。

村役人は、各領主の庄屋・年寄（以下、株庄屋・株年寄）のほか、村全体の庄屋・年寄（以下、村庄屋・村年寄）が存在した。株庄屋は、検見願等領主宛の史料上において、村庄屋や他領の株庄屋との峻別を要しない場合、単に「石見上里村　庄屋」の肩書を使用している。「株庄屋」という語は、大島家「日記」での使用が多く散見されるものの、領主や奉行所への願書上、肩書としてはほとんど使用されていない。なお、「株百姓」という用語は、領主への願書での肩書きや願書文中にも、その使用が確認できる。[28]

「庄屋」という肩書は株庄屋ではなく、村庄屋を意味することもあるが、近世後期の村庄屋は「惣代」「惣代庄屋」という肩書での記載も多く確認でき、個別領主や京都町奉行への願書には、「岩見上里村株庄屋中惣代　林右衛門」や、「石見上里村惣代　清五郎、同　勘兵衛」の肩書きとなっている。[29] 村庄屋と株庄屋が連名する場合、村庄屋は「村庄屋」、株庄屋は「庄屋」の肩書とした例や、[30] 村庄屋を「上里惣代」「石見惣代」とし、株庄屋は何々殿庄屋・何々寺殿庄屋などの肩書で連署している例、[31] また「庄屋」と「惣代庄屋」の肩書での連署もあり、[32] 安政二年の甘露寺家領旱損毛引願書では、甘露寺家領株庄屋が「石見上里村　御家領　庄屋源左衛門㊞」「年寄清右衛門㊞」と連署した後に、村庄屋・年寄が「村惣代　庄屋喜兵衛㊞、年寄源右衛門㊞」と連署している。[33]

しかし株庄屋・村庄屋とも、いずれも単に「庄屋」と表記されることも多く、「庄屋」が村庄屋か株庄屋かは、その史料によって判断せねばならない。なお、「年寄」の語も、「庄屋」の語と同様、村年寄・株年寄いずれの場合も使用される。各株・村ともに百姓惣代（古くは「頭百姓」とも称す）も存在しているが、領主から給米が与えられるのは株庄屋・株年寄のみである。[34] 株庄屋は同一人物による複数株の兼帯もあるが、逆に株内に株庄屋が二名存在する場合などもある。大島家「日記」からは、村内の各株庄屋らが「庄屋仲ま（間）」と称して寄合も行っていたことが確認できる。

株庄屋・株年寄は、帰属領主への年貢納入を主たる任務とした。いうまでもなく、相給村落の場合は、村全体ではなく、その領主（株）ごとに年貢が徴収され、個別領主へと納入される（本節第三項）。株庄屋の就任期間はほぼ終身（隠居または死去するまで）が多く、株内において特定の家に固定している場合もあるが、株中が相談して選定し、株百姓が連名で領主へ願書を提出して許可を仰ぐ手続きを踏んだ。[35] 株百姓六人が存在した甘露寺家領の場合でみると、株庄屋は五郎右衛門（宝暦～天明末）→茂兵衛（寛政?～文化期）→源左衛門（文政期～慶応末、二代にわたる）と推移し、源左衛門が庄屋役を勤めた期間の年寄役は、五郎右衛門（五郎兵衛、文政四年頃～天保一二年）→清右衛門（清五郎、天保一二～安政三年頃）→源右衛門（安政六年頃～慶応三年）→茂兵衛（慶応四年）の順に交替し、甘露寺家株百姓六名中五名までが株庄屋・年寄の経験があった。株百姓吉兵衛のみが唯一役人を務めないが、これは吉兵衛の株内持高が〇・〇三石しかなかったためであろう。大炊道場聞名寺領では天保四年に同株百姓利左衛門が株庄屋となったが、その選定は「何分株内之事、又高御当家タント有之候故幸ひ之事、株内ニも外ニ庄や可勤人も無之」[36]という理由が述べられており、株百姓であることに加え、持高の多寡（株内・村内両方においてであろう）が主要な選定材料となっているが、後述するように、株内に適任者がいない場合、出作百姓（他領の株百姓）が株庄屋を兼帯する例もある。

村庄屋の活動内容には不明な点が多いが、主に他領掛りとなる京都町奉行所での訴訟時（文政期）などに登場し、村の代表として対外的折衝に当る立場であった。ただしこの村庄屋の立場や影響力は、天明七年を境に大きく変化している。近世中期までは、村庄屋役を小野伝左衛門（元右衛門）家がほぼ掌握し、特に同家と拮抗した安田利左衛門家が宝永期に村役から退いた後は、次第に小野氏による八領主分の株庄屋役（「八御本所様庄や役」）の世襲が確立し、村政を主導するようになる。しかしその体制は天明七年の元右衛門一件とよばれる騒動によって同氏が出奔したことで終焉を迎え、その後は小野氏時代の各株年寄が繰り上がる形で株庄屋となり、村役人の数が一気に増加する。以降、村庄屋役は化政期までに株庄屋層による大凡一年交代の輪番制となり、幕末期には村庄屋就任を忌避する風潮も出るありさまで、小野氏時代と近世後期では、村庄屋の影響力にはかなり差異がある。同村では常時株庄屋が一〇人以上存在する状況にあり、それが様々な問題を引き起こす要因になっているが、村役人層をめぐる動向は、第三章で詳述するため、ここでは省略する。

近世後期には、このような多数の村役人たちのもと、村内は石見上里村＝行政村全体としての「両村中」、石見・上里という集落ごとの「村中」、同じ株百姓同士による「株中」、さらに居住する町ごとの「町中」といったまとまりがあり、それぞれで寄合が開かれた[37]。このように、石見上里村の百姓を取り巻く状況は、一領主が支配する村落と比べて、相当に複雑な様相を呈していたのである。

二　土地状況の実態

(一)　各所領の分布

本節では同村の土地状況について考察したい。主史料とする「岩見上里村検地手引帳写」(以下「手引帳」[38])は、九八五筆の土地について小字名・畝歩・石高・領主名・名請人を記した、元禄中期のものと推定される史料である。なお屋敷以外の地目・等級は記載されていない。巻末に「惣高七百弐拾八石三斗五升九合」とあるが、合算しても約三九九石(村落全体の約五四パーセント)にしかならないため、上下二冊のうち下巻に相当する史料と考えられる。基本的に相給村落は各領での把握しかなされない。ゆえに五給程度で一人の庄屋が全領を管掌する場合ならばともかく、一六給の村落で、全体像の把握可能な史料の作成・現存は貴重である。史料的限界を承知の上でこれを使用するのはそのためである。

この「手引帳」では、蔵入地分が原則名請人のみの記載となっており、その畝歩・石高部分が空白である。延宝検地によって、蔵入地は二一・六八石から三五・〇六石へと増大したが、これは延宝検地前の古検二一・六八石に、古検出目一・二七石と、新検分三二・一一石の都合三二・三八石が増加したものである。これは「惣高七百弐拾八石三斗五升九合」と検地反映後の村高七六〇・七三五石との差異三二・三七六石とほぼ一致する。これにより、「手引帳」は延宝検地を反映していない時点の帳面であると推定できる。記載された領主は表1の貞享元年時と同じであり、西大路・御局領が存在していること(ただしすでに上知されて名目上のみの可能性もある)、延宝検地帳の名請人と「手引帳」の名請人とは一致するものがある一方、その後の世代の名義が見受けられること、「手引帳」裏表紙には「安田利左衛門」とあり、元禄期の村庄屋安田利左衛門重賢(正保元年生〜元禄一四年没)の作成と知られることなどから、延宝検地が反映される以前で、かつ善峯寺領が存在しない元禄一三年以前、おおよそ、元禄中期の状況を示す帳面であると推定できる。「手引帳」やその他使用する同村の古帳面類は、相給成立時の状況を示す史料ではないが、土地状況はなお一定の初期状況を残し、近世後期ほどの著しい移動はみられないものと考えられる。以下はこれらを使用して考察を試みたい。

京都近郊村落における相給状況の発生は、天正一九年（一五九一）、豊臣秀吉によって行われた京都改造において、公家・寺社が洛中に所有してきた地子徴集権をもつ土地、所謂京中地子知行が排除され、その替地が洛外に与えられたことによる。これにより洛中の錯綜した支配権が一掃された一方、洛外ではさらに錯綜した所領構造が設定されることになった。[39]石見上里村の相給状況も、かかる経緯によって形成されたものとみられ、各領地は村内に分散して存在している。

表3は、「手引帳」によってその屋敷・小字ごとの所領分布を示したものである。各領とも多数の小字に散在し、全体で筆数一〇〇を越える円田・北はた・東かわらはもちろん、一〇〜二〇筆程度の中かわら・南はた・のぞへ・はた等や、さらに筆数の少ない小字でさえ複数の領地が混在しており、少なくとも特定領主が一定地域を専有しているような状況は認められず、いずれの領地も村内各字に散在していることがわかる。

さらに別史料から、同時代の所領内すべての分布状況が判明する竹内家・正親町三条家・甘露寺家・御匣御局・二采女・蔵入地の事例を提示すると表4となる。[40]大きな字（いりこ・東かわら・円田等）には、やはりどの所領でも多く配分されているが、機械的な配分ともみえない。たとえば正親町三条家と甘露寺家の所領配置はよく似てはいるが、すべてが同じ割合とはなっているわけではない。古検の手引帳は基本的に地目・等級が付されておらず、田畑ごとの配分内訳は不明だが、上記のような分布状況をみると、字の広狭と所領高を踏まえて、各字への一定割合での土地配分が考慮されたことも推測される。すなわち株百姓は、その所持地とともに各領主に帰属させられたものと、株百姓としての領主への帰属を、その所持地と切り離して設定され、各字の位置関係からくる土地の肥磽を考慮して、各所領が特定の字に偏らないよう、所持地を分割されたものが存在したと推測できよう。

なお蔵入地の場合、古検二・六八石は他と同様各字に散在するが、新検には古検の各領にはみられない「わつ（涌

表3　「手引帳」屋敷・小字別各所領分布（筆数）

領主(石高)＼屋敷・字	やしき	円田	北はた	東かわら	北かわら	西かわら	おなし	しる谷	はた	西はた	うへ木	入子	のそへ	南はた	中かわら	かわら	下はた	なはた	森	南かわら	内畑	北	ぬまの口	山そへ	中はた	東はた	南川はた	大はた	うしろはた	そは谷	山田	字不明	合計
戒光寺(106)	8	33	27	15	10	7	9		3		3	6	4			1		2				1										7	136
富小路(100)	9	31	22	21	4	8	2	3	3	3	3	2	3	2	1	1	2			1			1				1					3	126
大炊道場(74.6)	9	16	8	6	10	8	10		4	5	1	3	1	1	1	2	1			2	1											4	93
竹内(45.8)	7	8	9	6	2	2	2		1			1	1	1	1			1														4	46
正親町三条(45)	3	8	10	6	4	2	3	1	1	2				1	2	1	1	3							1							2	51
持明院(45)	2	12	9	7		1		2	1	2	1	1	1	2		1													1			1	44
甘露寺(40.5)	3	16	9	7	2	3	4	3	2	2		1	1				1				1									1		4	60
因幡堂(40.111)	3	14	13	4	5	3	6		1	2			1		1								1		1							4	59
白川(37.7)	5	19	13	8	3	2		1	1	3								1			1							1				6	64
中御門(35)	5	8	9	15	2	4	1	1	1		1	1		3			1															3	55
西大路(35)	5	9	6	9		2		3		1	1			1	1																	3	41
大炊御門(34.9)	2	5	3	14	3	1		5	1	1	1		1		2																	1	40
御局(30)	2	13	7	20	2				1				1	1	1		1							1		1						4	55
平松(23.437)	4	11	2	3	2		1	3						1		3																	30
東坊城(11.563)	1	7	5		1			2																							1		17
花開院(11.064)		2	2		1		1								1																		7
二采女(10)				3		3		2	1			1	1		1							1		1								3	17
御蔵入(？)								2			6								5													31	44
合計	68	212	154	144	51	46	39	28	21	21	17	16	15	13	12	9	7	7	5	3	3	2	2	2	2	1	1	1	1	1	1	80	985

表4　元禄期頃の所領状況

領主 屋敷・字	竹内（45.8石）		正親町三条（45石）		甘露寺（40.5石）		因幡堂（40.111石）		御匣御局（30石）		二采女（10石）		蔵入地（35.06石）			
													古検分		新検分	
	筆数	石高	筆数	石高	筆数	石高	筆数	石高	筆数	石高	筆数	石高	筆数	石高	筆数	石高
やしき	6	0.653	3	0.531	2	0.391	3	0.467	3	0.103						
いりこ	18	15.556	7	8.512	10	8.979	5	2.159	4	4.877	5	1.352	4	1.07	2	1.236
円田	11	6.397	15	10.907	18	9.447	11	6.568	12	6.804	3	3.071	2	0.936	4	2.106
東かわら	32	8.791	11	2.092	9	3.93	10	4.455	27	6.804	3	1.14	1	0.099	5	1.211
のそへ	5	3.731	5	6.333	4	3.06	6	5.301	3	4.173	2	1.758	2	0.576		
中かわら	8	4.883	5	1.639	8	4.831	3	1.385	6	2.048	3	0.671				
西かわら	2	0.124	1	0.27	3	0.8	4	2.531			3	0.554				
おなし	2	1.693	3	2.696	3	0.478	4	1.235							1	1.104
北はた	13	1.963	11	2.053	9	1.439	12	2.875	6	0.865						
北かわら	1	0.5	5	3.742	4	3.452	11	4.664	5	1.179	1	0.7			6	2.2
南かわら	2	0.193					1	0.063					1	0.306		
な畑	1	0.005					3	0.254								
くそう田	1	0.38							5	0.934						
内畑	2	0.447														
はた	2	0.014														
しる谷			1	1.6	4	1.28			1	0.3	2	0.65	2	0.963	4	0.552
下はた			2	0.25	1	0.309	3	0.946	2	0.248						
西畑			1	0.081	2	0.179	1	0.312								
はた			1	1.013	3	0.446					1	0.12				
北むかい			2	0.208												
かわら			2	1.121			4	1.351								
山方畑			1	0.14												
ぬまの口			1	0.54			1	0.743								
そは谷					1	0.09										
たころ					1	0.065										
東し畑					1	0.13										
南はた					2	0.12			1	0.18						
山添									2	1.44						
無地永荒									1	0.045						
北たい											1	0.02				
うへ木							1	0.426								
わつくい															24	17.264
うき															1	0.328
大道															9	4.284
北山畑															1	0.03
長田															1	0.312
東ノ山															1	0.24
山とり															1	0.243
不明	4	0.467	10	2.079	4	1.832	14	5.662								
合計	110	45.797	87	45.807	89	41.258	97	41.397	78	30	24	10.036	12	3.95	60	31.11

註：不明は字名無記載、判読不能の分。合計石高は実数。なお、蔵入地の3.95石は、古検2.68に出高1.27が加わった高。

出典：「高四拾五石正親町三条様手引帳」、元禄6年「竹内三位様西ノ毛見帳」、「高拾石二ノ采女様手引帳」、貞享3年「御匣様上り知古検高三拾石名寄帳」、延宝7年「山城国乙訓郡上里村検地帳」（以上大島家文書）、「高四十石五斗甘露寺様知行手引帳」、「高四拾石壱斗壱升壱合因幡堂様（名寄帳）」（以上池田家文書）。

くい（井）」等がかなりの割合を占めている。涌井は上里の南東、小畑川沿に位置する字で、元来川付きの空地として見取場になっていたが、新検では「見取場高入」となって高が付された字である。ゆえに涌井には、当然古検の所領が一切存在しないことに留意しておきたい。

（2）所領の変化と古検高の維持

このような錯綜した所領構造のもとで、地目の変更・合分筆・売買等がなされれば、次第に所領把握の困難な状態が生まれていったことは自明であろう[41]。天保一五年（一八四四）の大炊道場聞名寺領では、株庄屋利左衛門による安政期までの書入のある同領の水帳に巻末において、その実態を次のように記している[42]。

一惣〆有高六拾五石七斗九升七合九勺　弁高相成候事
　内壱石五斗三升三合五勺　明和荒
残高六十四石弐斗六升四合四勺
　但し前々より相分り不申候
　　拾石三斗三升五合六勺　弁高
〆七拾四石六斗

つまり本来七四・六石あるはずの聞名寺領が、水帳では合算しても実質六四・二六四四石にしかならず、「前々より相分り不申候」という、所在不明になった土地一〇・三三五六石が発生していること、その不足分を弁高として年貢負担を継続することで、従来の七四・六石として調整されていたことがわかる。

このような状況は、同帳に「是者地頭所相除有之候事」と書き入れてある土地が存在し、本来同寺領であるはずの土地が同寺領から除外されたことや、「嘉永三戌四月二日、二郎兵衛分譲受ニ相成」等として、従来水帳に記載されていなかった土地が、石高畝歩とともに多数追加記入されている事実から、株庄屋によって同領の土地の加除がなされていたことが確認できる。つまり近世初期に配分・設定されたはずの各所領は、百姓側の判断で土地の帰属移動を伴う加除・調整が行われ、結果として所在不明の土地が発生し、従来の高とも合致しなくなったのである。さらに株庄屋利左衛門は、同帳の奥に「是者地頭差上候民図帳ト、当時取立之水帳ト者違ひ有之候得者、後日若改も有之候ハヽ、附下分ト九右衛門作右衛門明和荒分ト致、相除ケ差上候而宜敷、為心得誌者也」と、後鑑に備えた書き入れをしており、かかる実態との乖離が吟味された時の対処方法まで準備していた。

こうした操作は聞名寺領以外でも行われていたとみられ、その結果、嘉永六年（一八五三）の甘露寺家領の字別内訳は、元禄中期の状況と比較しようがないほどに変貌してしまった（表5―1）。もちろん、合分筆や孫字による記載等も考慮せねばならず、単純な比較は難しいが、かつて蔵入地しか存在しなかった涌井（わっくい・わくい）・大道・山鳥等の土地が甘露寺家領となっている事実は、土地の帰属移動が行われた確実な証左となろう。入子（いりこ）・野添（のそへ）・しる谷等のように、高からみると元禄中期と大きな変化がない字がある一方、円田はかなりの減少が認められ、屋敷地も増加している。

因幡堂平等寺領の字別内訳（表5―2）も、入子と南川原は元禄中期と天保五年の石高がほぼ一致するが、屋敷地が減少し、ぬまの口・かわらの土地がなくなり、その一方で以前存在しなかった涌井・長田等に同領が認められ、やはり相当の土地の帰属移動・加除が確認できる。甘露寺家領・因幡堂平等寺領ともに、一筆単位の畝歩・石高を元禄中期と幕末期とで比較しても、大多数は一致しなくなっている。

このような状況を、百姓は領主へどのように申告していたのか。表6―1は、水帳末に記載された甘露寺家領の元禄中期と嘉永六年における畝歩・石高の内訳を挙げたものである。元禄中期では合計四〇・五石（実際の合計は四〇・五一一石）となり、「川成」が発生しているものの、特に調整もなく古検高と合致する。ところが嘉永

表５－１　甘露寺家領の字別内訳（嘉永６年）

	字	筆数	石高
A	屋敷	4	1.209
	入子	9	8.158
	円田	2	2.527
	東河原	4	2.51
	のそへ	3	2.47
	中河原	1	1.01
	西河原	2	0.32
	おなし	2	1.674
	北畠	2	0.17
	しる谷	3	1.199
	北河原	1	0.2
	ひかし畑	2	0.1
B	涌杭(涌井)	4	3.626
	はふち	3	1.966
	平畔	3	1.456
	内木戸	2	1.55
	みのわき	2	1.074
	浦ノ段	2	0.625
	植木	2	0.548
	上戸	1	0.7
	中ノ町	1	0.62
	かさの	1	0.515
	大垣	1	0.4
	ぼけ谷	1	0.33
	大道	1	0.263
	山鳥	1	0.25
	長田	1	0.23
	小成	1	0.18
	こやみ畑	1	0.05
	合計	63	35.93

出典：嘉永６年９月「甘露寺様御家領水帳」（池田家文書）。

表５－２　因幡堂領の字別内訳（天保５年）

	字	筆数	石高
A	屋敷	1	0.225
	入子	4	2.1505
	円田	6	2.223
	東河原	5	2.242
	尾なし	6	2.97
	北ばた	7	1.155
	南川原	1	0.07
	うへ木	4	2.657
B	東畑	1	0.22
	後園	4	2.379
	いば	6	1.8095
	浦ノ段	1	0.435
	大垣	1	1.12
	笠野	1	0.2
	下ノ段	1	0.06
	上戸	2	1.372
	大神宮	2	0.602
	長田	1	0.09
	はた	1	0.21
	平黒	2	1.2
	股野	2	2.26
	松田	6	5.36
	みのわき	1	1.05
	やしきし	1	0.1365
	わくい	1	0.24
	不明	5	2.875
	合計	73	35.3115

出典：天保５年11月「御高四拾石壱斗壱升壱合因幡堂様(名寄帳)」(池田家文書)。

註：Aは元禄中期にも同領が所在する字、Bは元禄中期には同領内に確認できない字。表４も参照。

六年になると、総面積は以前の三町五反一四歩から四町一反五畝一二歩へ、約六反増加し、内訳も大きく変わっている。田は六反余増加しているものの、なぜかその高は逆に約三石余りも低下し、全体でも高三五・九一六石にしかならなくなったため、これに村弁高四・五八四石を加えることで、従来の四〇・五石という数値が維持される状況、とされている。

かかる状況は因幡堂平等寺領でも同様であった（表6―2）。元禄中期と天保五年における同寺領の畝歩・石高を比較すると、総面積は三畝強と小幅な拡大、田地は六反あまりも増加しているが、全体の石高は都合三六・六六五石にしかならなくなり、村弁高三・五〇四五石として加えることで、古検高四〇・一一一石という数値を維持している状況、とされている。弁高による調整自体は特に珍しい事例ではないが、石見上里村におけるかかる調整は、本来固定されていた各所領の土地帰属そのものが、百姓側の都合で変更された結果であり、もはや形骸化している四〇・五石、四〇・一一一石という古検高を、数値上の調整によって維持していたのである。しか

表６－１　甘露寺家領内訳の変遷

地目/畝歩・高		元禄中期	嘉永６年
田方	畝歩	3町2反2畝12歩	3町9反8畝18歩
	高	37石2斗5升8合	34石5斗3升4合
畑方	畝歩	2反3畝14歩	6畝18歩
	高	2石6斗7升8合	3斗9升
屋敷	畝歩	4畝18歩	1反6歩
	高	5斗7升5合	1石2斗4合
			三口〆　35石9斗1升6合 永々引　2石1斗8升6勺 村弁高　4石5斗8升4合 毛付高　33石7斗3升1合4勺
都合	畝歩	(3町5反14歩)	(4町1反5畝12歩)
	高	40石5斗＊	40石5斗

註：実合計数は40石5斗1升1合。
出典：「高四十石五斗甘露寺様知行手引帳」、嘉永６年９月「甘露寺様御家領水帳」(池田家文書)。畝歩合計数は史料に記載なし。

表６－２　因幡堂平等寺領内訳の変遷

地目/畝歩・高		元禄中期	天保５年
田方	畝歩	2町6反3畝22歩	3町2反1畝20歩
	高	31石2斗2升2合	33石9斗9升5勺
畑方	畝歩	8反3畝10歩	3反13歩
	高	8石4斗2升3合	2石3斗9升1合
屋敷	畝歩	3畝10歩	1畝18歩
	高	4斗6升7合	2斗2升5合
都合	畝歩	3町5反12歩	3町5反3畝21歩
	高	40石1斗1升1合	36石6斗6合5勺
永荒村弁高		—	3石5斗4合5勺
	合計	40石1斗1升1合	40石1斗1升1合

出典：「高四拾石壱斗壱升壱合因幡堂様」、天保５年11月「御高四拾石壱斗壱升壱合因幡堂様」(池田家文書)。

も表面上は、生産力が近世初期より低下し、弁高で補塡しているかのように申告していたため、田地や面積が拡大して高が低下するという、不自然な調整になっている。

このように、近世初期に設定された各所領は、百姓側の都合によって土地の帰属の移動・加除が行われ、その合計は当然古検高と合致しなくなったが、それでも百姓側の諸調整によって、古検高が従来通り〝維持〟されているという、虚構的状況が作り出されていた。もっとも、領主側としては、既定の古検高とそれに基づく年貢が確保されればよいとみなして、このような百姓による帰属移動の実態には、あまり関心を示していなかったとみることもできよう。

（3）　生産高と高免の実態

株の年貢負担について、石見上里村甘露寺家領の事例より概観しておきたい[43]。一例として、弘化元年（一八四四）甘露寺家の勘定目録を示そう（数値はすべてママ）。

辰年御勘定目録

一御高　四拾石五斗

内　五斗五升　七歩引

五斗三升五合　七歩引

弐斗六升三合　八歩引

七斗弐升　井筋ニ付御願

出水出来ニ付二ヶ年鍬下御聞済

引高

合壱石六斗八升九合九勺
残高
三拾八石八斗壱升壱勺
此取米　弐拾弐石五斗九合八勺六才
口米　六斗七升五合弐勺九才
夫代　壱斗五升
御蔵入
合弐拾三石三斗三升五合壱勺五才
内　六斗　　庄屋給
弐斗　　年寄給
引残而
弐拾弐石五斗三升五合壱勺五才
右之通、無相違当辰年御年貢米皆済可仕候、以上
弘化元年甲辰十二月　　石見村
庄屋　源左衛門
年寄　清右衛門
甘露寺様
御役人中

同領における宝暦・明和期〜幕末期までの勘定目録をみると、甘露寺家領四〇・五石に対する免（年貢率）は

五つ七分～八分で、ほとんど変化がない。ここに年々引高が付くが、これは百姓側の申請により増減がある。この取米に口米（取米の〇・〇三パーセント）と夫役（一斗五升）を加えたものが御蔵入（年貢）となる。ただしここから庄屋給六斗・年寄給二斗などが差し引かれた数値が、実際に納入される年貢である。例示した弘化元年は庄屋給と年寄給以外に差し引かれていないが、さらに御蔵入高から、御救米や神事料、あるいは旱水損等を理由とする種々の引が差し引かれる年も多い。概ね実際に納入される年貢高は、約二三石前後となる。

なお、右の夫代は、宝暦・明和には賦課されていなかったが、天明五年に「人足入」として一斗五升が賦課され、文化一〇年以降、口米と併記されて「夫代（歩代）」「夫米（歩米）」の名称で固定化している。庄屋給米は宝暦期より「給米」と記載されて存在したが、年寄給米は、文政一二年に「年寄引」として一斗がみえるものの、毎年二斗の「年寄給米」は、天保一〇年以降に固定したものである。

実際の年貢納入を、幕末期同領における「石見上里村当酉年（文久元）御年貢納請取通」からみると、御蔵入二三・〇四一二三石より庄屋・年寄給米を差し引いた二二・二四一二三石のうち、米納が一三・〇一七石、残り九・二二四二三石を代銀九二二匁四分二厘三毛に換算する銀納となっている。米納は主に源左衛門の名で、一〇月一三日～一一月二七日の期間、一石（一〇月一三日）、〇・二二二石（二三日）、〇・二九五石（同上）、六石（一一月五日）、四石（一二日）、一・五石（二七日）と、六回に分けて納入されている。庄屋が現物で甘露寺家に搬入したのであろう。また銀納は、代銀九二二匁四分二厘三毛より「松本方へ返弁」の五一〇匁、「当年先納銀弁利足」の三〇六匁八厘の都合八一六匁八厘が差し引かれており、実際の納入は、一〇六匁三分四厘三毛であった。以上の年貢は、無事一二月二五日に皆済している。

年貢率だけでみると、五つ七分～八分は高免である。しかし元禄一一年の明細書上には「此取ヶ五ツ八分三リ四毛」とあり、同村では平均的な免であった。[44] もっとも、元禄一四年末の元東坊城家領（上知後。のち禁裏御料）、は三つ三分と低く、享保六年時点（禁裏御料・小堀支配）でも同領は四つ四分、仙洞御料四つ八分五厘となっている。[45] しかし甘露寺家と同じく堂上公家の正親町三条家領では、確認できる宝永期で六つ二～三分、元文期で六つ一分～三分で[46]、近世後期の甘露寺家領より高免であった。

しかし畿内では一般的に、生産高が古検高を大きく上回っており、有畝（検地帳とは異なる実際の面積）や下作宛米（小作料）によって、実態を表記する必要が生じていたことを考慮に入れねばならない[47]。

表7は、嘉永三年（一八五〇）に石見上里村甘露寺家領株庄屋源左衛門が、甘露寺家借入金の引当として書き上げた同村内同家領の田地である。畝歩・高のほかに、下作宛米と徳米を合わせて記載している。表7から一例を示せば、上田九畝で高一・〇三四石とされる田地が、下作宛米一・四二石、徳米〇・七石とされており、下作宛米（徳米と年貢の合計）が本来の高を上回っており、中には徳米だけで高を上回る田地さえ確認できる。これに小作者の取分が加わるため、実際の収穫高はさらに大きくなろう。こうした状況は甘露寺家領のみではなく、たとえば寛政一〇年（一七九八）、伊勢講惣代より売却された竹内家領の一反八畝歩／高一・〇八石の土地は、「下作壱石八斗、内七斗一升弐合上納引、残而徳米壱石八升八合」とあり[48]、また文久四年の法泉寺下作地には、「無高」（字後園。子園とも表記する）の土地に、一・二石の下作宛米が当てられている事実さえ確認できる[49]。もちろん、土地によって差異はあろうが、実際の生産高は、大凡古検高の二～三倍以上

表7　甘露寺家領の実態

字	等級	反畝歩	高	下作宛米	徳米
東川原	上田	9畝	1.034	1.42	0.7
東川原	上田	8畝4歩	0.756	1.42	0.89
入子	中田	1反20歩	1.386	1.85	0.88
のそへ	上田	9畝	1.17	1.42	0.6
入子	中田	9畝	0.78	1.42	0.88
のそへ	中田	9畝	0.821	1.42	0.85
入子	上田	9畝4歩	1.014	1.7	0.99
北川原	上田	1反	1.1	1.7	0.93
(入子)	中田	9畝14歩	1.23	1.7	0.88
北川原	上田	1反	1.1	1.7	0.903
	合計	9反3畝24歩	12.92	14.05	7.6

註：合計数値は史料ママ。
出典：嘉永３年12月「田地引当帳」（池田家文書）。

表8　近世後期甘露寺家領の年貢

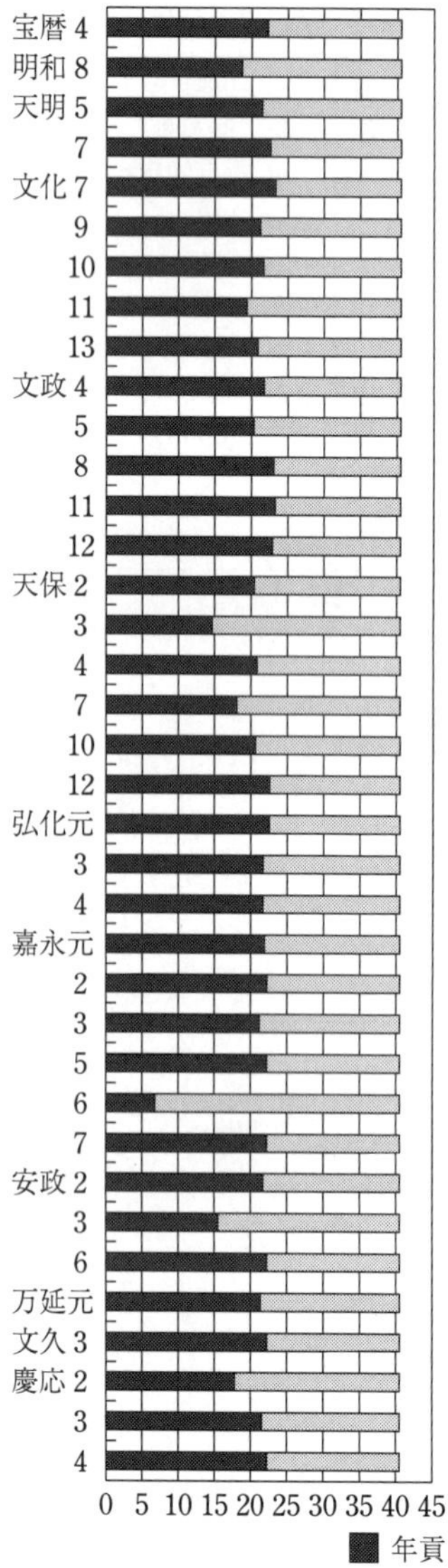

出典：「甘露寺様御勘定目録」（池田家文書）より作成。

に達していたと推定してよいであろう。

石見上里村でも、古検高は現実と乖離した年貢賦課上のみで機能する形式的数値となっており、実際の生産高は古検高を著しく上回っていたため、引当として書き上げる際には、実態を下作宛米・徳米表記により示す必要があった。しかし百姓側は、こうした古検高によって年貢を負担しながら、毎年のように引願を提出して更なる減免を要求した。たとえば甘露寺家領では凶作・旱水損の年はかなりの引高が付き、極端な場合、嘉永六年のように蔵入高がわずか約六・八石という年さえあったのである（表8）。

このように公家や寺院領主は、百姓側の申告によって実態と乖離した古検高を把握するのみで、所領の実態は百姓たちによって相当変化させられていた。表面上近世を通じて変わらない村高や各領高は、百姓側のかかる調整・操作によって作り出された虚構的無変化であったのである。

三　百姓の所持地と帰属

(一) 百姓の所持地

「手引帳」によって、百姓の階層構成とその所持地分布について検討したい(表9・10)。同史料にみえる名請人一四六名中、村内の百姓は一二二名で、元禄中期における高持百姓ほぼ全員が上っていると考えてよかろう。持高は一位が一一・六三四石の与左衛門、二位利左衛門一一・七一七石、三位長左衛門一〇・五三五石と続く。利左衛門は当時の村庄屋である。利左衛門と拮抗したはずの伝左衛門(小野氏)が六・七五五石で一七位になっているが、伝左衛門は「手引帳」に反映されていない延宝検地後の蔵入地に六・九三九石もの土地を有しており、これを反映させると持高は一三石を超えることになる。

このほか、上位の百姓はおおむね当時の村役人の名前と一致する。たとえば元禄一〇年の鉄砲請証文にみえる庄屋・年寄八名を[50]「手引帳」でみると、三名は名前自体見出せないが、一致する人物は利左衛門(前出)、源助(五位)、三郎兵衛(八位)、市兵衛(一三位)、源左衛門(四〇位)と、源左衛門のみやや低いものの、「手引帳」が下巻のみとはいえ、石見上里村の百姓の階層構成の概要を把握する上で十分機能することがわかる。

表9　「手引帳」による階層構成

階層	計
10石以上	5
9～10石	2
8～9石	4
7～8石	4
6～7石	7
5～6石	10
4～5石	5
3～4石	16
2～3石	12
1～2石	26
1石未満	55
計	146

もちろん「手引帳」が村高の五四パーセント分しか記載していないことを踏まえると、全体的に各百姓の持高が上昇することはいうまでもない。元禄期には利左衛門が二一・九四八石、伝左衛門が高二六・七二五石(二九石余ともいう)であり[51]、両名が村庄屋役を争う村内の上層百姓であったこと(第三章参照)を考慮すれば、二〇石台が同村の最上位層で

中御門	西大路	大炊御門	御局	平松	東坊城	花開院	二采女	御蔵入	計
							1.51	*	11.634
0.228	1.047				1.26		0.25		10.717
0.393	0.183		0.541				0.374		10.535
	0.034		**7.97**					*	10.528
	1.28		2.45					*	10.24
0.752	2.521		0.068					0.531	9.713
	0.717	1.587		1.338					9.269
			1.19	3.05		0.84		*	8.413
2.961								*	8.403
									8.401
0.382	0.064			0.5				*	8.241
0.952		1.37							7.364
						2.293			7.238
							1.561	*	7.214
0.577								*	7.194
									6.852
				0.221	0.294			*	6.755
1.147			1.359						6.638
	1.521	0.94							6.574
	0.23		0.93						6.425
									6.207
0.12	1	3.362		1.065				*	6.178
		0.1					2.32	0.801	5.863
		1.3	0.182						5.701
1.905	0.096	0.177							5.651
				3.691					5.435
				1.482					5.391
	0.42	1.513	0.013						5.354
3.186	0.31								5.296
									5.267
								1.269	5.253
									5.066
								0.108	4.439
			0.171						4.409
				1.32					4.373
								*	4.369
			0.162						4.138
	0.12	**0.168**							3.925
				0.708	**3.203**				3.911
		0.63							3.813
									3.734
	1.35	0.65		1.725					3.725
							0.231		3.503
								*	3.503
									3.431
									3.398
0.48		0.065						*	3.351
0.77						2.47		*	3.314
		1.057						*	3.288
									3.281

持高地、太線枠＝屋敷の所在地

表10 「手引帳」による百姓の持高分布（持高順位上位50位まで）

	名前	各領内持高（単位：石）								
		戒光寺	富小路	大炊道場	竹内	正親町三条	持明院	甘露寺	因幡堂	白川
1	与左衛門	0.95	**9.174**							
2	利左衛門	**4.627**		1.855			1.24		0.21	
3	長左衛門	0.53	2.187	1.381	0.074				**4.872**	
4	吉助							0.414		2.11
5	源助	0.457	1.022					0.14		**4.891**
6	又助			0.82	0.918		**3.726**	0.234		0.143
7	喜兵衛	0.18	1.439	**2.548**		1.2			0.26	
8	三郎兵衛		0.573		0.07	2.69				
9	利右衛門		0.18							**5.262**
10	権兵衛	0.397			2.875				1.025	**4.104**
11	加右衛門	0.894		0.183			**4.352**		1.866	
12	次郎右衛門	0.22	1.313	**1.499**	0.092		0.934		0.12	0.864
13	市兵衛			0.135		**3.85**			0.7	0.26
14	与三兵衛	0.56	1.334	0.99	0.38	0.154		1.53	0.705	
15	三郎左衛門	**2.574**	1.258	0.533		0.057		1.295		0.9
16	甚助	**3.192**			0.348		1.98		1.332	
17	伝左衛門	0.18		**2.44**			1.52		2.1	
18	半助	**2.44**		0.278		1.414				
19	太郎左衛門	0.54	1.2	**2.373**						
20	清兵衛	2.357	**2.856**	0.037	0.015					
21	勘左衛門	1.964	**2.681**		0.5		1.062			
22	徳右衛門	0.181				0.45				
23	与三右衛門			1.9						0.742
24	又左衛門	0.14	**3.473**			0.54		0.066		
25	忠右衛門	**2.47**								1.003
26	次郎兵衛	0.89					0.854			
27	猪助		0.12	1.428		**2.136**			0.225	
28	五兵衛			0.531			1.15			**1.727**
29	助右衛門	1.8								
30	半左衛門			**3.574**		1.693				
31	茂兵衛	1.387						**2.417**	0.18	
32	仁助	0.2	**3.984**							0.882
33	平右衛門			**2.12**	1.83				0.381	
34	清左衛門				0.514		**3.192**		0.092	0.44
35	長兵衛		**1.64**	1.413						
36	仁右衛門	1.478	**2.891**							
37	弥兵衛		**3.976**							
38	利兵衛	1.27	**1.743**	0.26	0.364					
39	四郎右衛門									
40	源左衛門	0.654						**2.529**		
41	徳左衛門	1.033						**2.701**		
42	大原野いよ									
43	市郎兵衛	0.208		0.45	**1.88**		0.564			0.17
44	彦左衛門	0.09						**3.413**		
45	茂右衛門	1.36							**2.071**	
46	五郎右衛門	**1.6**		0.208		0.896		0.694		
47	猪兵衛	**1.356**		0.23	1.033				0.187	
48	七右衛門			0.074						
49	与右衛門								**1.511**	0.72
50	喜助	**2.371**	0.91							

註：蔵入地の「＊」は石高無記載、ゴシック体太字＝複数領にわたって所持地をもつ百姓の最大の

あるとみてよかろう。しかし両者とも「手引帳」でみる限り、特に突出した持高ではなく、同村はおおむね二〇石未満の中小百姓によって構成されていたと考えられる。とはいえ、「手引帳」で五石以上と以下で分けると、五石以上が二一パーセントなのに対し、以下が七八パーセントを占める。近世中期には村役人層と小前層との間には歴然たる差があったものと考えられる。

各百姓の所持地はかなり散在しており、一四六名中九五名が二領主以上、最大九領主に跨る。しかし複数領に高をもつ百姓をよくみると、特定の所領に偏りのある場合が多いことに気がつく。多くの場合、この突出した持高の領主への帰属関係が認められることが多い。たとえば甘露寺家領の株百姓源左衛門(40、以下表10の番号付記)や徳左衛門(41)はやはり甘露寺家に所持高が多く、白川家株庄屋家である利右衛門(9)、大炊道場領株庄屋家喜兵衛(7)、因幡堂株庄屋家長左衛門(3)などのように、その帰属領内での持高が他より明らかに多い例がみえる。このような状況からは、当初知行主—知行付百姓—知行地の整合性をもって、株百姓がその所有地とともに、領主へ帰属させられたことを推測させる。しかし次郎右衛門(12)や与三兵衛(14)のように複数領に少しずつ所有するものもあり、不整合も多くみられる。次項では、全体の状況が判明する株内の分析により、各領百姓の状況・変遷を詳しく検討してみたい。

(2) 各株内の構造変遷

①甘露寺家領（表11—1・2）

甘露寺家領の階層構成は、[52]延宝六年（一六七八）で名請人三六名、持高はいわミ三右衛門が六・六六五五石と突出し、新左衛門四・三六二二石、文右衛門三・六四八八石、徳左衛門二・六六七石と続くが、この四人以下はすべて二石未満となる。なお、この時期の庄屋は徳左衛門である。元禄中期は彦左衛門が六・九五八八石、次いで源左衛門

表11-1　甘露寺家領の階層構成

階層	延宝6年	元禄中期	天保8年	嘉永6年
5石以上	1	1	0	0
4～5石	1	1	1	0
3～4石	1	1	0	1
2～3石	1	3	1	2
1～2石	12	7	11	12
0～1石	20	23	24	29
計	36	36	37	44

表11-2　甘露寺家領の株百姓

名前	天保8年		嘉永6年	
	持高	持高順位	持高	持高順位
源左衛門	4.1	1	3.78	1
源右衛門	1.886	4	1.886	4
清右衛門(清五郎)	1.1	8	1.1	10
五郎右衛門	1.044	11	1.044	13
茂兵衛	0.7876	15	0.638	22
吉兵衛	0.03	37	0.03	44

（単位：石）

出典：延宝6年「甘露寺様入（名寄帳）」（大島家文書）、「高四十石五斗甘露寺様知行手引帳」、天保8年12月「甘露寺様御免割帳」、嘉永6年9月「甘露寺様御家領水帳」（池田家文書）。天保8年の史料は井ノ内村の入作を一括記載しているため、実際の名請人数は40名を超える。

の四・二〇二石、茂兵衛三・二八一石、三郎左衛門二・八四二石、徳左衛門二・六七五石、九郎兵衛二・四四石と続き、それ以下は二石未満である。天保八年になると源左衛門の四・一石が一位、二位以下は忠兵衛の二・〇五石、与右衛門一・九一石である。嘉永六年には源左衛門がやや高を減らして三・七八石となっているが、依然持高一位である。

同領の階層構成は延宝・元禄期には五石以上の突出した百姓と、それに続く二、三石以上の上位層が存在し、二石未満の多数の百姓とは明らかに壁が存在している。恐らくこれが、当初持高とともに領主への帰属が設定された株百姓と、その他出作百姓との差異であると考えられる。しかし天保・嘉永期には五石以上の百姓やそれに続く上位層がいなくなり、全体的に持高が低下している。近世後期の株百姓は表11―2に示した六名で固定しているが、比較しえたのが天保八年と嘉永六年であるため、持高はあまり変化していない。初期には三六人であった名請人は、幕末期には四四人と増加している。初期設定の株百姓と出作百姓の差異が次第になくなり、百姓が均質化していく経過を示している。

表12-2　因幡堂平等寺領の株百姓

名前	天明7年		天保5年	
	持高	持高順位	持高	持高順位
石見清左衛門	3.17	2	1.96	2
石見喜助	2.9775	3	1.1575	14
上里太郎右衛門	1.65	4	0.08	38
上里清助	1.274	8	2.534	1
上里孫兵衛	1.206	12	1.364	9
石見伝右衛門	0.1365	32	0	-

表12-1　因幡堂平等寺領の階層構成

階層	元禄中期	天明7年	天保5年
5石以上	2	0	0
4～5石	0	0	0
3～4石	2	2	0
2～3石	5	1	1
1～2石	2	15	20
0～1石	5	23	22
計	16	41	43

（単位：石）

出典：「高四拾石壱斗壱升壱合因幡堂様（名寄帳）」、天明7年7月「高四拾石壱斗壱升壱合因幡堂様（名寄帳）」、天保5年11月「御高四拾石壱斗壱升壱合因幡堂様（名寄帳）」（池田家文書）。

②因幡堂平等寺領（表12―1・2）

因幡堂平等寺領の名請人は、元禄中期には一六名であったが、天明七年四一名、天保五年四三名と、近世後期までにかなり増加している。その持高構成も、元禄中期では上里の太郎右衛門（八・九六四石）・石見の喜介（八・四二六石）の二人が突出しており、それ以下は三石台となる。初期は全体的に各百姓の持高が多い特徴があるが、近世後期になると、甘露寺家領以上に株内・出作とも持高が全体的に低下しており、天明期には三石以上の者さえわずか二名（ただしうち一名は法泉寺）、天保期には二石以上の者も清助のみとなっている。株百姓の持高低下の影響か、文化末頃と文政一三年には出作百姓源左衛門（甘露寺領株庄屋）が因幡堂株庄屋を兼帯している。[53]

近世後期の因幡堂株百姓は六名おり、元禄中期には株内で突出していた太郎右衛門・喜助も、相当に持高を低下させてはいるが、なお株百姓としての帰属が確認できる。源左衛門が株庄屋となる前には、長らく喜助が株庄屋を勤めていた。株百姓の持高は、天明七年から天保五年までの四七年間で、清助が持高一位に上昇しているのを除き、喜助・太郎右衛門・清左衛門は持高をかなり減らし、伝右衛門に至っては無高となるなど、株百姓の株内持高の低下が目立つ。その一方、兼帯株庄屋となる源左衛門の株内の持高は、天明七年には〇・七石（一筆）であったものが、天保五年には一・七五八五石（六筆）まで増加、持高順位は五位まで上昇している。

③正親町三条家領（表13―1・2）

表13-1　正親町三条家領の階層構成

階層	元禄中期	文政6年
5石以上	1	0
4～5石	0	0
3～4石	3	1
2～3石	5	6
1～2石	7	14
0～1石	12	19
計	28	40

表13-2　正親町三条家領の株百姓（文政6年）

名前	持高	持高順位	備考
弥左衛門	2.2	6	年寄
太兵衛	2.184	7	庄屋
惣兵衛	1.685	10	
半左衛門	1.586	13	
三郎兵衛	1.393	16	
喜平	1.21	18	
与八	1	20	
喜右衛門	0.8	24	
六右衛門	0.42	29	
市左衛門	0	-	

（単位：石）

出典：「高四拾五石正親町三条様手引帳」、文政6年8月「正親町三条様水帳」、同「正親町三条様御下宗門御改帳」（大島家文書）。

正親町三条家領の階層構成も、元禄中期には五石以上の突出した百姓と、それを取り巻く二～三石以上の上位層が認められる。元禄期同領の株庄屋であった三郎兵衛は八・三七五石という突出した持高を有し、二位市郎兵衛の三・七五一石と懸隔している。なお、元禄一一年段階では庄屋三郎兵衛のほか、喜右衛門（持高三位、三・五五三石）、半左衛門（五位、二・二五六石）が株百姓であることが確認でき[54]、やはり彼ら持高の多い百姓が、株百姓として帰属していたことが認められる。

しかし文政六年になると、ここでも五石以上の上位層はみられなくなり、三・六石の武兵衛を筆頭に、以下はすべて三石未満の持高である。甘露寺家や因幡堂より二石以上のものが多いが、持高上位五名は出作百姓で占められている。近世後期に庄屋・年寄を勤めるのは弥左衛門ないし太兵衛である。元禄期に庄屋を務めた三郎兵衛や、喜右衛

表14-1　大炊道場聞名寺領の階層構成

階層	寛永5年	天保15年
5石以上	4	0
4～5石	0	2
3～4石	4	5
2～3石	5	4
1～2石	9	14
0～1石	16	31
計	38	56

表14-2　大炊道場聞名寺領の株百姓（天保15年）

名前	持高	持高順位	備考
利左衛門	4.765	1	庄屋
喜兵衛	3.875	3	前庄屋
市郎右衛門	3.511	7	年寄
庄左衛門	1.584	16	
与左衛門	1.203	24	
茂右衛門	0	-	

（単位：石）

出典：寛永5年「山城国石見上里村辰年検見帳」、天保15年5月「大炊道場聞名寺様御民図帳」、天保5年「宗門改人別帳」、弘化2～4年「人別改帳」大島家文書。

門・半左衛門は、近世後期にも依然株百姓としての同領主への帰属が確認できるが、株内での持高はかなり低下している。名請人の総数は元禄中期の二八人が文政六年には四〇人となり、ここでもかなりの増加が認められる。

④大炊道場聞名寺領（表14―1・2）

大炊道場聞名寺領の階層構造は、寛永五年と天保一五年という、かなり時代を隔てた史料しかない。寛永五年では持高五石以上の百姓が四人もおり、このうち市兵衛が九・五五三石、太郎右衛門八・〇七七石と突出し、石見新左衛門六・〇三三石、新左衛門五・三八九石と続く。しかしこの四名以下の持高は急落し三石台となる。ここでも近世初期には上層百姓の存在が認められ、彼らが株百姓であろうことを推測させる。なお、寛永五年時点では襲名慣行があまり定着しておらず、後の誰の先祖にあたるのか、ほとんど推定することができない。なお、利左衛門家（のちの大島家）の先祖は、寛永期には同領内に土地を所有していない。

天保一五年での持高一位は四・七六五石の株庄屋利左衛門で、次郎兵衛四・三七四石、喜兵衛三・八七五石（前庄屋）、源左衛門三・六〇四石と続く。大炊道場領は四〇石代の因幡堂・甘露寺家・正親町三条家より全体の高が多いためか、百姓一人あたりの持高も全体的にやや大きいようで、三石以上のものが七名いるが、過半を占めるのが二石未満である点は他と同様である。

以上のようにみると、元禄中期頃までは、どの株内にも突出した持高の存在や、持高の多い株内上位層が数名存在していた。彼らは近世後期まで、その領主への帰属関係が確認できるものが多い。彼らが株百姓として株庄屋・年寄を勤める村役人層を形成し、出作百姓より相対的に持高が高かったのは、当初彼らがその所持地の全て、または大部分とともに、領主への帰属が決定された株百姓であるためと考えられる。しかし近世後期になると、各株内で突出した百姓がいなくなり、株百姓と出作百姓との間に、株内持高上の明確な差異がみられなくなる。突出した高持が稀となる傾向は、百姓の均質化とみてよいであろう。少なくとも元禄中期までは、まだ株内で株百姓の持高が多いようであるが、如上の土地状況同様、株百姓の実態は時代の推移とともに次第に変容し、因幡堂領のように、株内で庄屋役を果たせるものがなくなる状況も生まれていったのである。

（3）　屋敷地と百姓帰属の関係

関東の旗本相給知行においては、知行付百姓は屋敷地の帰属を基準にして確定したとも推測されており[55]、それは山城の相給村落でも同様の意味をもつと考えられている。表10からは「手引帳」が全体の約五〇パーセントしか判明しないことによる誤差を考慮しても、最大持高の領主内に屋敷がある事例を検出でき、株百姓がその所有地と屋敷とともに領主へ分配されたことが推測される。しかし明らかに所持地が散在し、帰属領主以外の領地にしか屋敷がない百姓もいる。前節同様、各領の状況からさらに考察してみたい。

甘露寺家領では、延宝六年時の屋敷地は五郎右衛門・いわミ三右衛門所持の二筆のみ、「手引帳」でも屋敷は五郎右衛門・彦左衛門・源左衛門（元三右衛門屋敷）の三筆のみである。嘉永七年では五郎右衛門・吉兵衛・弥兵衛、新右衛門の四筆となっているが、一貫して屋敷地を所持するのは株百姓五郎右衛門だけ（しかし彼の甘露寺領内の持高は延宝以降屋敷を含めて〇・八〇二石〜一・〇四四石しかなく、他領での持高の方が多い）で、同じく株百姓である源左衛門は、「手引帳」では甘露寺家領内に屋敷があるが、元禄中期の「高四十石五斗甘露寺様知行手引帳」ではすでに屋敷がない。しかし彼の所持地には「やしき」と記載した上に「東し畑」と重ね書きした一筆があり、その畝歩は「手引帳」にみえる同人の屋敷と一致する。甘露寺家領における源左衛門屋敷は、早い段階で畑と化した（あるいは他領同畝歩の畑地と交換された）のであろう。

嘉永段階の屋敷持四名は、五郎右衛門・吉兵衛以外同領の株百姓ではなく、屋敷地と帰属領主は一致しない。そもそも甘露寺家領には、当初から存在した屋敷地は五郎右衛門と三右衛門（のち源左衛門が所有）の二筆のみである。屋敷所持を株百姓の要件とすれば、この二人だけを株百姓と判断することになるが、実際には元禄期株庄屋である徳左衛門は株内持高五位だが、同領に彼の屋敷はない。このように甘露寺家領では、一貫して屋敷地の所在と領主帰属とが一致するのは、五郎右衛門だけである。

正親町三条家領をみると、元禄中期時点での屋敷地は喜右衛門（三郎兵衛分付ヵ）・与助・市兵衛の三筆の屋敷しか確認できず、この時期株百姓である半左衛門は同領に屋敷が確認できない。文政六年時点では株百姓である三郎兵衛・太兵衛・半左衛門は領内に屋敷地を所持するが、当時年寄の弥左衛門や、他の株百姓は領内に屋敷がない。

因幡堂平等寺領の屋敷地は、元禄中期には中務与次兵衛（「手引帳」では権兵衛）・上里太郎兵衛・上里与右衛門の三筆が存在したが、天明七年時点では、彦右衛門（一畝一八歩　〇・二二五石）のみ、天保五年でも甚右衛門（畝歩／石高同上と一致）のみとなっており、近世後期には屋敷地自体が一筆しか存在しない上に、両者とも同領の株百姓ではない。

大炊道場聞名寺領の屋敷地は、寛永五年段階で八筆、「手引帳」で九筆、天保一五年では九筆の屋敷地が確認

表15　大炊道場聞名寺領の屋敷地変遷

寛永５年(1628)	元禄中期	天保15年(1844)
喜右衛門　(6歩／0.026石)	次兵衛　(6歩／0.026石)	萬屋冨三郎　(2畝／0.202石)
市兵衛　(1畝6歩／0.166石)	作右衛門　(1畝6歩／0.166石)	清五郎　(2畝／0.169石)
同人　(5畝26歩／0.767石)	市郎兵衛　(1畝／0.13石)	武左衛門　(6畝20歩／0.5石)
同人　(2畝4歩／0.278石)	半助　(1畝20歩／0.278石)	清左衛門(面積無記載／0.078石)
石見新左衛門(1畝20歩／0.234石)	清右衛門　(1畝20歩／0.234石)	嘉兵衛　(3畝／0.2石)
同人　(1畝20歩／0.224石)	半左衛門　(1畝20歩／0.234石)	宗兵衛　(5畝10歩／0.1石)
喜助　(1畝8歩／0.178石)	長左衛門　(1畝8歩／0.178石)	喜介　(2畝／0.106石)
又二郎　(6歩／0.026石)	弥左衛門　(6歩／0.026石)	半左衛門　(1反余／0.1404石)
	利左衛門　(2畝15歩／0.238石)	作右衛門　(2畝10歩／0.2石)
		次郎兵衛(畝歩無記載／0.1石)

でき（表15）、筆数上ほぼ増減はないものの、天保期とそれ以前の屋敷の畝歩・石高の過半が一致しない。寛永期の屋敷所有者は、同領内で突出した高持である新左衛門や市兵衛による複数の所持が認められる一方で、当時同領で突出した高持であった太郎右衛門（近世後期は因幡堂株百姓）は、同領内に屋敷がない。寛永期から天保期まで一貫して屋敷地を所有しているのは喜助（長左衛門と同一家）であるが、彼は因幡堂の株百姓である。寛永期は誰が株百姓か不明であるが、天保期の屋敷所有者は全員出作百姓である。天保一五年以降の株庄屋利左衛門も、元禄中期に屋敷地を保持しているが、その前後における所持は確認できない。

このようにみると、元禄中期、あるいは寛永初期でも、屋敷所在地が帰属領主と一致しない百姓がかなり多数いたことがわかる。相給設定から時間が経過したためともみられるが、近世初期の百姓分け・知行配分の時点においても、屋敷＋所持高を一括して株百姓として領主に帰属させられた百姓と、屋敷を含めた持高を複数領主に分割され、そのうちどこかの領主に帰属させられた百姓がいたとみるべきであろう。二給・三給程度ならば可能な、百姓を屋敷＋所持高を一括した分配方法も、一八相給では不可能であることは自明である。ゆえに喜助（長左衛門）のように屋敷が近世初期から一貫して所在した領地と、帰属領主が一致しない百姓や、五郎右衛門のように所属領主の領内にはほぼ屋敷位しかなく、他領に多くの高をもつ百姓が存在するのではないか。つまり屋敷地と帰属百姓の一致はある程度考慮されつつも、必ずしも屋敷の所在地が、株百姓帰属決定要件とはされなかった可能性が高いと考えられる。また実際の屋敷地は、複数領を跨いだ複数筆で構成されている可能性も考慮に入れなければなるまい。

では屋敷地の所在は、その領主への帰属関係において全く無意味であったかといえば、少なくとも元禄中期まででは自家領内の屋敷所有者を自家百姓とみなす傾向もあったと考えられる。そうでなければ、寛永期には大炊道場領内に持高さえなく、株百姓でなかったはずの利左衛門家が、元禄中期以降その株百姓として把握されているのが理解できない。利左衛門が大炊道場に帰属するのは、一時期とはいえ大炊道場領に屋敷地を所持したことによると推測されるからである。つまり株百姓を設定あるいは領主側が把握した時点において、屋敷を所持していた百姓を株百姓として把握した結果、その後その領内に屋敷がなくなり、株内で無高になっても、なお帰属関係が継続されるという状況が生じたものと推測されよう。

しかし増加した新たな屋敷に居住する百姓の領主帰属は、屋敷地の所在によらず、次第に株ごとに作成される宗門人別帳への記載によって、帰属が決定されるようになったことは確実である。たとえば享保八年（一七二三）、善峯寺は石見上里村の四軒の百姓（家族含む）を「当御寺領之百性株ゟ分リ候者共」、つまりその出自が善峯寺株百姓からの「株分」であるから、以後は同領の宗門帳に書き載せ、自領の株百姓として編入せしめるよう庄屋に指示している。[56] 彼らはその所持地や屋敷地とは無関係に、本家が「当御寺領之百性株」という由緒によって、善峯寺の株百姓に帰属させられたのである。かかる百姓編入の動きは、享保六年以降の幕府による全国的人口調査による宗門人別帳の整備と関連していよう。それは幕府が一斉に宗門帳を「領分限ニ」百姓が「二重ニ不成」よう差し出すことを指示し、以後子年と午年に宗門帳を幕府に差し出すこととしたものであった。[57] こうした調査は「領分限」、すなわち領主がその領分の領民のみを宗門帳に記載して提出するものであったから、相給村落の場合、どの領主がどの百姓を記載するかという問題、すなわち各領主所属の百姓を明確化する必要性を発生させたと考えられるのである。

文政期の村方騒動（第二章）においても、正親町三条家側が六右衛門を自家百姓である根拠として、六右衛門が同家に「宗門印形差上、其外地頭歩（夫）役等も相務」てきたことを主張している。[58] 百姓の帰属が争点となった同騒動でも、屋敷所在地が、百姓帰属の根拠として言及されたことはない。つまり近世後期には、百姓帰属の条件が屋敷の所在とは関係なく、これまでどの領地の株百姓として把握されてきたか、という先例由緒に基づく宗門帳への記載と領主への夫役負担が、重要な要件となっていたことを示している。次節で述べる大炊道場株百姓茂右衛門の事例のように、屋敷の所有は一軒前の百姓としての重要な要素ではあったものの、近世後期となると、屋敷の所在地は、領主への帰属とは全く関係がなくなったのである。

なお、天保期、利左衛門家は「イツ比ヨリ今ニ至テ道場へ（宗門帳を）差出スコトヤ、未審」[59]と述べており、自家がいつから、なぜ大炊道場の株百姓であるのか、その理由は帰属する百姓側でさえわからなくなってしまっていた。しかし理由さえ不明になった帰属関係に基づく各株百姓数を維持すべく、百姓たちは様々な調整処理を行っていくのである。

四　株百姓の維持・調整

（一）　株百姓の相続・維持

各株百姓数は、百姓の退転など、様々な事情によって変化することを免れ得なかった。しかし役負担の問題からその減少を回避すべく、絶家した場合も各株や村によって百姓株が保持され、相続人の選定が行われている。こうした百姓数の調整は、あらゆる村落で常に意識された問題であるが、相給村落では各領の株百姓数の維持安定を図る必要があった。そのため、第二章で述べるような、富小路家株百姓忠右衛門が、正親町三条・中御門家両家ではその株百姓六右衛門として年貢・夫役を負担するという、一人の人間が異なる領主の二つの百姓株を保持して、それぞれ別名別人として二人分の百姓役を負担する「壱人両名」となる虚構的調整をも用いて、各株百姓数の維持安定がなされたのである(60)。

文政一〇年（一八二七）九月、竹内家領にあった大炊道場聞名寺株百姓茂右衛門の屋敷が、病身である茂右衛門の「孝養も難成」という理由で、息子とみられる茂七により売却されることになった(61)。茂右衛門株の絶家に直面した大島武幸（同領株百姓利左衛門家嗣子）と株庄屋喜兵衛は、茂右衛門株の取り扱いについて次のような相談をなしている。

内蔵太（武幸）、岩見喜兵衛へ行、株茂右衛門義、屋しき家共弥以売払ニ相成候、夫ニ付てハ株一軒減申候てハ、人足等も余けい廻り候道理ニ候、又ハ宗門帳之節も御地頭ニ而彼是有之候者、役前ニも拘り可申歟ニ存候故、此方ダケ以懇意為心得申入置候様申候、喜兵衛答ニハ、此間途中ニ而権兵衛ニ行合、一寸其沙汰も御座候へ共、何も取仕切り申来り候方ハ親類迚も無之候、尚可致考勘之旨申居候也

つまり聞名寺株としては、その株百姓が一軒減少すれば、その分残った株百姓の負担が増すことになり、かといって事実どおり宗門帳上百姓を減少させれば、領主側から「彼是」問題が発生し、「役前ニも拘」るのではないかと危惧する。ゆえに茂右衛門株を懇意の者（権兵衛などであろう）に依頼して保持させ、茂右衛門としての負担を継続させようとしている。ここでの婉曲な表現は、「壱人両名」化も念頭に置いた発言であろう。その後しばらく経った天保五年、茂右衛門の相続人が選定され、領主に相続願が提出されているが(62)、安政頃までに再び絶家している。株百姓の維持安定は難しい問題であったが、百姓側は様々な方法を用いて、株百姓数も表面上の無変化を維持しようとした。

善峯寺株の百姓文右衛門は、天保一五年当時二三歳、妻のとら（二一歳）と二人暮らしであったが、翌年には妻と離別して独身となった。嘉永二年（一八四九）には新たにちか（二五歳）を妻に迎え、翌年には娘かるが生まれている。しかし嘉永四年七月、文右衛門は三〇歳で病死し、残された「百性文右衛門後家ちか」は、三二歳となる安政三年（一八五六）まで、娘かるとともに文右衛門後家として宗門帳に記載された。その後ちかが再縁を得たのであろうか、母子は宗門帳からその名を消し、安政四年以降文右衛門家は宗門帳に記載されなくなる。しかし文右衛門は百姓株として維持され続けており、宗門帳から同家が消え、記載される百姓が一五家となっても、宗門帳の冒頭は依然「山城国乙訓郡西山善峯寺領同国同郡石見上里村家数拾六軒」と記載され続ける（後述の［書式A］の場合）[63]。

元治元年（一八六四）の宗門帳（後述の［書式B］）には文右衛門が「男壱人」として記載されているが、年齢記載がなく、これは実在しない文右衛門株であったとみられる。絶家後の文右衛門屋敷は同領の村役人である九郎左衛門が形式上相続・管理していたようで、安政七年、前年の地震で倒壊した文右衛門家の土蔵再建願を領主善峯寺に提出した際、「私　文右衛門相続隠居仕候処」と記している[64]。文右衛門の所有地は絶家後も「文右衛門」として保持され続け、たとえば甘露寺家領には「文右衛門」の所持地〇・四石があったが、絶家後の嘉永六年の甘露寺領名寄帳にも同地は「文右衛門分開田桶屋長兵衛」とみえ[65]、所有は近村である開田村の人物に移っていたが、同年の干損引願でも同地は依然「文右衛門」とのみ記されており、善峯寺株百姓文右衛門は、株と村とで維持され続けていた[66]。

また善峯寺領では、安政四年に理由は不明ながら五兵衛が「所払」となり、株百姓から除外されている。それと同時に善蔵が百姓として加わり、以後同領の株百姓として記載されてゆく。善蔵が「所払」となった五兵衛の欠を補うものであったことはいうまでもない。このように株百姓が欠けた場合には、その数を保持することが行

図1　忠右衛門・弥兵衛の相続関係図

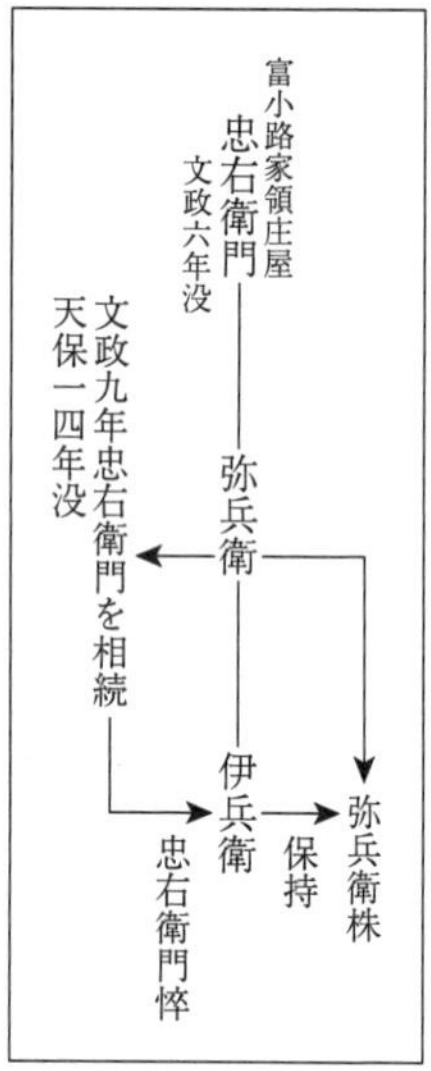

われている。善蔵は株内家族からの分家ではなく、他株から取り立てられたとみられる。株百姓数の維持には、株を超えた村の関与があったことがうかがえよう。

また事実上一家が百姓株を二つもち、親子でこれを分割相続し、親子が建前上別の百姓家となっている事例も存在する。たとえば大島家の「日記」には、次のような記事もみえる。(67)

此度忠右衛門悴伊兵衛、当村弥兵衛名前を相立候処、不仕合ニ付、当村ニて頼母子興行致度旨、先達而より頼出候処弥治定ニて、今日向日町冨甚方ニて相勤リ候事（下略）

忠右衛門家の人間関係を図1に示した。伊兵衛の祖父忠右衛門（文政期に村方騒動を引き起こした六右衛門、第二章参照）と父弥兵衛は実の親子ながら、百姓としてはそれぞれが一軒前であった。(68)「手引帳」には、忠右衛門・弥兵衛とともに相応の持高のある別の百姓としてみえ、両者は別の百姓であったが、文政期には忠右衛門が弥兵衛株を保持し、息子が弥兵衛として百姓役を勤めていた。弥兵衛は忠右衛門の死後、その跡を襲って富小路家領庄屋忠右衛門となったが、依然弥兵衛株も保持していたらしい。そのため元弥兵衛である忠右衛門が天保一四年六月に死去したのち、その悴伊兵衛は、株化した「弥兵衛名前を相立」ていたが、経済的事情から頼母子興行の許可を村に申し出たのである。つまり伊兵衛（いずれ忠右衛門となったであろう）は、弥兵衛株を保持して百姓役をも勤めていたのであり、この二つの名前を使い分けていたとすれば、やはり「壱人両名」といわねばなるまい。石見上里村における、こうした百姓株維持の調整行為は、各株で百姓維持を図らねばならない相給村落の特徴であるといえよう。

（2）二つの宗門改帳とその虚構的処理

各百姓株の維持安定には、別の手段も用いられた。宗門帳上での虚構的処理である。

石見上里村善峯寺領の宗門帳には、二種の書式が確認できる。[69] その書式を善峯寺株百姓九郎左衛門家によって例示したのが図2・3である。［書式A］は石見上里村善峯寺領株庄屋・株年寄から善峯寺役者への提出を経て、善峯寺役者より京都町奉行所へ提出される宗門帳（＝奉行所提出用）、［書式B］は各檀那寺・善峯寺領株庄屋・株年寄が「善峰寺様御役者様」へ提出した宗門帳（＝地頭提出用）である。善峯寺の株百姓は表16の天保一五年にみえる一六軒で固定している（ただし安政四年に五兵衛が所払となり、代わりに善蔵が加わる）が、［書式B］の三冊（弘化三年・安政四年八月・元治元年）のみ、一六軒のほかに半兵衛と杢兵衛が記載されている。基本的に一定しているはずの株百姓数が、なぜ［書式B］の場合のみ増加するのだろうか。しかも半兵衛は、［書式B］時のみ宗門帳末尾に株庄屋や株年寄として署名捺印している場合もある（弘化三年・安政四年八月）。なお、杢兵衛は浄土宗法泉寺檀那、半兵衛は浄土宗阿弥陀寺檀那であり、宗派・檀那寺の違いによる記載の除外ではない。

図2　［書式A］「天台浄土宗門人別改帳」（天保一五年）

一　代々浄土宗　生国山城　粟生光明寺末　石見上里村福楽寺　檀那　百姓　九郎左衛門㊞　辰五十二才
一　同断　右同寺檀那　父禅門　鏡円　辰七十七才
（以下略）

図3　［書式B］「宗門御改人別帳」（弘化三年）

一浄土宗光明寺末福楽寺旦那
一　百姓　九郎左衛門㊞　五十四才　父　鏡円　七十九才　九郎左衛門妻　すゑ　七十九才
娘　ふさ　九才　娘　きく　壱才
〆五人之内　男弐人　女三人

　地頭提出用と奉行所提出用の二種の宗門帳が毎年作成されたことは、大炊道場領でも確認できる。株庄屋利左衛門の天

表16　善峯寺領宗門改帳と株百姓

書式	A	B
年	天保15年	弘化３年
株百姓	九郎左衛門 吉助 弥右衛門 安右衛門 伊右衛門 九助 文右衛門 三右衛門 五兵衛 定右衛門 新左衛門 清助 甚右衛門 宗助 浅七（改名九左衛門） 権兵衛	九郎左衛門 吉助 弥右衛門 安右衛門 伊右衛門 九助 文右衛門 三右衛門 五兵衛 定右衛門 新左衛門 清助 甚右衛門 宗助 九右（左）衛門 権兵衛 李兵衛 半兵衛
人数	計68・男38・女30	計65・男38・女27
庄屋	定右衛門	九郎左衛門
年寄	九郎左衛門	半兵衛

保一四年「日記」には、「道場様宗門帳差出し候処、今壱冊公儀江地頭より差出候故、誌呉候由申来候故、早速相誌、寺印請取候事、尤ミノ紙ニて認」（八月一七日条）等とみえ、現存する大炊道場の宗門帳も［書式A］と［書式B］があり、［書式A］の弘化二・三年の「人別改帳」[70]の表紙には宗門改に関する種々の書き込みがみられ、「例年此通ニて公儀表へ相納候也」等とあり、［書式B］の天保五年と弘化四年の宗門帳にはかかる書き込みはない。[71]これは地頭提出用とは異なる奉行所提出用の書式を意識した注記であろう。ただし大炊道場の宗門帳には、善峯寺のような明確な内容の相違はみられない。

二種の宗門帳が作成されていたにせよ、善峯寺提出分ではなぜ内容が異なるのだろうか。［書式B］でのみ登場する李兵衛・半兵衛ついて検討しよう。李兵衛は文政期に中御門家株庄屋・善峯寺領株庄屋を兼帯し、また石見村惣代でもあった。善峯寺株庄屋在任は天保七年頃まで確認できる（宗門帳の杢兵衛はこの次代であろう）。半兵衛は、弘化四年一〇月「譲リ渡申山林之事」では竹内家に対し善峯寺領の年寄として、天保一四年九月「御領分旱損毛引帳」や安政七年正月「乍恐奉願上候口上書」では善峯寺役者に対し庄屋（株庄屋）として署名捺印しており、(72) 宗門帳に記載がない期間中も善峯寺領の村役人であったことは確実である。しかし半兵衛は文政期の村方騒動六右衛門一件では、当初村方の訴訟相手富小路家株百姓一派の一人として、忠右衛門退役後の富小路家株庄屋を狙っていたとされ、「富小路家株ニ而、冨様へ銀子上ケ候事も有之」という富小路家の株百姓でもあった。(73) つまり半兵衛は富小路家、杢兵衛は株庄屋を勤める中御門家で、それぞれ株百姓として把握されていたとみられるのである。

なお、安政四年八月の宗門帳の杢兵衛の横には、小さな字で「除之」と書入れがある。しかし杢兵衛はこの後も［書式B］では記載されているから、これは株百姓から除くとの意味ではなく、奉行所提出の帳面では「除之」という意味であろう。

このようにみると、杢兵衛と半兵衛は、事実上善峯寺領の村役人・村役人層としてその株百姓であったが、他領の株百姓・村役人でもあったために、奉行所へ提出する宗門帳では他領との兼合いから記載されなかった、つまり［書式A］と［書式B］の記述内容の相違は、各株所属の株百姓を公儀に対して表面上「二重ニ不成」ように調整するための措置であったと理解できるのである。

宗門帳上の虚偽記載による株百姓数の調整は、杢兵衛や半兵衛の場合とはまた別の方法も確認できる。善峯寺領の宗門帳に記載される株百姓安右衛門は、実は本名作右衛門であり、善峯寺領株百姓としてのみ安右衛門と名乗る壱人両名の存在であった。彼については第二章で詳述するので詳細は割愛するが、安右衛門が作右衛門と記載される場合があるのは、いずれも［書式B］のみで、奉行所へ差し出す［書式A］では常に安右衛門名義である。彼は作右衛門名義では別の株百姓となっていたと考えられ、作右衛門名義のまま善峯寺領の宗門帳に記載されれば、一人で両所の人別に加わることになる。そのため、別名義の利用によって建前上別人となることで、「二重ニ不成」ように処理されていたのである。これも村役人等による株百姓数維持のための虚構的操作と考えられよう。

（3）　領主観と武辺忌避

最後に、以上のような虚構的調整が行われる背景としての、近世後期における同村百姓の領主観について考察してみたい。

文政一二年（一八二九）、大炊御門家は同家領へ高割での上納米金を申し付けた[74]。石見上里村同家領の株庄屋仁兵衛は、当村は「入組之所」であり、出作百姓に高割は申し付けられず、「株百姓と申ハ漸四五軒斗」に過ぎないためお請けできないと回答した。しかし同家の役人の態度は厳しく、「一斗ニ而も高持候者ハ、皆当殿之百性也」と暴論を述べ、出作の者も全員呼び出すと息巻いた。しかし仁兵衛は、出作の者にそのような申渡をしても、「銘々其地頭ヲ申立、出殿候者無之」だけだと述べ、呼び出したければ「武辺ゟ村役へ」通達されたらよい、とやりかえした。他領に帰属する出作百姓を呼び出すことなど当然できるはずもなかったが、仁兵衛ら株百姓は大炊御門家へ度々上京させられた末、株百姓への上納米金賦課も強行された。

同村の百姓である大島直良（安田利左衛門の子孫、天保期に大炊道場株庄屋となる利左衛門直珍の父）は、この事件を領主の慈悲の欠けた「誠ニ不筋之沙汰、聚れん臣（聚斂の臣）と申もの歟」と憤慨し、領主と百姓の関係について次のように述べる。

都而当時地頭、何レニ而も仁慈之沙汰ハ一切無之、勿論愚昧之百性なれハ、百性も不礼不筋之事ヲ申、上を恐れさる事も有之候へハ、地頭之仁慈なきも尤之事ニ候へハ(ママ)、必竟百性ハ愚蒙之者なれハ、可レ正ハ正シ可呵ハ呵、筋ヲ分チて憐ミを加へ玉ふが本意なるへき所、右大炊様之一件ハ、誠ニ以無独身(得心)なる取斗ひニ被存候

つまり現在全領主が百姓に対する「仁慈」に欠けていると指摘し、もちろん「不礼不筋」ばかりいう百姓に、領主が仁慈を示さなくなったのは「尤之事」だが、それでも領主は百姓の主張の正否を判断して「憐ミ」を加えるのが「本意」だとする百姓側に立った為政者観を示し、大炊御門家を非難している。

直良はさらに続いて他の領主についても言及し、かつて善峯寺は「慈憐深く」、村方からも人気があったが、今は百姓に「権威ヲ以て金抔出サセ抔する悪僧共」ばかりで、「少シも寺らしき事ハ無」くなったと批判、自家の帰属領主たる大炊道場についても、「唯利ヲ取事ノミ考へ、百姓之痛を憐まず」といい、戒光寺などもこれと同様と述べる。そして「其外官家地頭」(公家領主)については、「官家地頭ハ貧困故、先納之事ニこまり候へ共、筋道相分り候上ニ而ハ、如何様とも可相成事」と述べ、彼ら公家の「貧困」からくるその先納賦課には迷惑しつつも、筋を通しさえすれば、先納の負担自体は「如何様とも可相成事」としている。経済的には中農である大島氏によるかかる発言は、同村百姓の経済的実態を知る上で注目に値しよう。こうしたなかにあっても、右の「大炊御門家一件」は「未聞之珍事」だという。そして「唯規矩之正当なるハ、禁仙御料小堀殿捌之分也」と述べる。代官小堀氏(禁裏・仙洞御料は代官小堀氏支配)の銀納は高直だが、「先納」も「一二月前」のことで、私領のように一、二年先の分ではなく、今年の年貢を来年にしてくれることもあり、拝借金も聞き届けてくれると記し、年貢徴収の上での小堀の評判は決して悪くない。

しかし石見上里村では、明らかに小堀や京都町奉行所などの「武辺」へ対する強い忌避意識があった。たとえば寛政三年(一七九一)、洪水で破損した堤防普請願は、全株庄屋連名で各領主へ届け出たが、願書の控には次

のよう書き入れがなされている。[75]

尤此内勘右衛門ハ禁裏御蔵之庄やニ而連印ニ加リ候へ共、此地頭へハ願ひ不申候也、武辺掛リハ六ヶ敷故也

「武辺掛リハ六ヶ敷」ので小堀にだけ願書を出さないという、極端な武辺忌避の態度であり、これは弘化三年に洪水で堤が切れた際にも、「尤小堀様者願不出候事」との記述がみえ、[76]水害時に小堀役所へのみ願書を出さないことが慣例化していた。かかる忌避の理由は、公家・寺院領主とは比較にならない「武辺」による見分の迅速性・厳密性と、その見分役人の接待に伴う出費を回避したいという村の意向にあろう。基本的に百姓側の申告を承諾するだけ（見分があっても、役人が単身来村する程度）の公家・寺院領主と異なり、「武辺」の場合は役人が一〇人規模で迅速に来村したからである。たとえば同村で変死が発生した場合の検使は、京都町奉行所の同心・雑色ら約一〇人が直様来村し、その接待・送迎等には多額の出費を要した。そのため、変死発生時は「武辺」に届けず「穏便」に済ませようする志向をもち、実際文政九年（一八二六）には村ぐるみで変死を隠蔽しているのも、かかる意識の表れである（第七章）。

百姓は自ら「愚昧」と称して領主の「憐ミ」を求め、「先納」も「筋道」を通すことを求めた。いわゆる御百姓意識ともいえようが、その底流には公家領主を「貧困」といい、寺院領主を「悪僧」と呼ぶ侮蔑意識が潜在している。天保期の大炊道場株庄屋利左衛門（直良の子直珍）も、大炊道場の支配系統についての説明記述の中で、「聞名寺役者ハ愚僧故、七条（聞名寺の本山である七条道場金光寺）ニて万事取サバキ有之」と、自分の領主を平気で「愚僧」と書いている。[77]こうした侮蔑意識は、決して領主に対し直接に示されることはなく、表面上は愚昧な百姓としての姿勢が建前として示される。しかし庄屋からして、領主側を相当に侮蔑していることは、かかる記述や、第二章でみる文政期の六右衛門一件時における百姓の態度からみても明らかである。

とはいえ、百姓にとって領主は、利害が一致すれば、時に百姓自身の味方ともなる存在でもあった。大炊御門

家の一件で、仁兵衛が「銘々其地頭ヲ申立、出殿候者無之」と述べたように、百姓は帰属領主を主張することで、出作先の他領主の干渉を回避できた。他領に帰属する百姓を、その支配領主への通知もなしに直接呼び出すことはできなかったからである。また「武辺」を忌避しながらも、仁兵衛は出作百姓を呼び出すなら「武辺」へ掛け合ったらよいと反論して、大炊御門家側の役人を沈黙させている。領主をも掣肘する「武辺」も、時に百姓にとって利用価値のある存在であった。百姓は内心領主を侮蔑しているが、表面上は領主と仰ぎ、支配者と被支配者であるという建前を前面に出している。領主も年貢夫役の負担に拘るわずかな百姓数の減少を恐れるがゆえに、他に対して自家の百姓を庇護する姿勢をみせる。しかし領主は表面的百姓数や所領石高を気にはしつつも、その土地自体がどこであるか、百姓が誰であるか（その百姓が実在するのか、実は「株」のみであるのか）は、ほとんど気にもかけていない。領主としては、所領実態がどれほど変化しようと、二人いるはずの百姓が、実は一人二役で一人しかいなかったとしても、それが従来の秩序に支障をきたさず、これまで通りの石高と百姓、そしてそこからの年貢・夫役が維持できるのであれば、その実態自体に干渉することはなかったのである。

こうした百姓らの領主観と領主の意識こそ、様々な虚構的調整が実現する理由でもある。すでにみたように、虚構的無変化を調整・維持している主体は、もっぱら百姓側であった。その調整の基準は古検高という実態と乖離した数値と、元禄中期頃までに設定された株百姓数である。古例の通りあり続ける百姓と領主という建前を守り続けるためには、増えることもなく、また減ることもないこの状況を維持する必要があった。勝手にみえる百姓側の虚構的諸調整も、この支配と被支配の建前の枠を逸脱するものではない。むしろこの建前を媒体として、その維持に徹底的に執着することで、実態とは程遠い種々の建前の裏側で、百姓は実際の生活を豊かにし、様々な活動を展開していくのである。

また武辺忌避の根本的な理由は、時には有益な面もある「規矩之正当」さ、言い換えれば融通のなさにあろう。

大炊御門家の一件に大島直良が憤慨したのは、百姓の「不礼不筋」な主張にも従うのが同村領主の通常の態度であって、領主側が一方的な強硬手段に出る事態は稀であり、百姓が公家・寺院領主を「武辺」と比較して「六ヶ敷」くない相手と認識していたことの証左でもある。逆に実際の警察力や機動力を持つ「武辺」は、公家や寺院領主と比べて取扱が「六ヶ敷」存在であり、極力接触をもちたくないというのが、公家・寺院領主の緩い支配に慣れた石見上里村の百姓の本音であり、京都近郊相給村落ならではの、一つの特質であるといえよう。

以上、本章は石見上里村の事例から、京都近郊相給村落と株百姓の実態を、時期的変化の中で具体的に検討した。その土地・百姓の帰属状況は、当初の設定から次第に著しい変貌を遂げたが、百姓側が水帳や宗門帳の虚構的処理によって調整し、表面上の無変化を実現していたことを具体的に明らかにした。

かかる調整は、百姓と領主間にある支配と被支配の建前への執着意識に根ざしていた。百姓と領主の関係は、「百姓成立」を根拠とする一種の社会的約定関係・相互依存の関係[78]であるが、あくまで領主が治者であるという、支配と被支配の建前は逸脱されない。百姓はいかに内心で領主を侮蔑し、村落実態の変更や把握における実権を握っていても、その庇護を受ける「愚昧」な被治者としての建前を崩すことはない。この建前が媒介として存在することによって、領主側は恣意的な搾取を行うことはできず、百姓もまた古例通りの一定の数値を維持するために精力を傾ける必要があった。そのような建前に固執する意識が、石見上里村で諸調整のなされた理由であった。もっとも、石見上里村百姓による露骨な領主への侮蔑意識は、公家や寺院領主があまりにも領主権力としては脆弱すぎたことにも起因しよう。ゆえにかかる意識と行動は、公家・寺院領を中心とする相給村落の特質として明瞭に表れたものであるが、建前を媒体とした百姓と領主の関係は、相給村落に限らず、近世社会全体に通じる意識であると考える。

（1）「慶長之比堂上方御知行目録」（「大嶋氏家記」、大島家文書K1）。なお、大島家文書については『京都市歴史資料館紙焼写真史料仮目録』（以下『仮目録』）の番号を付した。以下池田家文書・法泉寺文書・善峯寺文書も、京都市歴史資料館紙焼写真を使用。史料名はすべて原題表記とし、必要に応じて筆者が仮題を付けた。なお池田家は、石見で甘露寺家領・因幡堂領の株庄屋を勤めた源左衛門家である。
（2）『長岡京市史　資料編三』（一九九三年）二九三〜二九四頁。
（3）なお、近世を通じて、各領主のことは本所とも呼ばれている。
（4）「徳川家判物幷朱黒印状」（『内閣文庫所蔵史籍叢刊』第八二〜八四巻）国立史料館編『寛文朱印留　下』（一九八〇年）。
（5）『禁裏御倉職立入家文書』一四「慶長六年領知之帳写」、二九「両局出納催之帳写」（京都市歴史資料館、二〇一二年）。
（6）寛永五年一〇月「山城国石見上里村辰年検見帳（大炊道場聞名寺領）」（大島家文書G1）。
（7）慶安元年八月「山城国郡村々惣高書覚帳」（石田政房家文書〈長岡京市教育委員会所蔵紙焼写真帳〉）。
（8）後述「手引帳」。
（9）延宝七年六月「山城国乙訓郡上里村検地帳」（大島家文書G4）。出高一・二七石、古検無之分〇・八八石、見取場高入三〇・二三石が増加。
（10）年欠（元禄一二）「覚」（大島家文書G34）。なお、同村で新検と称されるのは元蔵入地三五・〇六石とこの小物成高のみである。
（11）天保一三年寅五月一七日「田地荒場所」（善峯寺文書）、「（善峯寺領立毛見合附帳下書）（明治三年一〇月）」（国文学研究資料館所蔵・山城国乙訓郡菱川村文書37—D95）。
（12）橋本政宣『近世公家社会の研究』（吉川弘文館、二〇〇二年）第二章「江戸時代の禁裏御料と公家料」。
（13）『内閣文庫所蔵史籍叢刊』第五五・五六巻。なお、近世後期の村絵図（大島家文書M6）をみると、石見本村の北西に、「石見河原町」が丹波街道沿いに形成されているのが確認できる。
（14）延享元年「本郷枝郷訴状之写幷御裁許之写」（池田家文書）。同史料は（『史料京都の歴史　第一五巻　西京区』、

平凡社、一九九四年）にも掲載されている。

(15) 天保一四年「日記」。

(16) 元禄一一年二月「山城国乙訓郡西岡之内石見上里村（明細書上）」（大島家文書G12）。

(17) 前掲「山城国乙訓郡上里村検地帳」。

(18) 「乙訓郡村誌」（『史料京都の歴史　第一五巻　西京区』、平凡社、一九九四年）。

(19) 享保一二年二月「〔石見上里村絵図〕」（大島家文書M2）。なお、これ以前の慶長一〇年には、喜春庵・地蔵寺・信聖寺・福楽寺・金輪寺・法泉寺の六か寺があった（「大嶋氏家記」）。

(20) 元禄一一年四月「山間数書付覚」（善峯寺文書）、前掲「山城国乙訓郡上里村検地帳」。

(21) 安永七年四月「為取替証文之事」（今里区有文書、前掲『史料京都の歴史　第一五巻　西京区』）。

(22) 大島家文書C23。詳細は第三章参照。

(23) 「大嶋氏家記」天明三年条（大島家文書K1）。この騒動については第三章参照。

(24) 大島家文書G16・19。

(25) 『京都御役所向大概覚書　上巻』（清文堂出版、一九七三年）二五五頁。なお、二条堀川までの道法である。

(26) たとえば、「四条烏丸東へ入町畳屋某・二条烏丸西へ入町井筒屋宗七、右両軒今日ゟ肥シとくいに相定申候」（「日記」天明八年七月一三日条）等の記事がみえる。

(27) 向日市文化資料館『鳥羽屋文書調査報告書』（一九九三年）。

(28) たとえば、甘露寺家領における甘露寺家（「甘露寺様御役所」・「甘露寺様御役人中」）宛の庄屋任命願（文政四年一二月「乍恐奉御願上候」、池田家文書）などは「株百姓」の肩書でその株百姓が連名で提出しているが、株庄屋は単に「庄屋」の肩書で連署し、願書文中にも「御領分石見上里村庄屋役之儀」・「年寄役」とみえ、株庄屋・株年寄という用語は確認できない。

(29) 寅（文化一五年）四月卅日「一札之事」（大島家文書C24）、卯三月十二日「乍恐奉願口上書」（善峯寺文書）。

(30) 天明七年七月「乍恐口上書」（大島家文書C13）。ここでは「村庄屋」「村年寄」「庄屋」（株庄屋）計一二名が列記されている。

(31) 文政九年六月「〔六右衛門一件済状〕」(大島家文書C21)等。
(32) 寛政元年「乍恐造作之御願」戒光寺御役者中様宛(大島家文書C17)。戒光寺の「庄屋　清治郎」のあとに「惣代庄屋　仁右衛門」「同年寄　太郎右衛門」が連署している。
(33) 安政二年九月「御願書」(池田家文書)。
(34) 宝永～元文期の正親町三条家領の勘定目録では「庄屋定使給米」として七斗が支給されているのみである(宝永二年「酉年御勘定之覚」大島家文書G18ほか)が、後述するように甘露寺家領では天保一〇年以降庄屋給六斗に加え、年寄給二斗が支給されている(池田家文書)。嘉永五年一二月における中御門家領の勘定目録をみると、石見上里村の同家領では庄屋給三斗五升、松尾村の同家領(六五石)では庄屋給六斗五升、深草村の同家領(四〇石)では庄屋給一石一斗と年寄給一斗がみえる。同じ家領でも、村ごとに庄屋・年寄給の額や有無には相違があったようである(〔中御門家知行関係書類〕、中御門家文書、早稲田大学古典籍総合データベース)。
(35) 文政四年一二月「乍恐奉願上候」(池田家文書)。
(36) 天保四年「大炊道場諸雑勘定日記覚帳」(大島家文書D2―15)。
(37) 近世後期の状況は「日記」(大島家文書D1―1～27)による。なお、上里における町年寄の設置は、文政九年一二月九日の村参会で提案され、翌年正月二五日に町歩行とともに設置された(「日記」文政一〇年正月二五日条)。もっとも、町組織自体は以前から存在している。上里村には株庄屋・株年寄が多く存在していることから、「町年寄」という役こそないものの、町内の村役人層が、町の代表者としての役割も担っていたと推測される。
(38) 大島家文書G32。表題は史料の末丁に依る。
(39) 『京都の歴史　五』(学芸書林、一九六八年)、第四章第一節。
(40) 出典は表4に示した。このうち「高四十石五斗甘露寺様知行手引帳」(池田家文書)、「高四拾五石正親町三条様手引帳」「高拾石二ノ釆女様手引帳」(大島家文書G35・36)は、前掲「手引帳」よりやや古い帳面とみられ、各表紙の左隅には「に」「ほ」「わ」と記されており、体裁・筆跡も同一である。これらの各手引帳は表紙に「いろは」を付し、各株で保存されたとみられる。

(41) もっとも、土地売券には「御本所ハ善峰寺様也」などとその土地の帰属領主名も記載されている。
(42) 天保一五年「大炊道場聞名寺様御民図帳」(大島家文書G30)。同表題で各百姓が押印し、庄屋・年寄が聞名寺に提出した正本の控とみられる天保一五年「大炊道場聞名寺様御民図帳」(同上G29)もある。両本は表紙こそほぼ同じであるが、内容は異なり、前者には利左衛門(大島直珍)による種々の書入れがなされている。実態を記したいわば裏帳簿ともいえる史料である。
(43) 本節の分析はすべて池田家文書による。
(44) 前掲大島家文書G12。この数値は、各領における免の平均値とみられる。
(45) 元禄一四年一二月「東坊城様上知巳年免割帳」(大島家文書G15)、同上G23。
(46) 宝永二年「酉年御勘定之覚」(大島家文書G18)、宝永五年「子年御勘定之覚」(同上G20)、元文元年「辰年三条様御勘定〔破損〕(目録)」(同上E2)、元文五年「申年御勘定目録」(同上G24)。
(47) 竹安繁治『近世土地政策の研究』(大阪府立大学経済学部、一九六二年)、同『近世封建制の土地構造』(御茶の水書房、一九六六年)、同『近世小作料の研究』(同上、一九六八年)。同村では有畝は確認できない。なお、実収高が検地帳の高を上回っていたのは畿内近国のみならず、越後国などでも同様の事例が確認されており、全国的にみられた現象であった(田中圭一『村からみた日本史』、筑摩書房、二〇〇二年)。
(48) 「日記」寛政一〇年一二月一八日条。
(49) 文久四年「田地高幷取下作納米帳」(法泉寺文書)。
(50) 元禄一〇年「〔鉄砲改証文〕」(大島家文書C2)。
(51) 「大嶋氏家記」元禄一二年条。
(52) 本節の出典は、各表に記載したのでこれを省略する。
(53) 文政一三年三月「乍恐奉願上口書」(池田家文書)。
(54) 元禄一一年二月一七日「預申銀子之事」(大島家文書B14・15)。
(55) 土居浩「相給村落における知行付百姓」(前掲『旗本知行と村落』)。
(56) 享保八年一一月一六日「先年ゟ宗旨帳ニ除来候寺領百性四人書付指出し候人数書」(善峯寺文書)。

(57)『徳川禁令考』前集第六、法令禁令之部四〇三〇～四〇三二。
(58)本書第二章。
(59)「大嶋氏家記」元禄一六年条。元禄一六年時点において、利左衛門は京都代官小堀仁右衛門へ宗門帳を提出する「小堀支配ノ株百姓」に名を連ねていたらしく、引用文はこれをうけた記述である。
(60)本書第二章。
(61)「日記」文政一〇年九月二一日・二三日条。
(62)「日記」天保五年二月一日条。
(63)万延元、文久元・二年。しかし安政四年九月のみ「拾五軒」と記載。なお、石見上里村善峯寺領の宗門人別帳は、天保一五年～元治元年までのものが現存（善峯寺文書）。
(64)安政七年正月「乍恐奉願上口上書」（善峯寺文書）。
(65)嘉永六年九月「甘露寺様御家領水帳」（池田家文書）。
(66)嘉永六年八月「干損御願書」、安政三年九月「旱損御願書」（池田家文書）。
(67)「日記」天保一四年一一月二四日条。
(68)忠右衛門・弥兵衛親子については、第二章参照。
(69)善峯寺石見上里村領分の宗門人別改帳は、天保一五、弘化三、嘉永二～四・七、安政三・四（八月・九月）、万延元、文久元・二、元治元年の分一三冊が現存（善峯寺文書）。
(70)大島家文書J4・5。
(71)大島家文書J3・6。
(72)ともに善峯寺文書。
(73)大島家文書C23、文政元年四月二三日条。寛政期には、花開院の株庄屋としてもみえる（「略誌」）。
(74)文政一二年「日記」巻末「当年諸物直段幷ニ当家勘定向手当テ、又諸方之変事等余紙任有之是を誌し置候事」。
(75)寛政三年一一月「乍恐奉願口上書」（大島家文書C18）。
(76)弘化四年八月「字東山一件雑記」（大島家文書D2―18）。文政九年の提普請願でも、「小堀分ハ除く」とみえる（「日記」文政九年八月十三日条）。

(77)　前掲「大炊道場諸雑勘定日記覚帳」。

(78)　深谷克己『百姓成立』（塙書房、一九九三年）。

第二章　文政期の村方騒動と百姓の壱人両名

近世京都近郊村落では、錯綜した相給支配が一般的状況であり[1]、石見上里村も、第一章で述べたような、相給による複雑な構造を有した。こうした相給支配を覆う形で、京都町奉行による広域行政が行われたが、公家や寺社も領主権を有し、村内の土地は一筆ごとに領主による分有がなされ、百姓もいずれかの領主に所属していた。特に各領主の百姓（株百姓）の分属は、当初持高や屋敷などを勘案して分割、あるいは籤引き等の方法でなされたとされるが[2]、いずれにせよ石高制に基づき、近世公儀権力によって設定されたものであった。その各株百姓数は、当然維持安定が図られたが、土地売買・集積の進行や、退転する百姓の発生により、時代の推移における村落社会の変容のなかで、調整の必要が生じることになる。相給支配の場合、百姓株の維持・安定は、各領主の株百姓数を調整せねばならず、藩領国より複雑な調整を必要としたが、相給村落の百姓は、どのような方法でこれに対処したのだろうか。その解答の一つとして本章で論じるのが、「壱人両名」形式による百姓のあり方である。

本章がその分析の主要な素材とするのは、石見上里村で文化一五年（一八一八）から文政九年（一八二六）にわたって展開した村方騒動「六右衛門一件」である。一件初発時における村方の目的は、我意を振るう富小路家庄屋忠右衛門の庄屋役罷免であり、そこで糾弾の主材料とされたのが、この忠右衛門が、実は正親町三条・中御門両家の百姓六右衛門[3]でもあるという「壱人両名」であった。

「壱人両名」という用語は、騒動の史料上「壱人弐名」「一躰両名」「一身両名」等とも表現され[4]、「一人で二つの名を持っていること」[5]、特に公的場面において一人が二つの名義を使用し、別人として宗門帳に記載される、いわば二重戸籍的状態にあることを意味する。[6]六右衛門一件では、一人の人間が忠右衛門と六右衛門という二つの名前をもち、一人が二人として二重の支配・把握を受けていたことが「法外千万」として糾弾されたのである。しかし忠右衛門は、なぜ「壱人両名」という形態を有したのか。六右衛門一件の検討を中心に、相給村落における百姓の「壱人両名」について明らかにしたい。

六右衛門一件については、村方側である大島家に関連文書が残されている。大島家は石見上里村の百姓で（旧家であるがこの時期村役人は勤めていない）、正親町三条家家来という側面もあった。訴訟の初期、文化一五年三月二六日～一〇月一〇日までは「六右衛門一件記録」（以下「記録」）がある。[7]同史料は日記体で、筆蹟から当時の当主・大島数馬直良によるものと断定できる。同家の「日記」のうち、一件関係では文化一五（文政元）・文政二・五・九・一〇年が現存する。[8]この期間の「日記」筆記者は、主に直良の息子大島内蔵太武幸である。他に文政元～三・九年には関連史料が数点現存するが、文政四・六～八年の期間については史料がなく、動向を明らかにしえないことを予めお断りしておきたい。[9]

一　六右衛門一件の発生とその背景

(一)　村方と忠右衛門（六右衛門）との対立

文化一五年（一八一八）四月七日、石見上里村の株庄屋のうち、富小路家庄屋忠右衛門を除く一五名（兼帯含む）が、正親町三条・中御門両家に訴状を提出した。[10]訴状は、正親町三条・中御門両家の「万代不易之百性」である「六右衛門」が、「いつとなく忠右衛門と両名相名乗」り、富小路家の庄屋を勤め、我意を振るって村方を難儀させてきたことを述べる。庄屋役を止めさせ、「忠右衛門」という「壱名を取捨、壱身壱名ニ為致」たいが、六右衛門はこれを承知せず、その上「冨小路様御召抱」でもあることから、村方の「手ニ合」わない。そのため、両家から六右衛門を召し出し、「一身両名」を名乗らず、富小路家庄屋役から離れ、「百性六右衛門」を神妙に相続するよう申し付けてほしいと訴えた。特に、六右衛門＝忠右衛門という「壱人両名」を「一躰両名」「一身両名」等と、文言を変えて繰り返し強調し、「法外千万一人両名抔と楚忽之致方不得其意」との認識を示し、主要な糾弾材料とした。

　村方と忠右衛門ら富小路家株百姓一派との対立の発端は、天明八年（一七八八）、富小路家庄屋藤左衛門・同百姓忠右衛門ら四人が、富小路家の贔屓により帯刀御免や、御紋付提灯の下賜を受けたことであった。村方はこれを問題視したが、逆に忠右衛門らの強気な姿勢に当惑し、「無言ニ忍ひ居」という状況に甘んじていた。[11] 富小路家も、忠右衛門らを通じて村への影響力を強化する思惑があり、忠右衛門らはその庇護を受けていた。忠右衛門の庄屋役罷免を富小路家へ訴え出

表　六右衛門一件時石見上里村の各株庄屋

領主	石高	株庄屋	
		文化15年（一件開始時）	文政９年（一件落着時）
禁裏御料	11.563	甚右衛門（兼帯）	甚右衛門（兼帯）
仙洞御料	23.437	甚右衛門（兼帯）	甚右衛門（兼帯）
富小路家	100	忠右衛門	忠右衛門
持明院家	45	庄右衛門	庄右衛門
中御門家	35	杢兵衛	杢兵衛（兼帯）
大炊御門家	34.9	仁兵衛	仁兵衛
竹内家	45.8	武右衛門	武右衛門
正親町三条家	45	弥左衛門	太兵衛
白川家	37.7	林右衛門	林右衛門
甘露寺家	40.5	茂兵衛	源左衛門（兼帯）
二采女	10	勘右衛門	甚右衛門（兼帯）
戒光寺	106	清次郎	勘兵衛
大炊道場聞名寺	74.6	喜兵衛	喜兵衛
因幡堂平等寺	40.111	源左衛門	源左衛門（兼帯）
花開院	11.064	市兵衛	市兵衛
善峯寺	103.66	与兵衛	杢兵衛（兼帯）
計	764.335	上里惣代：林右衛門 石見惣代：杢兵衛	上里惣代：伊助 石見惣代：杢兵衛

註：大島家文書をもとに作成。

ないのは、こうした経緯によるものであった。

文化一五年に至って、村方が訴訟に踏み切ったのは、同三月に同村の清五郎らが、富小路家庄屋忠右衛門らを相手取り、京都町奉行所への出訴を企図したためである。[12]

この訴状は冒頭において、「当村之義ハ、拾六ヶ御本所入組之村方ニ而、領内産々（ツド）ニ吟味不行届、依之空地無高無年貢地数多有之」と、村の実情を前提として暴露した上で、忠右衛門が「役義を以て我意を震ヒ、村方為相騒」ていると訴え、その被害者として甚左衛門を挙げる。忠右衛門は先代甚左衛門と不和であったことを「意恨（遺）ニ含ミ」、「色々取餝リ難題申掛ケ」、「甚左衛門ニ相限リ空地有之候様強而申立」た。その結果、甚左衛門は富小路家に召し出され、「御地頭所ニ御留置」となり、その後村へ逃げ帰ってきたが、「家名相続難相成」い状況であるため、清五郎らは親族として「難渋当惑」していると訴える。そしてこの原因はすべて忠右衛門の「邪心」によるものと主張し、「村内広大之空地横領之義ハ埋ミ置」ながら、甚左衛門だけを咎めるのは不合理であると述べ、「村中過分之空地」をすべて調べ上げるよう願い出ていたのである。すなわち清五郎らの訴状は、最終的に忠右衛門の糾弾を超え、村全体を巻き込む内容となっていた。元来この「空地」の状況は同村における公然の秘密であり、天明三年には新田開発人らが開発を画策し騒動となったこともある。[13]ゆえにこの訴訟によって同問題が再燃すれば、村方の騒動は必至であった。

村方は清五郎らの訴訟の動きを制止し、「何分忠右衛門さへ押へ候へハ、甚左衛門も少シハ得心もいたし、武辺之訴訟も相止可申歟」と考え、そのためには村方が出訴して「忠右衛門ヲ落[14]」す、より具体的には「六右衛門義、隠居同様ニ引篭申付度[15]」という、村方の訴訟目的がここに生まれた。清五郎らの訴状は株庄屋らに共通の利害を発生させ、忠右衛門と対決する理由を創出したといえる。もっとも清五郎らとしては、依然「親類へ地頭ゟ預ケ之身[16]」である甚左衛門家相続のためには、「難題ヲ申かけ、忠右衛門を押へ[17]」ることで、処分を撤回させる必要があり、そのために「空地」の問題に言及し、村方を巻き込む方策をとったとみられる。

（2）「忠右衛門」か、「六右衛門」か

村方は正親町三条・中御門両家の百姓「六右衛門」が、「いつとなく忠右衛門と両名相名乗」と主張していた。これは果たして事実だろうか。根本的な問題であり、先に明確にしておく必要がある。結論からいえば、忠右衛門＝六右衛門という「壱人両名」は事実であるが、六右衛門が「いつとなく忠右衛門」になったとする村方の主張は事実ではない。

まず、「日記」・「記録」において、一件発生当初「六右衛門」を「忠右衛門」と記述している事実がある。「日記」では、一件の初見記事である文化一五年三月二七日条のみ「忠右衛門一件」とあるが、以後はすべて「六右衛門一件」と表記され、訴訟相手六右衛門は、決して「忠右衛門」とは記されない。「記録」も四月一一日までは「忠右衛門」と記すが、一二日以降は原則「六右衛門」となる。これは次節で触れる事情によるが、ここでは当初「忠右衛門」と記述していたことだけに注目しておきたい。また「記録」は、正親町三条邸での吟味の描写において、「忠右衛門を庭へ呼寄セ（中略）当家・中御門家両家百姓六右衛門ト呼候所（後略）」（傍点引用者）と記している[18]。この文章は、「六右衛門」と呼びつけた人間が、普段は「忠右衛門」として接している相手であることの端的な証左足りえよう。

富小路家年寄藤左衛門が、文政三年八月に富小路家へ提出した願書[19]によると、「当六右衛門」は「元来忠右衛門」で、「十ヶ年余リ已前」「下女ニ蜜通（密）」したため家庭内が立ち行かなくなった。当時の六右衛門家は「六右衛門夫婦相果一子相残リ居」という状況であったので、忠右衛門はこの「一子」を「村内太郎右衛門と申方へ養子ニ遣し」、六右衛門家へは自身が入って相続し、その後「壱人両名ヲ以て庄屋役相勤」たという。

村庄屋の林右衛門・杢兵衛は町奉行所での吟味の中で、「六右衛門儀、相続人多介と申者有之候所、他家へ養子ニ遣し候て、其跡へ相続ニ這入リ、御両家様ニ宗門印形差上、其外地頭歩（夫）役等も相務候」[20]と述べている。これらをあわせて考えれば、忠右衛門が先代六右衛門夫婦の遺児「多介」を「太郎右衛門」へ養子に出し、六右衛門家を買得して「其跡へ相続ニ這入」ったという経緯がみえてこよう。入家の時期は文化三年（一八〇六）の八月と判明しているが、[21]「日記」文化六年四月一六日条に「馬ノ当、忠右衛門へ歓申入候事」等の記事がみられ、六右衛門入家後も通常村内では「忠右衛門」として生活していた。また前節で述べた通り、天明八年の段階で富小路家百姓忠右衛門が存在していることや、天明・寛政期の「日記」から忠右衛門の存在が確認でき、六右衛門が忠右衛門になったとする村方の主張は、騒動以前の史料から明らかにできる事実と完全に矛盾しているのである。

以上を整理すると、六右衛門は従来忠右衛門とは別に存在した百姓であったが、当主の死により潰百姓となった。そのため、六右衛門という百姓株を忠右衛門が買得し、日常的にはこれまで通り忠右衛門として生活しつつも、正親町三条・中御門家領では六右衛門名義で宗門帳を差し出して年貢や夫役を負担し、百姓二人分の役を務めていたと理解できる。先述した村方の「六右衛門義、隠居同様ニ引篭申付度」とは、富小路家庄屋忠右衛門を、並百姓六右衛門の隠居に「落」すことで、その庄屋としての権力を奪い、我意を振るえなくすることだったのである。

二　「壱人両名」の吟味

（一）　正親町三条家での吟味

文政元年四月一一日、正親町三条家の屋敷において、村役人列席の元、正親町三条家雑掌千葉主計・中御門家雑掌座田若狭介によって、六右衛門の吟味が行われた。[22]千葉の「当家・中御門家両家百性六右衛門」との呼びかけに対し、六右衛門は「私ハ忠右衛門ニ而御さ候」と返答し、自分は「六右衛門看傍」、すなわち後見役である等と抗弁する。千葉は「有論（胡乱）なる申方也」とこれを斥け、座田も「昨年宗門改ニ、此通六右衛門と⿰目定と致したる印形証拠」があると叱り付ける。最終的に、「甚以一人二名天下製（制）禁を破リ言語道断之仁也、此義相糺候迠ハ先連印之旁へ差預ケ」とされた。

同日、正親町三条家は、富小路家へ六右衛門の「壱人両名」について知らせている(23)。しかし富小路家は「一人二名ハ此方ニも存知罷在候故、六右衛門義ハ其御方様ニ而如何様ニも可被成候、又忠右衛門と申者別ニ有之候」との回答を示す「口状書」を返してきた。つまり富小路家は「一人二名」を承知しているが、忠右衛門という人間は「別ニ有之」という矛盾したような回答である。また同家は「壱人二名ニ而者無之」とも発言したという(24)。正親町三条家や村方としては、「口状書」に「六右衛門ハ其方様之支配、忠右衛門儀ハ此方とあれハ、則右六右衛門此方之儘ニ致し候道理ニ相当候故、如何様ニもつれ候共、打捨置か宜敷」と判断し(25)、以後「六右衛門」の吟味は、富小路家には一切無関係のこととして、正親町三条・中御門両家で進められた。またこれにより、両家は他領の百姓「忠右衛門」を裁くのではなく、あくまで自領の百姓「六右衛門」を裁くという立場に徹する必要性が生じた。これが、吟味対象をあくまで「六右衛門」と呼び、同日以降の「記録」が、もっぱら「六右衛門」と記すようになる理由である。

よって、たとえば四月一六日に、富小路家から「庄屋忠右衛門」に参殿するよう召状が来た際、六右衛門は「預ケ」中のため、村庄屋杢兵衛がこれを止めて参殿させなかった。これに対し、富小路家は代わりに参殿した同家百姓弥兵衛（六右衛門の息子）を通じて、なぜ忠右衛門を止めたのかと杢兵衛に抗議したが、杢兵衛は「三条家・中御門家御預ケ之六右衛門ヲ止メ置候故、忠右衛門義ハ不止置候」と返答し、これに弥兵衛は「無一言大困リ」であったという(26)。また同二三日には、千葉と座田が六右衛門の居場所を尋問した際、弥兵衛が「忠右衛門義ハ、冨小路様御用ニ而御殿へ参リ有之候」と返答すると、千葉と座田は「忠右衛門義ハ尋不申、六右衛門義ヲ相尋候」と「大ニ呵リ付」ている[27]。

これら一見滑稽なやりとりからは、相給村落における公家領主の裁判権、さらには近世における支配の限界をみることができよう。正親町三条・中御門両家は、自家の百姓である「六右衛門」を支配し、彼に裁判権を行使することはできるが、冨小路家百姓「忠右衛門」には、直接それを及ぼしえない。逆に冨小路家も、両家の百姓「六右衛門」には手出しできない。ゆえに村方や両家が、冨小路家の影響を受けずに「忠右衛門ヲ落」すためには、あくまで「六右衛門」を吟味するとの立場を堅持せねばならなかった。逆に「六右衛門」が、自身を「忠右衛門」であると主張し続けるのは、両家の吟味を自身に及ばせないための方策だったのである。

(2)　京都町奉行所での吟味

四月一二日、六右衛門は、「唯六右衛門家にさへ住居せねハ、忠右衛門ハ相立[28]」と考え、家財道具を息子弥兵衛の住居＝忠右衛門の家へと運び出した。村役人らの制止もむなしく、これにより六右衛門家は空家となった。こうした動きに対し、同二八日、正親町三条・中御門両家は京都町奉行所への出訴に踏み切った[29]。訴状は、「両家万代不易之百性」である六右衛門が、「壱躰両名を以我意ヲ震」い、さらに「預ケ」にもかかわらず平然と他行していること、六右衛門家を「無住明キ家」にしたこと等を述べ、このような「法外者ハ地頭所ニ而も取斗様も無御座、無拠御公辺へ御訴」するという内容であった。

これを受けて、五月一七日辰刻、京都町奉行所において吟味が行われることとなった[30]。六右衛門は先日より今宮神事見物のため上京し、親類の営む中立売大宮の酒屋に滞留していたが、召状の刻限を過ぎても町奉行所に現れなかった。催促に遣わされた村役人の一人である甚右衛門に対し、六右衛門は「公儀ゟ六右衛門御召ならハ、其六右衛門を差出へし、此方ハ忠右衛門也、何レから呼ニ来リ候共参るへき子細なし、其六右衛門ト申ものを連て行へし」と「嘲哢（弄）まじりニ言捨」てる。また「アキ家」の六右衛門家に召状を遣わして「何する事哉ト申笑」ったという。[31]

つまり六右衛門は、六右衛門家を空き家にし、忠右衛門家へ戻った以上、自分を六右衛門とする根拠がないと認識していたのである。甚右衛門は六右衛門の仲間四、五人からも「嘲り言葉」を言われ、「致方なくすこ〳〵立帰」った。この様子を聞いた奉行所役人（「与力・同心・方内」）らは、「大ニ気色シ」、「申訳あらハ爰へ来リ申開くへし、公儀之命ニ背き候段不届至極」と激怒、捕縛役人（雑色松村三郎左衛門の命を受けた中座）らが発向する事態となっている。結局六右衛門は周囲の説得もあって自主的に奉行所へ出頭したが、刻限はすでに「七ツ前」で甚だしい遅刻であり、雑色と与力から「大ニ呵られ」「縄ヲ掛て牢へ入置へしとの下知」により、「仮牢へ打込レ」た。翌日の吟味でも、六右衛門はこれまで通り自身を「忠右衛門」だと主張するものの、与力から「汝か申言頓と別（分）らず」と一蹴され、「大ニ咎められ」た。前日の行動により、奉行所役人の心象が相当に悪くなっていたことが大きな原因であろう。六右衛門は「段々詫言申」、村に願下げを懇願、結局この日、六右衛門は村預けとされた。[32]

こうして一件初発においては、六右衛門は京都町奉行所を軽んじた行動によって事実上自滅したといえる。公家領主に対して主張する自村内の論理を奉行所でも同様に主張したことが、その敗因であったといえよう。

その後六月に至り、六右衛門は村役人奥印の上で、村預けの赦免願を奉行所に提出する。[33] これまで「壱人両名ニ而我儘」に取り計らったこと、「冨小路殿家領へ引移住宅仕、忠右衛門と相名乗」ったことを心得違いとして詫び、「両地頭家領へ立戻り、忠右衛門と申名前ハ相名乗不申、是迄之通六右衛門と名乗候而野業相務、実躰ニ相続」すると誓っている。六右衛門は全面的に謝罪の意を示し、「忠右衛門ヲ落」すという村方の目的は達成されたかにみえるが、今後の処理に関しては次のような一節も記されていた。

尤冨小路殿家領庄屋役之義ハ、六右衛門方相続人取極之上、冨小路殿家領庄や役相勤度、夫迠之所ハ六右衛門方相続仕度段、冨小路殿へも右御家領村役を以相願候所、是又御聞届被成下候間、早々六右衛門方相続可仕候

先に六右衛門は「家領へ立戻リ相続」するといいながら、これでは相続人を決めた後、富小路家庄屋へ戻れるようにも読め、極めて曖昧な表現となっている。村方・六右衛門側両者妥結の結果盛り込まれた文言であろうが、結局、根本的問題であるはずの忠右衛門＝六右衛門をどのような形で決着させるのか、明確には記されなかったのである。

三　百姓の帰属

(一)　六右衛門の暇・改名と相続人

文政元年六月以降、六右衛門らは「今一度武辺へ出し、村方役中を追込」ことを画策[34]、第四節で述べる富小路家への年貢不納事件などが発生している。六右衛門は文政元年六月末頃、中御門家雑掌座田若狭介を賄賂で「裏返」らせ、中御門家から、百姓六右衛門への「暇」を得、同家百姓からの離脱に成功している[35]。さらに正親町三条家から「暇」をもらい、富小路家へ立ち帰り、再び庄屋となることを企てた。村方は正親町三条家に「暇」を出さないように働きかけ、文政二年閏四月、六右衛門の暇願は不許可となり[36]、また六右衛門は隠居となった上で忠右衛門に戻るべく隠居願を提出したが、これも不許可となった[37]。

七月には、六右衛門の養子相続人を選定した上で、自身は隠居となり、再び忠右衛門として庄屋となることを企てる。そこで六右衛門がその相続人として指名したのが、かの甚左衛門の弟忠兵衛であった。忠兵衛とは血縁

関係もなかったというから、甚左衛門を懐柔する策とみなしえよう。六右衛門らにとっても、「空地」問題による騒動は不利益でしかなく、甚左衛門を懐柔すれば、村方の結束理由も失われる。村庄屋林右衛門は甚左衛門に弟を養子に出さないよう圧力をかけ、六右衛門側も甚左衛門を「大ニおどし」つけた。[38]

その結果、甚左衛門は一〇月二日に村を出奔してしまう。[39] それは「空地」をめぐる騒動の危険がなくなったといえようが、同時に村方の結束理由も失われた。文政二年以降、共通の利害を喪失した村方は、訴訟継続への消極的姿勢が顕著になり、町奉行所の召出しにも代人ばかりを差し出して、度々与力や雑色から叱責を受けるようになる。結局忠兵衛を六右衛門相続人とする計画は八月に不許可となり、[40] その際、養子へ「六右衛門名前相譲、本人他領他家へ退身」することが特に不許可とされている。[41]

このように正親町三条家が相続人を許可しないのは、村方の要請によって忠右衛門が再び庄屋となることを阻止する目的もあるが、真の理由は、「壱人百性捨、一家あき屋致し、冨小路家百性ヲ益し而遣ハす筋無之」「外ノ百性ヲ益シ、当家百性へらし、尤あき家ニ迠致す事相成リ難[42]」、と述べているように、自家百姓の減少を阻止することであった。

文政二年以降、京都町奉行所は「冨小路家江可及示談」と正親町三条家へ再三勧告しているが、冨小路家が当初「忠右衛門者別ニ人躰有之」とした発言を楯に、「今更取計方相改候義者甚不都合」とし、自家百姓六右衛門の問題として対処する姿勢を崩さなかった。[43] 冨小路家はこれに相当不満を抱いており、同年九月に問題の領主が「三家一所ニ町奉行所へ被為招」た際には、「大ニ色ヲ出(ママ)」したという。[44] 六右衛門一件は、百姓の帰属を巡る領主間の争いに発展していたのである。その後、六右衛門らとの対立は様々な問題を併発させ、六右衛門一件は泥沼化の様相を呈した。

文政五年四月、弥兵衛方へ「家出」していた六右衛門は、再び六右衛門家に帰宅し、「独心(身)ニ而老年ニ及ヒ候故、相そく之義相成難(ママ)候故御暇被下、相そく之義ハ庄屋年寄為仰付可被下」[45]と願う。村方はこれを拒否したものの、六右衛門から詫証文を取った上でならば、暇願を村役から取持ちもするとの妥協案を提示したことで、和談成立に向かって交渉が進展した。しかし詫証文の下書ができ上がり、一同が東町奉行所で会したところ、六右衛門は「冨小路家之台所御世話致居候故、差支等相成リ候故御断申上」と、詫証文への印形を拒否、一気に「其座しらけて」しまい、和談交渉は頓挫してしまった[46]。

同年九月、正親町三条家は「暇」は許可しないが、「冨小路家へハ、当家百性六右衛門義、御こんもふ(懇望)」ならば、六右衛門の名前での「株庄屋役之処ハゆるし置」ので、「其方株へ百性六右衛門御借申」という形を示した[47]。つまり正親町三条家はあくまで「六右衛門」を自家百姓として留めた上で、富小路家へ「御借申」という、自家の株百姓を他領に貸し出すという形を提案したのである[48]。ここにはあくまで「外ノ百性ヲ益シ、当家百性へらすことを拒否する姿勢をみて取れよう。しかし六右衛門はこれを承知せず、正親町三条家百姓のまま「忠右衛門」と改名することを願う[49]。これは富小路家での名義「忠右衛門」を、正親町三条家領でも名乗ることで、「忠右衛門」を富小路・正親町三条両家の百姓とし、富小路家庄屋の立場を再び取り戻す狙いであろう。

これに対し、村方はこれまで「諸入用等茂段々多相成リ候故、亦先キとても済所之知れぬ事」であり、六右衛門の改名願を認める意見に傾いた。しかし正親町三条家諸大夫加田周防守は、そんなことをすれば「五年之間之手立一時ニ無ニ相成」等と縷々説教し、なおも「たつて改名願ヒ候ハ者名前計ヲゆるし、外之庄屋役之義差止メ置」と述べ、「暇も改名もならぬ」とした[50]。村方としては、妥協してでも騒動を終結させたい意向があったものの、正親町三条家が自家の面目に拘り、あくまで「当家百性」の減少阻止に固執したのである。

（2）　忠右衛門＝六右衛門の結末

文政六年正月一〇日、六右衛門は相続人不在のまま死去し、「家屋之儀ハ庄屋・年寄預リ」となったが[51]、文政九年七月に至り、ようやく正親町三条家に済状が提出される[52]。この済状で六右衛門親類と村方一統が「和融」し、今後「六右衛門家銘相続之儀者、供々ニ世話致し合、差障無之相続仕候様可仕」とのことで事済となった。この済状で注目すべきは、差出の庄屋連名中に「冨小路殿庄屋忠右衛門」がいる事実である。「日記」文政九年八月一三日条に「冨小路殿庄屋忠右衛門（弥兵衛事也）」とみえ、忠右衛門＝六右衛門の死後、忠右衛門は息子弥兵衛が相続したことがわかる。

六右衛門相続人は、同九年に「清兵衛弟四郎兵衛」が入家することで「表向相済」でいたものの、翌一〇年、四郎兵衛は「心替リ」して他村へ養子に行ってしまった。そのため「六右衛門ニ付因縁」のあった「太郎右衛門悴為五郎」を相続人とする話が進められた。相続人を四郎兵衛として届済であったことから、村方は「為五郎ヲ以て四郎兵衛ニ改名」することで処理している[53]。なお、為五郎の父が「太郎右衛門」であることを考えると、右の「因縁」とは、為五郎が忠右衛門によって養子に出された先代六右衛門の遺児「多介」であることを暗示していよう。

こうして、富小路家百姓「忠右衛門」は弥兵衛が相続し、正親町三条家百姓「六右衛門」も相続人「四郎兵衛」を迎える形で決着した。つまり忠右衛門＝六右衛門の「壱人両名」は本来あるべき二人の姿に戻され、正親町三条家・富小路家とも、自家百姓を減少させない形で決着させたことになる。当初忠右衛門の庄屋役罷免を目的に開始された六右衛門一件は、「壱人両名」を糾弾材料としたことで、忠右衛門＝六右衛門という一人二役の百姓の帰属を明確化する必要性が生じた。そのため、事実上正親町三条家と富小路家の百姓帰属問題へと発展し、騒動が長期化したといえる。しかし領主側が「壱人両名」の実態を承知しながら、この行為自体の糾明を求めなかった点に注目せねばならない。

四　「壱人両名」の発生理由と意味

(一)　他の百姓の「壱人両名」——作右衛門と安右衛門——

石見上里村における百姓の「壱人両名」は、忠右衛門＝六右衛門のみだったのだろうか。

検討できる史料は少ないが、天保一五年（一八四四）五月「大炊道場聞名寺様御民図帳」[54]（以下「民図帳」）と、同年九月における善峯寺領百姓の「天台浄土宗門人別改帳」[55]が同時期・他領の史料であり、これを比較検討して若干の考察を試みたい。前者は株百姓・出作の別なく名請人各自が捺印し、後者も各百姓が捺印している。ここにみえる印形を比較すると、大炊道場領の「持主作右衛門」と、善峯寺領の「百姓安右衛門」の印形が、全く同一であることに気がつく（写真1・2）。

善峯寺の宗門帳をみると[56]、安右衛門は善峯寺領の百姓、上里村の住人で、天保一五年の時点で「四十五才」であった。弘化三年（一八四六）のみ印形が異なっているが[57]、現存する嘉永二（一八四九）〜四・七年、そして六四才となる安政三年（一八五六）まで、同一印形・「安右衛門」名義で記載されている。同村の宗門帳には、地頭提出用と町奉行所提出用の、書式の異なる二種類が存在したことは前章で述べた。この地頭（善峯寺）提出用である安政四年八月の宗門帳のみ、なぜか安右衛門は「作右衛門　五拾八才」と、突如「作右衛門」名義になり、年齢まで若返っている[58]（写真3）。ただし印形は先年までと同一であり、悴作次郎についての記述も前年と同様である。翌月作成の町奉行所提出用の宗門帳では、「安右衛門　巳六十五才」ともとに戻るが[59]（写真4）、印形と作次郎についての記述内容は全く同じである。この人物はその後安右衛門名義で印形も変わらない。

ここでも安右衛門を「作右衛門」と記載していることを考慮すれば、「民図帳」で安右衛門と同一印形の「作

写真１　天保一五年五月「大炊道場聞名寺様御民図帳」（大島家文書）

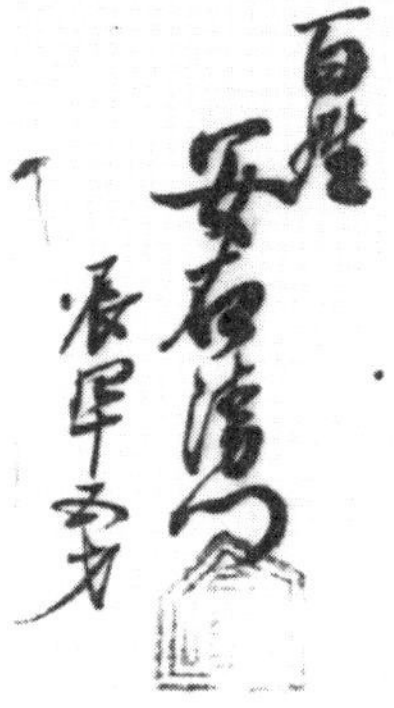

写真２　天保一五年九月「天台浄土宗門人別改帳」（善峯寺文書）

写真３　安政四年八月「宗門御改人別帳」（善峯寺文書）

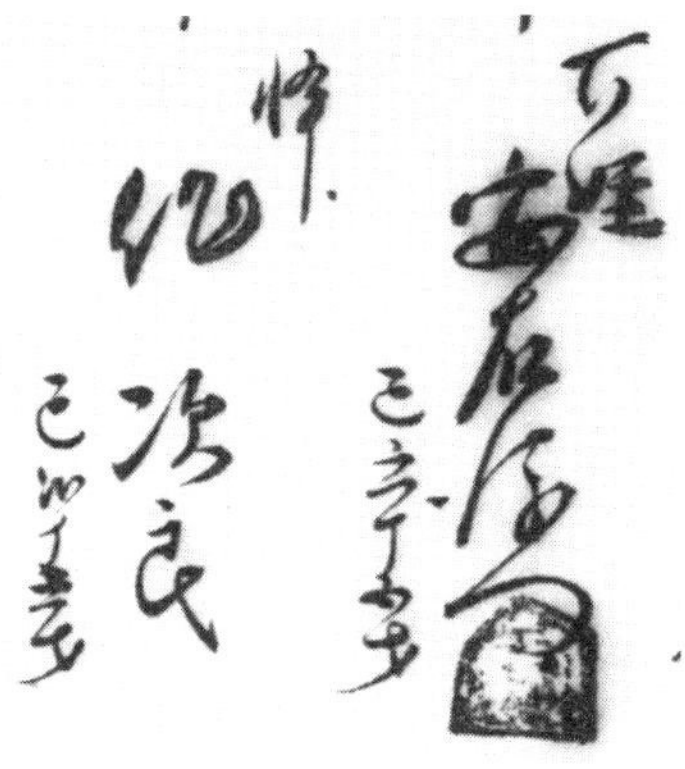

写真４　安政四年九月「城州乙訓郡岩見上里村浄土宗門人別改帳」（善峯寺文書）

右衛門」が、単なる「民図帳」に限定された誤記、ないし印形の押し間違いとみなすことはできない。つまり善峯寺領の百姓「安右衛門」が、大炊道場領では「作右衛門」名義で名請していたこと、さらには「作右衛門」名義で他領の百姓でもあった可能性が推測される。

実はこの人物が日常的に使用していた名義（いわば本名）は「作右衛門」であり、「安右衛門」は帳面上の名義であったと考えられる。悴の作次郎は大島家に下男奉公しており、「日記」嘉永七年（一八五四）二月二三日条に「今日より下男作二郎出勤候事、作右衛門悴当年廿二才」とみえ、これは作次郎の父親が作右衛門である極めて端的な証左といえよう。また、元禄元年（一六八八）の米納割帳[60]にみえる「作右衛門」が、後の「安右衛門」と同一印形であることから、上里村にこの印を使用する「作右衛門」が先行して存在している事実があり、さらに享保八年（一七二三）に「作右衛門」が善峯寺の百姓となったことを確認できる史料がある。[61]

この史料は、善峯寺百姓の「株分」である作右衛門等四家について、享保八年以前には善峯寺の宗門帳に名前を載せてこなかったが、吟味のところ「当御寺領之百性株ゟ分リ候者共」であるので、「此度宗旨帳面ニ名前書加江申候様ニ被　仰付候ニ付指入」る、というものである。つまりこの時点で「作右衛門」が善峯寺百姓となったことは確実である。しかしすでに村内他領の百姓となっていたことも否定できないので、宗門帳を複数（少なくとも二つ）の領主に提出した可能性もある。この史料は、享保六年から始まる幕府の全国的人口調査に伴うものとみられ、この際に株百姓の帰属を明確化する必要が生じたものと考えられる（後述）。

その後時期は不明ながら、作右衛門は善峯寺領では安右衛門という名義を用いる「壱人両名」となったとみられるが、これには個人的事情というより、年貢・夫役を担うそれぞれの株や、その総体としての村が、各領主の株百姓数を維持調整する目的から、作右衛門＝安右衛門という「壱人両名」を作り出したと考えられる。

なお、文久元年（一八六一）には作次郎が家督を継ぎ「安右衛門」を襲名、印形も襲用したが、元治元年（一八六四）の宗門帳（地頭提出用）では「作右衛門」名義で記載されており、彼も父親と同様の形態を引き継いだとみられる。

（2）　年貢不納事件と「壱人両名」

文政元年六月以降、六右衛門ら富小路家株百姓一派と村方の間には、様々な問題が発生している。このうち特に紛糾したのが、富小路家への年貢不納事件であった。

文政元年八月、富小路家領年寄藤左衛門は、先の訴訟で「庄屋仲ま為ニ庄屋取リウシナヰ被成候ニ付、当年之処者引方不付」と通知してきた(62)。露骨な意趣返しであるが、さらに年貢収納時の「じき（直）納」を求め、その上「本人持参、代人者難相成」と通告、さらに今後「田畑外家へ譲り渡シ」の際には、「冨小路家江窺立、聞済有之候上ニ而可取計」と達してきた(63)。これらは「古来ゟ左様之事ハ無御座、此度新気（規）之事」であり、実行されれば「百性中ニ而差障ニ相成」、「両（石見・上里）村大困リ大混雑ニ相成」とみなされている(64)。「大混雑」になる理由はいくつかあろうが、特に富小路家側が「本人ゟ納ニ参リ候様、代人ハならぬ(65)」と頑に要求していることを考慮すると、本人に直納させることで、六右衛門同様の「壱人両名」を表面化させる意図ではなかったろうか。作右衛門のように、別名義・同印形の百姓にとって、本人が直納すれば、「壱人両名」の状態が発覚する恐れがある。

さらに同年一〇月、富小路家株百姓らは「連印帳」の作成を画策している(66)。年貢上納の際使用する名目であったが、帳面の終りに白紙が一、二枚ある等「甚あやしき」帳面であった。富小路家株百姓らは、六右衛門一件の意趣返しの公事を起こそうとしており、村方はこれを「其節之用ニ立而ル計リ之連印帳」とし、「出作之者ゟ印形致さぬ様」に相談している。これも「壱人両名」を暴露する上でも利用しうるものと考えられる。

村方はこうした富小路家側の「新気（規）之事」や「連印帳」を拒否する姿勢から、年貢不納という手段を選択した。

不納という手段に出てまで拒否するのは、単に「新気（規）」を拒絶する姿勢以外に、本人直納による不利益が大きいこと、それは同村の「壱人両名」が、決して少数ではないことを示唆していよう。

（3）「壱人両名」の意味

本章で扱った相給村落における百姓の「壱人両名」の意味を総括してみたい。

忠右衛門＝六右衛門という「壱人両名」は、忠右衛門が六右衛門株を買得し、富小路家百姓忠右衛門と、正親町三条・中御門家両家百姓六右衛門という、二人分の百姓役を務める必要から発生した状態であった。しかしこの両名取得を、忠右衛門の私生活上の理由のみに帰結させることは妥当ではない。なぜなら「壱人両名」となることは、忠右衛門にさしたる利益はなく、却って夫役を二人分務めることになり、負担の増加でしかないのである。「壱人両名」によって二人分の夫役を務める行為は、各株百姓数の維持安定のための方法であり、株や村方による要請に、忠右衛門が応えたものと捉えるべきであろう。

百姓数の維持安定は、藩領国においても極めて重要な関心事であったが[67]、まして当初から極めて少ない百姓数しかもたない公家領主（第一章参照）にとって、その減少は自家の経営に直結する重大事であった。その調整を担う株や村にとっても、潰百姓が発生した場合、その分の負担は、株や村で続けなければならなかった[68]。領主側にとっての関心事は、安定した既定の年貢・夫役の負担であり、そのためには、公然化して支配上の問題を露呈させない限り、自家百姓数の維持安定を行いうる「壱人両名」を黙認したのである。

作右衛門＝安右衛門の場合は、百姓株の買得ではない、別の事情が存在するものと思われるが、筆者はこれを享保期における幕府の全国的人口調査が、その発生点と考えている。近世初期に設定された株百姓は、次第に「株分」による増加や、村や株預りとなる潰百姓株が発生した。中御門家雑掌が六右衛門を自家百姓とする証拠に宗門帳を示し、村役人等が、六右衛門は「御両家様ニ宗門印形差上、其外地頭歩役(夫)等も相務」ていたと主張したように、宗門帳を差し出し、夫役を務めることが株百姓の要件であり、領主ごとに作成された宗門帳に記載されることで、その領主の百姓とみなされた。

享保期、幕府が一斉に宗門帳を「領分限ニ」「二重ニ不成」よう差し出すことを指示したことは[69]、相給村落における各領主所属の百姓を明確化する必要性を発生させたと考えられる。善峯寺が自家百姓の「株分」を自家百姓として編入した動きは、宗門帳に記載する人名＝自家百姓の増加志向といえ、さらに領主間で百姓の取り合いが発生したことを推測させる。

ここにおいて、村は各株百姓数の維持・安定の方法として、実際には一人の人間を、帳面上名義を変えて別人として取り扱うことで、各株百姓数を調整する「壱人両名」の存在形態を発生させたものと考えられる。全国的人口把握には齟齬をきたし、公儀の威光を軽んじる行為として公儀権力にとっては容認しえない。しかし個別領主にとっては、既定の年貢・夫役の徴収上、何ら不利益を発生させないのであるから、当然許容しうるものであった。むしろ現実に即して従来の百姓数が減少することの方が、領主側にとっては問題となったのである。作右衛門＝安右衛門は、こうした調整上の理由から作り出されたと考えられる。

このように、相給村落における百姓の「壱人両名」は、複雑な支配構造のもと、村落社会の状況が変化する中で、株百姓数の維持安定の目的から生起した方法であったのである。

なお、本章で扱った百姓の「壱人両名」は、忠右衛門＝六右衛門と、作右衛門＝安右衛門の二人であったが、石見上里村や同様の相給村落では、相給村落での百姓の一つのあり方として「壱人両名」が少なからず存在していたと考えられ[70]、今後さらに事例の蓄積と分析を進める必要があろう。

以上、京都近郊相給村落において、株百姓数の維持安定の目的から行われていた百姓の「壱人両名」について、その一端を明らかにした。最後に「壱人両名」研究について今後の展望を述べておきたい。

本章で扱ったのは、相給村落の百姓による「壱人両名」であったが、他に地下官人や公家家来の側面をもつ町人・百姓もまた、両身分において二つの名義をもつ「壱人両名」であった。[71] 彼らは二重の支配を受ける状態であったが、宗門帳や公文書上は別名義となり、別人として処理されていた。事実「壱人両名」でさえあれば、表面上は別人であるから、幕府の支配法理に反する身分的重複は表面上存在せず、何ら矛盾も生じていないのである。

近世後期、進行する「身分」と「職分」の分離、[72] 身分の二重化等の様々な矛盾を、別人として処理することで、表面上二重支配の矛盾を解消する方法が、「壱人両名」という形式であったと考える。[73] 公儀権力は、社会の変容と多様化によって生じた二重身分・二重支配という矛盾を、表面的に解消して従来の支配を維持できる「壱人両名」という方法を許容したのである。こうした様々な場面での「壱人両名」を検討することは、近世社会を考察する上で重要な視点になると考える。

（1）　本書の素材とする乙訓郡に関していえば、『向日市史』下巻（一九八五年）、『長岡京市史』本文編二（一九九七年）等の自治体史のほか、田中淳一郎「近世在地領主と相給村落」（朝尾直弘教授退官記念会編『日本社会の史的構造』思文閣出版、一九九五年）の研究等がある。

（2）　水本邦彦『近世の郷村自治と行政』（東京大学出版会、一九九三年）、註(1)田中論文。

（3）　六右衛門は「正親町三条家・中御門家両家百性六右衛門」と記され、この時期二領主に所属する百姓であったらしく、この時点ですでに特殊な存在である。六右衛門はこの騒動の前年に、中御門家において何らかの問題を引き起こしていたようで（後掲「記録」四月二三日条において、息子弥兵衛が「忠右衛門義、昨年中御門様ゟ御咎メ蒙り罷在候処事済仕」と述べている）、その帰属は、この騒動以前に正親町三条家・中御門家両家において何らかの合意があり、「両家」帰属が公認されていたらしい。しかし原則このような例はなく、六右衛門に限られた例外的措置であるとみられる。
（4）「壱人両名」と同義の用語は、史料上右記の表現が混用されているが、「壱人両名」の用語を代表させて述べる。
（5）『日本国語大辞典（第二版）』（小学館、二〇〇〇年）、「いちにんりょうめい【一人両名】」の項。なお同書は使用事例として、歌舞伎・独道中五十三駅（一八二七年）の台詞を挙げている。
（6）壱人両名については、尾脇秀和「近世「壱人両名」考――身分・職分の分離と二重身分――」（『歴史評論』七三二号、二〇一一年）本書第四章も参照。
（7）大島家文書C23。ただし、『京都市歴史資料館紙焼写真史料仮目録』（以下『仮目録』）は、仮文書名を「上里村清五郎等訴訟冊子」とするが、六右衛門一件の記録であるため本書では改題する。この他、本書では史料名は原題を挙げ、原題のないものは内容に従って筆者が適宜付した場合があることをお断りしておく。文書番号は『仮目録』のものを挙げた。
（8）大島家文書D1―14～18。序章表参照。
（9）本書で参照した大島家文書・善峯寺文書は京都市歴史資料館紙焼写真を使用。
（10）文化一五年四月七日「乍恐奉願口上書」（「記録」）。
（11）文政七年成立「略誌」（大島家文書D2―4）。同史料は、大島直良が「日記」を書き始める天明五年以前の出来事を整理する目的で記したもので、記事は天明元～寛政元年に及ぶ。天明五～寛政元年までの記事は後年六右衛門一件の淵源を求めて回顧・記述したものと思われ、忠右衛門が悪玉として描出されている点には注意を要する（第三章参照）。
（12）文化一五年三月二六日「乍恐御訴訟」（「記録」）。
（13）天保三年「大嶋氏家記」（大島家文書K1）。本書第三章参照。
（14）「記録」文化一五年四月七日条。
（15）「日記」文化一五年四月五日条。
（16）「記録」文化一五年四月一六日条。

(17) 「記録」文化一五年四月七日条。
(18) 「記録」文化一五年四月一一日条。
(19) 文政年八月「御収納米不納之義ニ付願書」(大島家文書C20)。
(20) 「記録」文化一五年五月一八日条。
(21) 「日記」文政五年閏正月一三・一五日条。
(22) 「記録」文化一五年四月一一日条。なお蛇足ながら、座田は地下官人である院雑色・従六位下座田若狭介紀維正(当時四十八歳)である(『地下家伝』、自治日報社、一九六三年)。中御門家には雑掌として出仕している。吟味が正親町三条家で行われたのは、「中御門家ゟ御官位も上、御高も多く候へハ、三条家(正親町)ニ而立合取捌いたし候様との上ゟ之仰」によるものといい、そのため雑掌の座田が出向いてきたのである。正親町三条邸で行われた六右衛門の吟味は、「御使者之間之縁側南ニ弥左衛門、北ニ杢兵衛・林右衛門、北ノ板間障子ノ中ニ連印之旁相つめ、忠右衛門を庭へ呼寄セ、千葉氏手扣ヲ以て相糺シ申」という形で行われている(座田も千葉と同席)。
(23) 同右。
(24) 「日記」文化一五年四月一二日条。
(25) 「記録」文化一五年四月一三日条。
(26) 「日記」文化一五年四月一七日条。
(27) 「記録」文政元年四月二三日条。
(28) 「記録」文化一五年四月一二日条。
(29) 「記録」四月二八日条。なお、この案文は現存する(大島家文書C24)。
(30) 「記録」文政元年五月一七日条。
(31) 「記録」文政元年五月一七日条、「日記」文政元年五月一八日条。
(32) 「記録」文政元年五月一八日条。
(33) 文政元年六月「乍恐口上書」(「記録」)。
(34) 「記録」文政元年八月一日条。

(35)「記録」文政元年六月二九日条。同日条によると、座田が六右衛門側に寝返ったのは、座田の欲心が原因というより、林右衛門ら株庄屋達による「菓子料」をはじめとする工作活動の「麁略」、失敗に原因がある。たとえば座田からの経費としての金子要求にも林右衛門独断で支払いを決定できず、帰村して相談の上回答するとして、座田を怒らせるなど、工作活動、特に「金子之遣ひ方」が下手で、大島直良もこうした村方側の失敗を「拙者も甚腹立居申候」と述べている。
(36)「日記」文政二年年閏四月八日条。
(37)「日記」文政二年五月一〇日条。
(38)「日記」文政二年八月四日条。
(39)「日記」文政二年一〇月四日条。
(40)「日記」文政二年八月九日条。
(41)文政二年八月一四日「乍恐口上書」(大島家文書Ｃ19)。
(42)「日記」文政二年五月一〇日条。
(43)卯(文政二)年一〇月「加田周防守返答書」(大島家文書Ｃ26)。
(44)「日記」文政二年九月二九日条。文脈上、「色をなした」と解釈する。
(45)「日記」文政五年四月二三日条。
(46)「日記」文政五年五月六日条。
(47)「日記」文政五年九月一八日条。
(48)第一章で述べた甘露寺家領庄屋源左衛門による因幡堂領庄屋兼帯などの他領からの兼帯庄屋の場合は、恐らくかかる領主間の許可により成立していると考えられる。
(49)「日記」文政五年九月二〇日条。
(50)「日記」文政五年一〇月一三日条。
(51)文政六年八月「正親町三条様御下宗門御改帳」(大島家文書Ｊ1)。なお、六右衛門は文政元年の時点で七〇歳前後であった(「記録」文政元年五月二二日条)。

(52) 文政九年六月「六右衛門一件済書」(大島家文書C21)。ただし前欠。実際の提出は七月一一日(「日記」文政九年七月一一日条)。
(53) 「日記」文政九年八月一三日条・同一〇年六月一三日条。文政一〇年「正親町三条様御下宗門改帳写」(大島家文書J2)には六右衛門に代わって四郎兵衛が記載されている。なお、騒動が終結した翌一〇年七月、中御門家庄屋は、四郎兵衛へ中御門家の宗門帳に印形し、夫役を務めるよう求めてきている。四郎兵衛は「中御門殿株とハ縁無之」としてこれを拒絶し、正親町三条家株庄屋太兵衛へ訴えている。中御門家としては、元来四郎兵衛が自家百姓六右衛門の相続人であるゆえに、騒動の終結したのを見計らい、再び株百姓として取り込もうとしたとみられる。しかしこれを聞いた直良は、太兵衛に諸大夫加田氏にも知らせるよう指示している(「日記」文政一〇年七月二九日条)。その後記事はなく結果は不明だが、中御門家の思惑通りには運ばなかったと考えられる。
(54) 大島家文書G29。
(55) 善峯寺文書。以下引用する善峯寺の宗門帳はすべて同文書による。
(56) 善峯寺の石見上里村領分の宗門人別帳は、天保一五、弘化三、嘉永二～四・七、安政三・四、万延元、文久元・二、元治元年の分が現存。なお、石見の小野一統の一家である作左衛門も、作右衛門と称する場合があるが、上里の作右衛門とは別の百姓である。
(57) これは楕円形の印で、後年に別の善峯寺百姓の印として使用されているのが確認できる。この年だけ印が異なる理由は不明。
(58) 安政四年八月「宗門御改人別帳」(善峯寺文書)。年齢誤記の理由は不明。
(59) 安政四年九月「城州乙訓郡岩見上里村浄土宗門人別改帳」(善峯寺文書)。
(60) 元禄元年一二月「小入用幷御蔵入米納割帳　西大路様米納割帳」(大島家文書G9)。
(61) 享保八年一一月一六日「先年ゟ宗旨帳ニ除来候寺領百性四人書付指出し候人数書」(善峯寺文書)。
(62) 「日記」文政元年八月二七日条。
(63) 「日記」文政元年一〇月五日条。
(64) 「日記」文政元年一〇月六日条。

(65) 同右。
(66) 「記録」文政元年一〇月六日条、「日記」文政元年一〇月五日条。
(67) 内藤二郎『本百姓体制の諸問題』（八千代出版、一九八二年）。
(68) たとえば善峯寺領百姓文右衛門が絶家したあと、文右衛門株は同領年寄九郎左衛門が負担していた（安政七年六月「乍恐奉願上口上書」善峯寺文書）。
(69) 『徳川禁令考』前集第六、法令禁令之部四〇三〇・四〇三一。
(70) 大島家は百姓としての名前と、帯刀人としての名前との使い分けもみられ、名義・人別の状況は、むしろ六右衛門より複雑であった（本書第四章）。
(71) 註(6)論文、尾脇秀和「近世禁裏御香水役人の実態――地下官人の職務・相続・身分格式――」（『古文書研究』七五号、二〇一三年）、西村慎太郎『近世朝廷社会と地下官人』（吉川弘文館、二〇〇八年）等。
(72) 横山百合子「明治維新と近世身分制の解体」（『日本史講座』第七巻、二〇〇五年）。
(73) 註(6)(71)論文、尾脇秀和「吟味座席と身分・職分」（『日本歴史』七六六号、二〇一二年）、本書第四章。

第三章　村役人層の変容——「家記」編纂の意識とその社会的背景——

一八世紀半ば以降、集団や集団を構成する個別の家が、「由緒」によって、その権利や正当性を主張することが、盛んにみられるようになる[1]。近年、村役人等により作成される由緒書や家譜・地誌といった史料については、家や集団を取り巻く社会の変容と関連づけて論じられ、その機能が具体的に明らかにされている[2]。すなわち由緒書や家譜類の作成背景には、村落秩序の動揺が主要な契機として存在し、殊に村役人層は、村方騒動など様々な村の変容を前にして、その権利や正当性を主張すべく、自家や自村に有利となるように、その家や村の歴史を整理・再構成・創作する作業を行った。ゆえにその作成は、村落運営を担う村役人層による、直面する村や地域の課題に対する意識の表れでもあり、これを分析することで、当時の村の状況や課題を明らかにすることができる。

天保三年（一八三二）成立の「大嶋氏家記」（以下「家記[3]」）は、石見上里村の村役人層——正確には元村役人層——であった大島直良（当時七一歳）が、家伝の文書・記録を編年順に整理配列すること基軸として、天正期～天明五年（一七八五）までの自家、およびそれに関わる石見上里村の出来事についての伝聞・逸話・所見等を記述した史料である。年代記と文書目録を合わせたような構成にその特徴がある。

「家記」はその跋文において、天明五年から直良によって記され始めた「日記」以前の時代における家伝文書・記録の整理を主目的として標榜し、事実天明五年以降の事件や文書についての記述はない。この編纂は、天明七年以降に発生した村方の騒動に伴う社会変容に直面した大島直良が、晩年に至り、家や村の歴史を語ることによって、自家の使命と正当性を自覚・主張しようとしたものであり、変容期の村役人層にみられる意識・行動の一つとみなしうる。「家記」は直面する課題との関係の中で、自家の正当性が主張され、また直良自身の体験した過去の事件についても、美化や歴史認識の再構成がなされている。本章では、この「家記」と他史料とを比較・分析することで、石見上里村における村落変容の過程と実態、およびそれに対応する村役人層の動向や意識を明らかにする。

近世村落社会の変容実態については、近世近代移行期、村・地域で主導的役割を果たした豪農・地方名望家の活動を中心に、多くの事例が蓄積されている。[4]しかし京都近郊相給村落の場合、豪農が存在する村もあろうが、石見上里村のように、相給支配に伴う多くの村役人が存在し、その合議による村落運営が行われた村落も多い。かかる村落の場合、豪農対小前百姓という構図はもとより設定できず、村落変容もこれとは異なる様相を呈したと考えられる。また大島家は、村内で経済的に突出した存在ではなく、近代に所謂名望家となって政治的活動を展開した家でもない。むしろ近世後期には、村政を主導しようとしつつも、これをなしえなかった村役人層であるともいえる。これまで研究事例の少ない京都近郊相給村落の変容とともに、村政を主導できなかった場合における、村役人層の意識と行動について明らかにすることも、本章の課題としたい。

一　安田家と小野家

(一)「家記」の語る近世初期の状況

石見上里村は、第一章で述べたように、石見上里村という行政村全体としての「両村中」、石見・上里ごとの「村中」、同じ領主の株百姓による「株中」、居住する町ごとの「町中」、といった村落内部の重層的構造があり、村落の構成員を取り巻く状況は、一円支配の村落と比べて相当に複雑であった。[5]

とりわけ近世後期になると、百姓の均質化が進行し、同村百姓間、中でも多数存在する村役人層間には、村内における経済的地位に大きな差異がなくなり、また突出した持高を有して村政を主導する存在も不在となった。重層的構造、多数の村役人層の存在、そして進行する百姓の均質化と、それによる主導者の不在が、近世後期、同村において村内不一致・混乱が発生する根本的原因になっている。

もっとも「家記」によると、元禄期までは、安田利左衛門家（後の大島家）と小野伝左衛門家の両家が村内で主導的地位にあり、村庄屋としてかかる状況を統制する立場にあったという。まず本項では、「家記」の語る近世中期までの両家の関係を確認し、その上で、次項では「家記」以外の他史料からその実否を検討することにしたい。

さて「家記」によると、安田家は天正年間、家祖の安田宗昌が当時農家も少なかった上里村に来住し、「村人ト同ク林山芝沼ヲ開キ」「村人各服シテ村ノ長ト」としたという（図1）。宗昌は橘氏長者・従三位薄以量の庶子で、吉田神職安田雅楽頭源時昌の養子となり、時昌の死後官位を捨てて安田専右衛門尉と名乗った人物とされる(6)。元禄期の当主は、宗昌の曾孫である重賢（利左衛門）で、その最盛期とされる元禄後期の持高は二一石余であった。

これに対し、小野家は、元来石見村に居住した「石見ノ長」であったが、寛永六年（一六二九）に小野伝左衛門が上里村に移住した家とされる（図2）。小野伝左衛門と安田昌重は「親友」であったというが、延宝～元禄期には「（小野伝左衛門は）当時庄役タレトモ若年」であるので重賢が代わりに「都テ村中ノ諸事ヲ司トル」、「伝左衛門ハ村ノ長タレトモ、器才大ニ重賢（安田）ニ劣レリ、然レトモ重賢コレヲ補助シテ村長ノ威ヲ落サズ、表裏ノ政事ヲ務メシム」、あるいは「内外皆重賢後見タリ」といい、「村ノ長」たる小野家を、安田家が「補助」「後見」していたことが主張されている。なお、小野家の元禄後期における持高は二六石余（二九石余ともいう）であった。

両家の円満な関係は、三代伝左衛門が天和元年（一六八三）に、川嶋村の長三郎を婿養子として迎えたことから変化し始める。すなわち家督を継いだ四代伝左衛門（＝長三郎）は、他村へ嫁いでいた先代伝左衛門の長女まるに対し、家督相続時の譲状で約していた毎年の作徳米を支払わなくなった。譲状に「伯父」として請人加印していた重賢は、元禄一一年、伝左衛門のかかる行為を京都町奉行所や代官所へ出訴した。直良はこの事件を

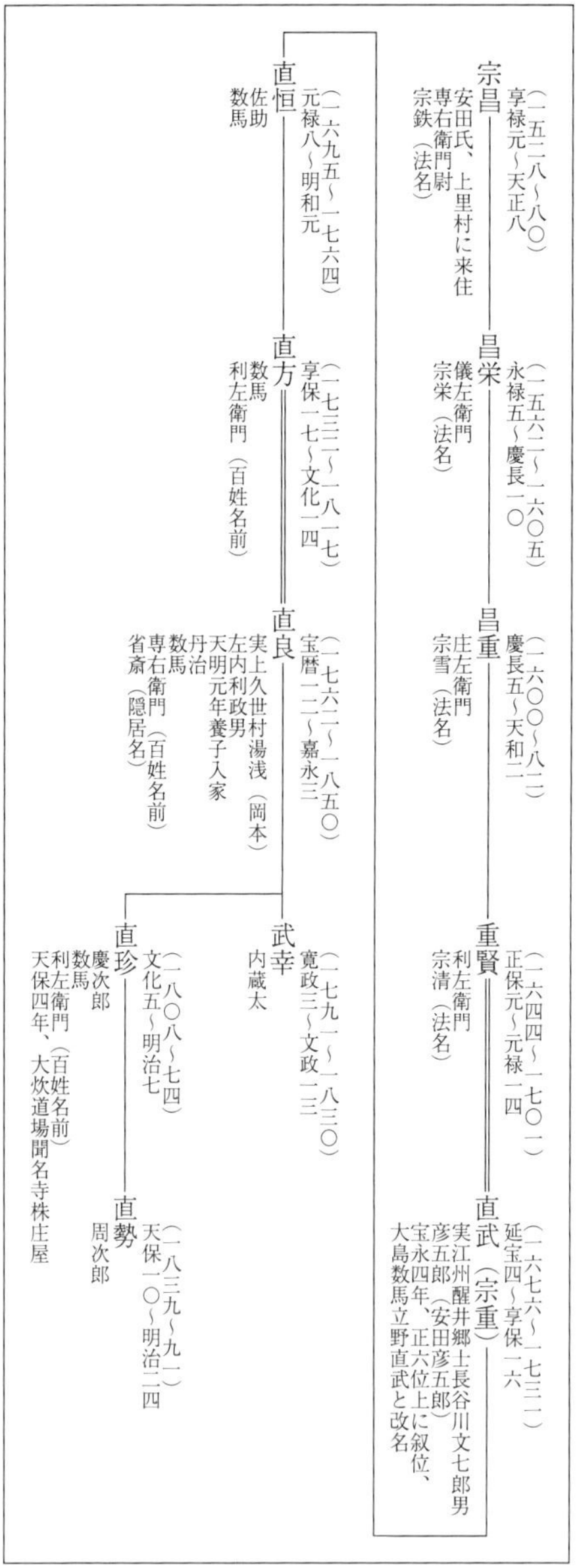

図1　大島家略系図

註：主に天保三年成立「大嶋氏家記」（大島家文書）による。直珍・直勢の生年については、ご子孫である大島直良氏・直人氏のご教示により、享年から逆算したもの（数え年）。直武以降、当主は大島数馬を襲名。佐助・丹治・慶次郎は襲名以前の名。直方以降の「百姓名前」については第四章参照。

図2　小野家略系図

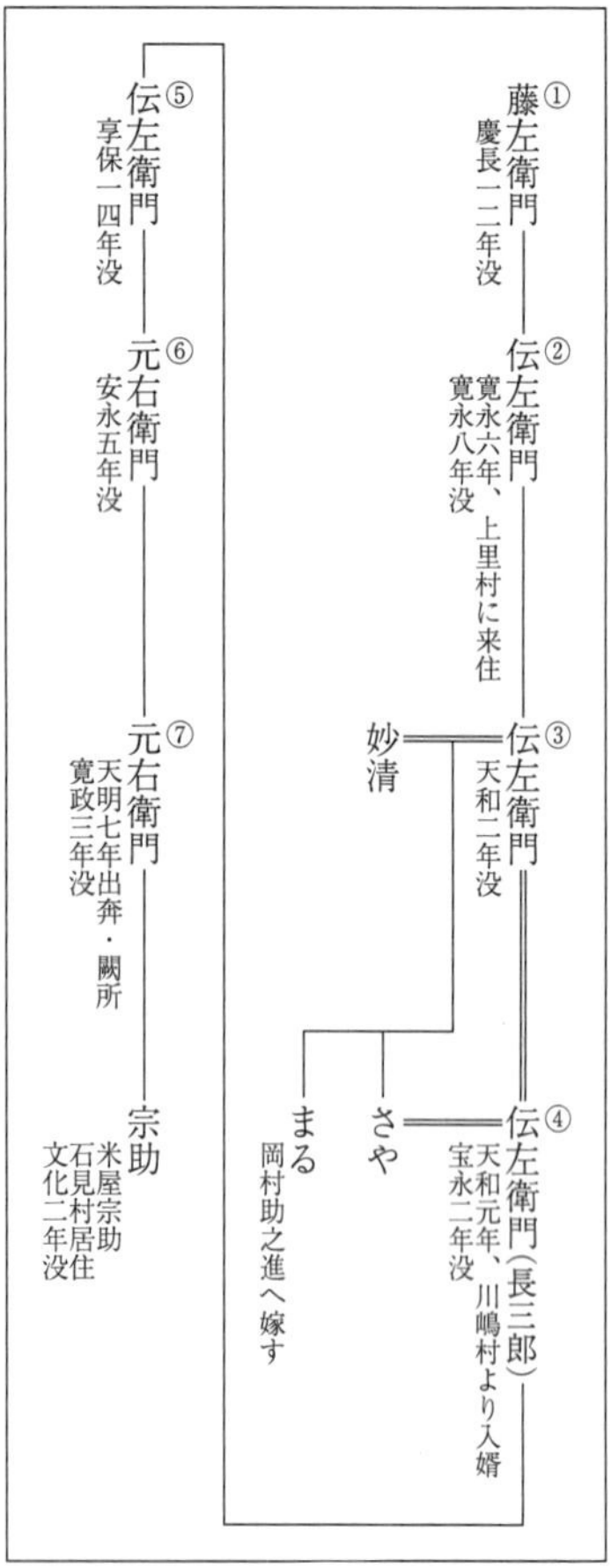

註：法泉寺文書・大島家文書より作成。

「(重賢は)自ラ後見シテ実意ヲ尽コト切ナレトモ、養子伝右衛門志不ㇾ正シテ、聊ノ譲米ノ慾情ヨリ公事ト成リ、互ニ疎情ニナレリ」と記し、養子伝左衛門の「志不正」「慾情」より発した事件とする。重賢が同一四年に没した後には、その養嗣子宗重(のち直武)はかかる紛擾を嫌い、宝永二年(一七〇五)にすべての村役を辞して村政に関する諸書物を小野家へ譲り、「後見ヲ止」め、以後安田家の庄屋役はすべて小野伝左衛門家の手へ帰すことになったという。

(2)　両家関係の実態

「家記」は安田家が村政上の地位を失い、代わって小野家がこれを掌握したとする経緯を以上のように叙述している。しかし天明七年(一七八七)に出奔し闕所となるまで村政を掌握した小野氏と比較して安田家を正当化し、自己弁護的態度に終始している感は否めない。以下本項では、「家記」以外の史料から、前項で述べた両者の関係を捉え直し、記述の真意を検討してみたい。

まず安田・小野両家が、元禄中期の石見上里において、その持高上必ずしも突出した存在でなかったことは、第一章で明らかにした通りである。しかし村内の小松山は利左衛門・伝左衛門・法泉寺の三者によって独占的に所有されており[7]、両家が他の百姓と異なる側面をもっていたことは事実とせねばならない。ただしこの両家の出自を考察すると、決定的な差異がある。

小野家は、石見村で小野一統と呼ばれる血縁集団を形成し、古くから石見村法泉寺境内に墓地をもつ特別な家柄で、少なくとも文禄・慶長期以来の血縁的地縁的地盤を有していた[8]。特に石見に居住した小野一統三家は、上里の小野伝左衛門家が天明期の元右衛門一件（後述）により絶家した後も株庄屋役等を務めている。

一方安田家は、小野家とは異なり、近世を通じて石見上里や周辺地域に同姓・同族がおらず、その分家もなかった。「家来」「出入」等と安田氏側によって称されていた百姓が両三軒存在したが、近世後期には彼らとの間に明確な主従関係はみられなくなっている。安田家が、従来村や地域に血縁的地縁的地盤をもたない外部来住者であることは、直良の時代に至っても、なお否定しようがない事実として存在していた。ゆえに「家記」においてその家祖を語る際にも、必然的に「来住」者であることをすべての前提とせねばならなかった。ここに、家祖を従三位薄以量の庶子として、自家を貴種化する由緒が主張された所以がある。なお、正親町三条家への出仕は元和年間昌重の代に始まったとされるが（第四章）、その理由も、やはり外部来住者という村内での不安定な地位が、領主権力への接近契機になったともみることができよう。

「家記」の語る安田・小野両家の関係上、最も問題とすべきは、小野伝左衛門が石見より移住して「村ノ長」となると同時に、それ以前から上里の「村ノ長」であったはずの安田家が、いつのまにかこれを「補助」「後見」

する立場となったことに、何らの説明もされていない点である。これは自家伝来の文書・記録を整理配列した上で、所見や出来事を記述するという「家記」の編纂手法上、文書・記録から否定できない事実と、直良の意図する由緒創作との間に齟齬が生じた結果である。すなわち家記編纂者たる大島直良は、その冒頭において自家を上里の草分百姓として位置づけたが、自家に伝存する記録、たとえば延宝検地帳には「庄屋伝左衛門」に対して、利左衛門が「案内者」として記述されているといった、小野家に対する安田家の「補助」的立場を裏付ける客観的証拠を否定することができなかったのである。また、安田家によって天正年間に上里村が開発されたようにも読める記述は、康永三年（一三四四）の時点で、石見・上里の両集落がすでに成立し、永正一〇年（一五六七）の三鈷寺年貢納帳にも上里・石見各集落の作人が確認できる以上[9]、到底事実としては認めがたい。

とはいえ、安田重賢が元禄後期に同村八領主分の株庄屋役を一手に勤める村庄屋であったことは、確かな事実として史料から裏付けられる[10]。草分け由緒が創作とすれば、外部来住者たる安田家が、かかる地位を獲得できた理由は何であろうか。

そこで安田重賢が小野伝左衛門の「後見」となっていることに着目したい。「家記」はこの理由についても一切言及しておらず、両家の関係は昌重の時代に「親友」であったとしか記述されていない。しかし安田家が村内で一定の権力を有しえた背景には、小野伝左衛門家との縁戚関係があったことを推測させる。実際小野氏一統の菩提寺たる法泉寺の「最古過去帳」[11]には、重賢やその先代昌重、および文化一三年没の武幸までの戒名が記載されており、安田（大島）氏の戒名記載欄には、近代の後筆ながら「小野家縁者」と記した貼紙もなされている。安田家は日蓮宗である鶏冠井村南真経寺の檀那[12]であるから、小野家との縁戚・ないし擬制的縁戚関係がないとすれば、小野一統の菩提寺で浄土宗である法泉寺の過去帳に記載される理由がない。法泉寺過去帳は、元来小野家と安田家が、何らかの縁戚関係にあった一つの傍証となろう。

また「家記」は、当時現存した証文に重賢が養子伝左衛門の「伯父」と表記されていたことに触れ、これを「重賢伯父分ト成テ表裏諸事ノ世話ヲナセリ」（元禄五年条）と解釈しているが、この「伯父」は「伯父分」なる名目ではないのではないか。近世後期の「日記」からは、大島家が石見の小野三家へ毎年年頭挨拶を行っていることが確認できるが、これは三家が有力者であるという理由ではなく、後代まで安田（大島）家が小野家の縁者とみなされていたためと考えることもできよう。つまり「家記」に全く記述されない小野家（特に伝左衛門家）との何らかの縁戚関係、ないし擬制的縁戚関係の存在が、安田家が村内で有力百姓となりえた理由とみる方が妥当である。直良は後述する小野家の「出奔」を踏まえ、同家との関係を意図的に「家記」に記述しなかったものと解釈できる。

このようにみた場合、養子伝左衛門の「譲米」をめぐる「不正」を発端とする両家の不和と村役の譲渡も、当然捉え直さねばならない。譲米をめぐる出入自体は、当時の史料が現存するため事実と認められるが[13]、重賢が庄屋役であったことが史料によって裏付けられるのは、元禄後期、つまり養子伝左衛門の「後見」であったとされる期間に限定されるのである。これを考慮すれば、実際には先代伝左衛門の没後、若年でかつ養子である伝左衛門の「後見」の立場から村役人を代行する形で、自家による村政掌握を進める重賢と、そこからの自立と復権を図った小野伝左衛門との両者抗争の一端が表面化した事件として、理解されねばなるまい。

以上、憶測的嫌いは免れえないが、「家記」と現存史料の対比から、近世初～中期の村落状況、殊に安田・小野両家の関係を考察してみた。「家記」は、安田家が小野家より以前に上里村に居住して村の開発に関与し、「村ノ長」として主導的立場にあったこと、小野家の庄屋役は元来安田家が有したもので、その地位はすべて安田家が、小野家へ譲ったものである、という由緒を主張している。しかし実際には、安田家は小野家との縁戚関係の構築を契機として、村内で有力百姓となったと考えられ、事実他史料からは、小野家との何らかの縁戚関係があったこともうかがえた。しかし大島直良は、そのような小野家との関係には触れず、自家の正当性を草分け由緒に求め、さらに家祖の貴種化によって血統的優越性をも主張した。「家記」における、小野伝左衛門家と安田家の両家を、近世初期の主導的村役人と位置づけ、さらに村政を掌握した小野家より元来自家が優位にあったとの主張は、近世後期、村政を主導すべき家柄であるとの正当性を主張する意図の下、創作されたものだといえよう。

(3)「八御本所様庄や役」

安田重賢の没後、養嗣子安田彦五郎宗重は村役を務めず、従来から関係を有していた同村領主の一人、正親町三条家の家来としての側面を重視する方針へと転換し、宝永四年、同家の六位侍「大島数馬立野直武」となり、以後同家当主は「大島数馬」を襲名する（ただし叙位したのは直武のみ）。村に居住しつつも公家家来としての側面を有することで、村役人とは異なる立場から自家の地位向上を企図したとみられる（第四章参照）。しかし直武による公家家来としての志向は同家の家計を逼迫させたとみられ、特に享保六年（一七二一）、次男宗直をその希望により、地下官人である御厨子所預高橋若狭守家[14]へ養子縁組させた際、持参銀三〇貫目を準備したため借財が膨らんだとされる。事実この時期の借財は、享保七年一二月吉日「銀子借用并返済証文扣帳」（同一七年まで記載）が現存しており[15]、かなり多額に上ったことが確認できる。「家記」によれば、宝暦一三年（一七六三）、直恒・直方は負債の償却のため、田地山林等を小野氏に依頼して売却したという。

こうして安田家（以下大島家と記述）は、宝永期、直武の代以降、村政・経済上の地位を低下させ、村政から遠ざかることになった。実際「家記」で整理記載されている文書・記録類は、宝永期以降、下作帳や借用証文等家政関係ばかりとなり、以前多くみられた免割帳等の村政史料がなくなっており[16]、村政の動向もほとんど記されていない。このように記載される文書・記録数の減少は、村役人ではなくなった結果、文書類の作成量自体が減少したことを如実に示しているといえよう。「家記」にはこれ以降、村政に関わる小野家の動向は、後述する天明三年の空地開発騒動までほとんど記されないが、その期間、小野家は村政上の地位をさらに高めていく。その間における村の状況については、以下「家記」から離れて、別の史料によって検討してみたい。

延享元年（一七四四）における石見・上里両村間の本枝争論において、小野元右衛門（六代目）は「八御本所ハ私往古より代々庄や役」（「八御本所様庄や役」）を「弐百年程以前」から務めてきたと述べている。[17]「弐百年程以前」とは過ぎた誇張であるが、かかる主張がなしうるほど、この時期までに小野氏による庄屋役の世襲化が確立しつつあったといえよう。「八御本所様庄や役」とは大炊御門家・善峯寺・大炊道場・因幡堂・戒光寺・禁裏御料・仙洞御料・二采女の庄屋役で、元禄後期には重賢が掌握していた庄屋役である。[18]しかし村内には安田氏以外にも庄屋が多数存在しており（表1）、小野家が直ちに絶対的地位を構築できたわけではなかった。

延享元年の石見・上里の本枝争論は、従来から燻っていた石見・上里両村間の本郷・枝郷の確定をめぐって、石見村庄屋定右衛門・年寄惣左衛門・百姓惣代与左衛門が、上里村庄屋元右衛門を出訴した事件である。[19]定右衛門らは従来から石見が本郷であり、上里は枝郷であると主張、本郷として振る舞う元右衛門の行為を「我儘」として攻撃した。そして元右衛門が近年物入りであることを理由にして、百姓から「地頭御免状之外ニ五リン通リ加免」して取り集めているという、本枝争論とは直接関係のない元右衛門個人の行為を同時に糾弾しており、訴訟の背景に、元右衛門による村政運営に対する定右衛門らの反発があったことがうかがえる。

これに対する元右衛門の返答書は、上里村が本郷であると主張し、「五リン通リ加免」については、諸入用の増加に伴い「石見上里両村不残百姓共得心之上相極」たことで、元文元年（一七三六）から始めたことだと反論している。なお、返答書は上里村庄屋として元右衛門のほか、庄左衛門・喜兵衛・源右衛門・太左衛門が連名で差し出しており、元右衛門以外の村役人の存在が確認できるが、石見側の糾弾が元右衛門一人に向けられていることは、元右衛門が村政を主導していた反証ともなろう。

　これを受けた京都町奉行所は、これまで通り「石見上里村と相唱、本郷枝郷之訳書分ケ不申」ことと裁許し、「五リン通リ加免」の問題については「先達而相対之上ハ其通リ」とされ、「今更不得心之もの」があるならば「とくと談し合可取斗」と言及されるのみで決着した。結局石見村による元右衛門糾弾は退けられた形となり、結果的に元右衛門の「威勢」を高める方向に作用したと考えられる。また安永年間には隣村今里村・井ノ内村と

表1　近世初〜中期の村役人

寛永20年(1642)

(上里村庄屋)
勘左衛門
彦左衛門
源助
庄助
庄左衛門
(石見村庄屋)
久介
六左衛門

貞享元年(1864)

領主	庄屋	
東坊城家	理左衛門	
平松家	理左衛門	
富小路家	左兵衛	
持明院家	左兵衛	
中御門家	左兵衛	
大炊御門家	理左衛門	
二采女	理左衛門	
竹内家	武右衛門	
正親町三条家	三郎兵衛	
白川家	源助	
甘露寺家	七兵衛	
戒光寺	理左衛門	
大炊道場聞名寺	理左衛門	
因幡堂平等寺	理左衛門	
花開院	半兵衛	
善峯寺		
内　新検35.06	理左衛門	(旧蔵入地)
古検35	理左衛門	(旧西大路家領)
新検 3.6	理左衛門	(小物成高)
古検30	彦兵衛	(旧御匣御局領)

元禄10年(1867)

(庄屋)
彦兵衛
利左衛門
源助
武右衛門
三郎兵衛
与兵衛
(年寄)
源左衛門
市兵衛

*善峯寺領は後に理左衛門に一元化

出典：寛永20年「上里村領内入作分取扱状」(石田賢司家文書、『長岡京市史』資料編3所収)、年欠「覚」(大島家文書G34)、元禄10年「鉄砲請証文」(同C2)。

の入会芝地をめぐって騒動も発生したが、これも元右衛門が村庄屋として対処している。[20]

このように近世中期には、小野家が「八御本所様庄や役」の掌握・世襲を確定的なものにしつつあったが、なお多数の庄屋・年寄が存在し、中には定右衛門らのように、彼と敵対するものもあった。しかし小野氏はこうした難局を有利に乗り切る中で、村政を主導する「威勢」を向上させ、次第に自家への権力一極化を進行させていったと考えられる。

二　元右衛門一件とその後の混乱

(一)　元右衛門一件の発生

「家記」の記述は「日記」が書き始められる天明五年（一七八五）で終わっているが、同七年以降、村では様々な騒動が発生し、混乱が生じていった。

大島家の次期相続人として安永九年八月（一七八〇、実際の入家は翌天明元年二月）に大島直方の養子となった直良は、天明期における小野元右衛門の「威勢」について、次のように記している。[21]

当村ニ而元右衛門事、数代村役相勤候得ハ、威勢甚以厳重ニ而、村人諸事善悪トモ対談いたすもの一人も無之候、依て我意ニ任セ総て一了簡ニ取はからひ申候事也、是又村方ニ於て善キ事も有れハ又不可事も儘有之候、此時元右衛門株庄役相務候ハ、大炊御門様・善峯寺・大炊道場・因幡堂・戒光寺・禁裏仙洞両御料・ニノ采女殿、総計御高凡四百石計、是ニ依而収納取立等も私欲も有之候得共、誰か是を説破する者もなく候、段々我意増長いたし、勝手方も不如意ニ相成候ゟ五六年を経て断絶ニ及ふ（後略）

元右衛門は数代にわたり庄屋役を世襲したため「威勢甚以厳重」で、「我意ニ任セ総て一了簡ニ取はから」い、「収納取立等」にも「私欲」があり、「段々我意増長」していったという、典型的な擅断者として記述されている。

もっとも、その評価の背景は第四節で詳述するが、元右衛門が「八御本所様庄や役」や村庄屋役を務め、その「威勢」によって村内を統制していたことは事実とみてよい。

しかし天明七年四月、元右衛門は突然村から出奔する。この一大事件を、大島家の「日記」は「小野元右衛門儀ニ付大乱有之候、入込候事故別記ニ記置候」（天明七年四月二三日条）と突如記す。[22] 五月一一日には闕所地の見分、歳末には入札が行われている。[23]

「元右衛門一件」と呼ばれたこの騒動について、「日記」は「別記有り」と記すのみで、その事情を詳述しない。これは天明五〜八年の「日記」が、寛政八年にすべて書き改められたことによる。[24] 天明期各日記の巻末には「此記中ニ間違等有之候ニ付」「此記中ニ取捨スル儀有之候ニ付」等と書き改めた理由が記されており、後述の経緯から、自家にとって不都合な記述が「間違」として意図的に「日記」から「取捨」されたとみられる。しかし「別記」に該当すると思われる「密事控」と題する日記帳が一部現存し、その「取捨」された事情の一部を知ることができる。[25] 同史料は天明七年八月八日から同八年四月二一日までの日記体の横半帳で、表紙に「二冊之内」「二番」とあるが、第一冊目は現存しない。かかる史料的制約から一件自体の詳細は不明とせざるをえないが、出奔後の騒動はここから詳らかにすることができる。

（2）　大島家への「疑心」

天明七年七月、元右衛門出奔後の村では、元右衛門闕所地をめぐる諸問題へと移行していた。特に「山之儀」「書物之儀」という二点を焦点として、大島家（当主は大島数馬直方だが、養嗣子大島丹治直良も関与する）は村方からの厳しい「疑心」を向けられ、元右衛門出奔後の事後処理に当たる村庄屋仁右衛門や、元右衛門出奔後株庄屋となった「小庄や衆」（株庄屋たち）との対立が生じ、「村とのもつれ」が深刻化していく。

「山之儀」とは、元右衛門出奔後、その持山で闕所地となった「かぶ山」において、勝手に「七歩通切取」・「立毛切取」などの行為を行う「不埒之者共」がいたことを、天明七年七月、大島直方が京都町奉行所へ届け出たことに端を発する。この届出は右の「不埒之者共」の存在を、直方が「邑方役人へ再応申候得共、一向聞入」なかったため、「何とも後難之程難斗恐入奉存候、仍御届ケ申上」という、直方の独断行為であった。しかも「村役人共名前」を書き上げつつも、自身は同村の百姓利左衛門としてではなく、「正親町三条殿家来上里村　大嶋数馬」の名義でこれを奉行所へ届け出、傍観者としての立場を取った[26]。当時直方は、百姓としては「利左衛門」という、大炊道場聞名寺領における株百姓の一人に過ぎなかったが、一方で正親町三条家家来としては「大島数馬」を名乗る壱人両名形態（事実上の二重身分。建前上利左衛門と大島数馬は全くの別人ということになっている。第四章参照）を有しており、これを有効に利用したのである。

この届出によって、村では大島家が混乱を生じさせたとして、「小庄や衆」をはじめ、村方から大島家への「悪口雑説」が巻き起こり、同家への反感が高まった。一方大島直方は、出奔後の混乱を「本来小庄や衆之致方悪しき故、か様になり申候」とみなしており、「小庄や衆」への不満を強く抱いていた。「密事控」には他者の言葉として「仁右衛門分才(際)ニてハ中々役目ハつとまり不申」（仁右衛門は元右衛門時代の村年寄で、元右衛門出奔後は村庄屋として主導的立場に立たされていた）という言葉も記しているが、これは大島家側の本音でもあろう。

この「山之儀」の入用に関するものと思われるが（詳細は不明）、一一月頃から村方は大島家に「七両弐歩」の出金を強く求めるようになる。大島家は「出へき金ニ而ハ無之」と度々これを拒否するが、一二月に元右衛門闕所地買戻しの費用が必要になる頃から出金要求が激化し、村方は出訴する姿勢をみせてこれを強く要求した。大島家がなおも拒絶したため、天明八年正月二七日、村方は惣寄合で大島家との「諸附合ひ等一切不仕候旨一統ニ契約」し、大島家を「村はづし」とした。

大島家が村方から厳しい姿勢で臨まれた真意は何であろうか。それを知りうるもう一つの手がかりが、「書物之儀」――大島家へ向けられた村書物隠匿疑惑である。

大島家は元右衛門出奔後、その隣家であったことから、村方の依頼によって元右衛門家にあった「村方諸書物」を預かった。[27] しかし村方は存在すべき村の重要な「書物」が見当たらなかったため、大島家が「村書物之類隠シ置」ているという「疑心」を抱くに至ったのである。直方は「発旦(端)ゟ始終疑ハれ候事ニ候得ハ、何申而も小庄や衆聞入もなく」「無失之難」であると主張している。

こうした大島家への「疑心」「悪説」は、領主らの耳にも届いていた。直方は天明七年一二月二日に別の用事で面会した大炊道場聞名寺役者と「元右衛門一乱之咄」になった際、一件後「役目之儀者発旦ゟ小庄やへあてかひ」、自身には「役目望候了簡ハ無御座」にもかかわらず、「小庄や衆」から「押領を致す様ニも申」「雑言難題を申かけ」られていると主張し、さらに重ねて「役目望之儀ハ少も無御座候、此上ハ御地頭様御うたかひさへ御はれ被下候へハ十分ニ而御さ候、外々様へも宜敷御取成」を願うと弁明している。

かかる弁明からは、大島家が元右衛門出奔を機に「役目」を望んでいる、すなわち庄屋になろうとし、そのために重要な村「書物」の保持によって村政の掌握を企図している、と「小庄や衆」からみなされたことがうかがえ、それが一連の「疑心」の真意だったと理解できる。

「村はづし」後、寺戸村の山本安左衛門・岡田杢兵衛の仲裁によって和解が図られた結果、四月一三日、利右衛門と源右衛門（共に石見上里村の株庄屋）が「書物詮鑿」のため大島家を訪れた。大島家はこれに「如何様ニ被申候而も無き者ハ無之候」と強く抗弁しながらも、結局「高帳と官途之帳とまきれ(紛)有之候、此様な者さへ、有もいやニ而候、今晩相渡可申候」と述べ、自家の文書に紛れていたとする元右衛門所持の「高帳と官途之帳」を引き渡した。ここが落とし所となり、一五日、直方は「去年元右衛門殿より預り置候当村方諸書物之儀、先達而不残村方江差出候得共、右書物類之内当方ニ相残シ置候様ニ村方疑心有之趣、気之毒ニ存候、畢竟右諸書物之儀ハ、村方大切之品ニ候へハ、以来当方者勿論、元右衛門殿所縁之方等にても、自然見当り申候ハヽ、早速村方へ差出し可申」とする一札を村方役人中に差し出した。[28] 七両二分の出金も二両二分にまで引き下げられ、最終的には大島家が前年村方入用として用立てていた「百目余り」との相殺で処理されることで決着し、一九日、三か月余りにわたった「村はづし」は終了した。

しかし大島家が元右衛門旧蔵の「村方諸書物」を隠匿しているという「疑心」は、その後もなかなか払拭されなかった。[29] 寛政三年（一七九一）一一月四日、善峯寺株庄屋の後役が選定された際、同寺関係の帳面が「余程不足」していたため、同寺役者から「元右衛門一乱之節、諸帳面此方(大島家)へ預り置」たとのことだが「若ヤ此方ニ有之候哉」と尋ねられている。これに大島家（直方・直良）は「諸書物ハ村へ相渡シ、此方ニハ無之」と返答したが、善峯寺役者は「然者書物無之旨一札」せよと求めている。領主の一人である善峯寺も、大島家への疑心を抱き続けていたのである。また翌四年閏二月七日には、村内の寺庵である喜春庵が「喜春庵寺地赦免状本紙、此方(大島家)ニ先達而元右衛門ゟ預り候哉、一覧致シ度」とその開示を求めてきた。直良は、「元右衛門ゟ預り候諸書物類ハ、皆々村へ差出シ申候」と回答したが、喜春庵はさらに「父子御相談」の上で回答するよう再度求めてきた。直良はこれに、「尚亦父子御相談も被成被下度旨被申候、然共先達而ゟ見当り不申候故、相談ニも及事ニも無之候」と、明らかに苛立ちをみせながら返答している。「父子御相談」の上で回答せよとする喜春庵の姿勢が、免状の保持自体を前提として要求していたからであろう。

大島家が「村方諸書物」の隠匿を企図したとすれば、村政上有効な重要記録類を保持し、自家の地位向上に役立てる目的であったと考えられる。[30] もっとも、大島家側は仲裁人に村方との「もつれ」の経緯を説明する中で「隠置候而何之益ニ相立候哉」「大事成ものとて隠シ候而、いつの時に相立候もの哉」と隠匿を否定しているが、同時に「実ニ大切なる書物相渡候トモ、村へハ此方へ参り候而披見致すへしと申、そつじ（卒爾）ニ渡シハ仕らず候」とも述べており[31]、文意がとりにくいが、自身が保持した上で村役人が「此方へ参り候而披見致」せばよい、というのが本音であったとも受け取れる。なお、第一節で述べたように、「家記」では村役人を辞めた直武の代、小野家に「諸地頭ノ民図帳村日記等」を譲渡したと記述されており、これはこの事件を踏まえ、同家に残る村の「書物」は元来自家のもので、元右衛門一件時に取り戻したという意識による記述とも解釈できるが、実際に「書物」を隠匿したかどうかは判然としない[32]。

しかしいずれにせよ、大島家の行動は村方から「役目望」への「疑心」を抱かせた。実際大島家は「小庄や衆」による村落運営に不満をもち、村政上の復権を企図して「役目望」もあったと考えられるが、結果的に村内での信用を低下させる状況に陥ったといえよう。

（3）元右衛門の出奔理由とその後

元右衛門の出奔理由は不明であるが、「勝手方も不如意」という家計の逼迫が背景にあったとみられる。元右衛門闕所地見分時に作成された「田地高書附[33]」をみると、所持地一一石余のうち、六石二斗余りが質入されており、その「不如意」は事実であったろう。また元右衛門出奔後、「日記」によると断片的な記事ながら、「名目銀」に関することで他の処罰者も生じたようであり、「判方」と呼ばれる関係者がみえる。一件は元右衛門を中心とした金銭出入であったとことがうかがえるが、詳細はやはり不明とせざるをえない。

元右衛門の出奔先は大坂であったと伝えられており[34]、法泉寺の「最古過去帳」にも、元右衛門の妻と思しき女性が寛政元年に「大坂ニテ死」とみえる。しかし元右衛門本人は同帳に寛政三年（一七九一）一〇月二日没と記載されているから、晩年は村（ただし石見）に帰住していた可能性もある[35]。少なくとも、当初共に出奔したとみられる息子宗助（「惣助」等とも表記）は、寛政七年に「石見村庄屋勘助隠居家」を借りて「米屋」を営んでいる。[36]
なお、「庄屋勘助」は小野一統の一つ勘兵衛家であり、宗助の石見村帰住には、小野一統の力が作用したものとみられる。宗助は元右衛門出奔以前の「日記」にみえ、大島直方・直良とも面識があった[37]。ゆえに米屋宗助が元右衛門の息子であることは、村では周知の事実であったはずである。宗助が帰村後に隣村井ノ内村の瀬兵衛へ差し出した借用証文中にも「親元右衛門兄弟沾段々高恩預り」との一節がみえ、素性自体を秘匿している様子はないし[38]、大島家の「日記」には、享和三年一一月六日に大島直良が法泉寺へ新住職就任祝を持参して料理と酒を振る舞われた時、法泉寺で同席した五人の中に「惣介隣家小野元右衛門跡也」がいたことが記されている。しかし宗助は出奔人たる元右衛門家を相続することはできず、建前上新参者の米屋宗助（通称米宗）とされていたようである。

表2　近世後期の村役人

天明7年(1787)

村庄屋	仁右衛門
村年寄	太郎右衛門
庄屋	利右衛門
庄屋	庄右衛門
庄屋	源右衛門
庄屋	市郎兵衛
庄屋	藤兵衛
庄屋	弥左衛門
庄屋	半兵衛
庄屋	平左衛門
庄屋	五郎右衛門
庄屋	与兵衛

寛政3年(1791)

(庄屋)
藤兵衛
徳右衛門
利右衛門
源右衛門
勘右衛門
庄右衛門
喜右衛門
五郎右衛門
惣左衛門
半兵衛
清二郎
杢兵衛
喜兵衛
喜介

文化15年(1818)

領主	庄屋
禁裏御料	甚右衛門(兼帯)
仙洞御料	甚右衛門(兼帯)
富小路家	忠右衛門
持明院家	庄右衛門
中御門家	杢兵衛
大炊御門家	仁兵衛
竹内家	武右衛門
正親町三条家	弥左衛門
白川家	林右衛門
甘露寺家	茂兵衛
二采女	勘右衛門
戒光寺	清次郎
大炊道場聞名寺	喜兵衛
因幡堂平等寺	源左衛門
花開院家	市兵衛
善峯寺	与兵衛
(上里惣代)	林右衛門
(石見惣代)	杢兵衛

出典：天明7年7月「乍恐口上覚」(大島家文書C13)、寛政3年11月「乍恐奉願口上書」(同C18)、文化15年4月7日「乍恐奉願口上書」(同C23所収)。

また、元右衛門が法泉寺で「貞松院重窓玄信居士」として葬られている事実を容易に見過ごせない。同寺檀那のうち、院号が付されている者はほとんどなく、[39]小野一統で院号が付けられているのは、出奔した七代元右衛門ただ一人である。彼が小野一統により、何らかの特別視を受けて葬られたことは確実である。種々の経緯からも、元右衛門の出奔が、庄屋不正をめぐる騒動とは、全く異質な事件であったことは確かであろう。

とはいえ、元右衛門一件の結果、世襲庄屋たる小野家は断絶し、「八御本所様庄や役」は、主に元右衛門時代の株年寄たちによって分割され、同村の株庄屋数は著しく増加した（表2）。こうして突如始まることになった、多数の株庄屋たちによる村落運営は、すぐに混乱を呈することになる。

三　文政期の村方騒動と庄屋利左衛門の再登場

（一）　六右衛門一件と株庄屋たち

元右衛門の出奔後、石見上里村の村役人たちは、たちまち意見の不一致を露呈させて混乱し始める。やがてその責任は、元右衛門時代の村年寄で、出奔後村庄屋とされた仁右衛門（富小路株）や、村年寄太郎右衛門（因幡堂株）らへと向けられていく。[40]

寛政元年（一七八九）、村の惣寄合において惣勘定が行われたが、元右衛門一件以降における事件で発生した村方諸入用の割掛方法[41]をめぐり大いに混雑した。四月一六日に行われた株庄屋の内寄合では「帳面之勘定」が行われたが、実際に行ったのは源右衛門（中御門家領庄屋）・利右衛門（白川家領庄屋）の二人だけで、それ以外の株庄屋、特に反対姿勢を示した四人は「旁ゟなかめ（眺め）候斗」で傍観を決め込んでいた。一九日の惣寄合では、内寄合で「〆揚ケ候帳面」が村方に示されたが「見聞毎ニ算用間違」が発見される有様で、得心するものはなく、すべては仁右衛門の「取斗ひ悪し」きためとされ、結局銀壱貫六五六匁余が仁右衛門の「丸かづき」（全額負担）

となり、その上仁右衛門は「取込いたし候段不調法」との一札まで書かされた。同日の寄合では太郎右衛門も「初ゟ平誤り」し、源右衛門や利右衛門も「村ゟ大ニ悪言」され、寄合の場は「殊外騒動」となった。

寄合に一人の百姓として参席した大島直良は、この場で村役人等に対し「口論之必頭（筆）」に立ち、「口利キ対言いたす人々」がいたことを記し、この出銀について騒動となったのは、富小路家百姓次兵衛・藤左衛門・忠右衛門の「智略」であったとまで述べているが、これは後に騒動を起こす彼らに対する、直良の回顧的伏線的記述である。

しかし元右衛門一件の後、急速に「我意」を振るい始めたのが、この三人を中心とする富小路家株百姓一派であったことは確かであった。天明八年（一七八八）には、富小路家庄屋藤左衛門・同百姓次兵衛・忠右衛門・弥二兵衛らは富小路家の贔屓により、帯刀御免や御紋付提灯の下賜を受けた。仁右衛門と太郎右衛門は、「彼等追々威勢はり候てハ村方附合等も宜からす」と、その帯刀を差し止めようとしたが、忠右衛門らは「一向聞入す、武辺ニ出て相手ニ成へし」と強硬な姿勢を示し、逆に村方が「帯刀之儀、村方ニ於て少も差支無之」とする詫証文をとられ、その増長を促進する結果となった。富小路家による帯刀許可は、かつて藤左衛門の父藤兵衛にもなされたが、その時は元右衛門によって差しとめられていたという。しかし仁右衛門らには元右衛門のようにこれを差し止めうる「威勢」はなかったのである。

仁右衛門の後、村庄屋役は富小路家庄屋藤左衛門が務め、寛政三年頃から享和三年（一八〇三）まで一貫してこれを務めたことが確認できる[42]。しかし文化六年（一八〇九）「日記」正月一九日条には、「昨日村庄屋小庄屋初参会ニ而、村役輪番持之所、矢張利右衛門へ可相勤旨治定」との記事がみえ、藤左衛門以後の村庄屋は、株庄屋らの「輪番」体制となり、化政期以後は原則一年程度での交代となっている。短期間で交代する村庄屋の影響力・指導力が、さらに低下したことはいうまでもない。

文化一五年正月の惣参会[43]では、当時の村庄屋（上里惣代）林右衛門退役後の村庄屋について、「十二人年寄仲間」（上里村居住の株庄屋か）での「年番」制や、「利右衛門、源右衛門、弥左衛門、藤兵衛、弥兵衛」の五家を「惣代持家」と定める案が出されたが、いずれも「不承知」であった。その理由を大島武幸（直良の子）は、「座之家斗ヲ定ル故、非座方ゟ不承知」であったと記し、「非座方」、つまり非村役人層（村役人になれないのではなく、この時点で村役人を務めていなかった家と解釈した方がよかろう）の不満があった。また株庄屋らも「村方ニ而壱人ニ而茂不承知人有之時ニハ未（不）レ勤ラ故ニ、村方惣得心有之ル処ニ而役可持様」と述べ、後で紛擾の原因となるような、村方の総意が無い状態での村庄屋就任を嫌い、村内の不一致を意識して、内心その役を忌避し始めていた。結局直良が「小役中ニ而廻り持」を提案し、最終的に「当年ゟ廻り持之始として林右衛門ゟ」始まることとされ、退役を表明していた林右衛門は、この年も村庄屋役を務めることになった。なお、林右衛門は富小路家株百姓で、仁右衛門の息子である。

かかる村役人をめぐる混乱の中、藤左衛門の死後富小路家庄屋となっていた忠右衛門は、次第に我意を振るって村方との対立を深めていた。それは文化一五年四月に至り、「六右衛門一件」と呼ばれる村方騒動として表面化する。すなわち富小路家庄屋を除く残り一五株庄屋が、富小路家庄屋忠右衛門の「我意」を糾弾し、その庄屋役の罷免を図ったのである（第二章参照）。しかし忠右衛門は富小路家の庇護を受けていたため、村方は同家へその庄屋役罷免を要求できなかった。そこで村方は、忠右衛門が正親町三条家・中御門家両家に帰属する株百姓六右衛門家（当主の死によって事実上潰百姓株化していた）の買得によって、両家領では「六右衛門」という名前で宗門帳に記載され、百姓役を務める「壱人両名」であったことを糾弾材料とし、両家の百姓「六右衛門」が、「忠右衛門」と名乗って富小路家株庄屋となり、我意を振るっていると主張して、正親町三条・中御門両家へ訴状を提出し、やがて京都町奉行所への出訴にまで至る。忠右衛門としての弾劾が不可能であるため、六右衛門という側面から攻撃したのである。

しかし訴訟における村方一五株庄屋たちの結束の脆弱性は、一件発生当初からすでに露呈しつつあった。村庄屋林右衛門は一件発生直後に再び退役を表明、他の株庄屋らも、富小路家の庇護下で「強気」な忠右衛門（＝六右衛門。本章では行論上忠右衛門と統一表記）を恐れ、ほぼ全員が「弱腰」であった(44)。また文政二年以降、忠右衛門側からの賄賂によって中御門家が百姓「六右衛門」に暇を遣わして係争から中途離脱したことで、忠右衛門＝六右衛門が、正親町三条家百姓か富小路家百姓かという、領主間での百姓帰属問題へと発展すると、事実上無関係となった他の株庄屋らは、訴訟継続に消極的な姿勢をみせ始め、町奉行所からの召出しには「面々所労、或者勝手を申立、代人斗ニ而罷出」る有様で(45)、その場凌ぎの返答・対応に終始した。株庄屋達は町奉行所与力や雑色を度々激昂させながらも、かかる対応を繰り返し続けたのである。

正親町三条家家来の立場から村と同家の間を取り持っていた大島直良は、訴訟の長期化や混乱を「家領庄屋太兵衛（正親町三条家株庄屋）どんさく（鈍作）故、か様ニ相成り候」と主張する他領株庄屋たちに業を煮やし、「始願之もよふしも、先役弥左衛門（正親町三条家前株庄屋）斗致し候事ニ非ズ、左候得ハ、始一統ニ善キ時ニ者一統ニ行キ」ながら、都合が「悪敷時ニ者家領庄屋斗ヲ罪ニ落し、高ゟ見而居ル存心」なのかと、株庄屋たちの面前で怒りを露わにしている(46)。

このように、株庄屋らは自株の利益と自身の地位の保全を図る利己的な面が強く、村方として忠右衛門らに対し一致した行動を取れなかった。畢竟、村方は一五株の寄せ集めである上に、主導する人物も不在であるため、常には一致した行動をとれなかったのである。それは殊に外交手腕（役人への菓子料（賄賂）等の判断など）において、忠右衛門一派の後手に回っており、当初味方であった中御門家雑掌座田若狭介さえ、菓子料を渋ったために忠右衛門方へ寝返るなど、明らかな村方の失策も目立つ(47)。

訴訟自体は「六右衛門」を自家百姓と主張する正親町三条家と、騒動の終結のみを模索する村方との間で意見・目的の不一致が生じたことで停滞・長期化した。文政六年に当事者忠右衛門が死去した後も容易に終結には至らず、様々な事件を併発させた。結局疲弊しきった両者の和談により、ようやく騒動が終結したのは、訴訟開始から約八年を経た、文政九年七月のことであった。

（2）庄屋利左衛門の再登場

元右衛門一件後、大島直良は次第に医師としての活動を活発化させていくようになる。村役人層の家が、村内での家格の維持・向上や優越的地位の確保のために、医師活動を開始する例は、他地域でも多く指摘されている。[48] 大島家の医師活動も、こうした事例の一つとみなしえよう。また同家は元右衛門一件以前から手習師匠としての活動も確認でき（第五章）、村政や経済的側面での地位低下後、かかる活動から村内での地位確保を図っていたといえる。特に享和期頃から確認できる直良による自村と周辺諸村における往診活動は、往診途次に地域の情報を獲得する手段ともなった。また村内での変死人発生時、村役人が医師の側面をもつ大島家に隠蔽協力を依頼する、といった場面もみられるようになり、医師活動は村内での大島家の存在感を増し、地位向上策として効果的に作用したとみられる（第六章・第七章）。また、先の六右衛門一件は、従来から正親町三条家との関係をもつ大島家が村内での立場を上昇させる契機ともなった。一件当初、直良自身は「万一不行届之義候者、拙者壱人罪ヲ引受御咎メを蒙るへし」とまで述べており、[49] 訴訟における忠右衛門排斥に、強い覚悟と意欲を以て望んでいたのである。

混乱期における一連の行動によって、村方の信用を次第に回復・向上させたことは、大島家が再び村役人となる道を開いたと考えられる。

かくして天保四年（一八三三）、直良の息子直珍は、大炊道場聞名寺領の株庄屋に就任し、重賢以来久々に

「庄屋利左衛門」が復活した。なお、直珍（大島家）は、大炊道場聞名寺では百姓「利左衛門」と名乗りながらも、正親町三条家家来としては大島数馬と名乗る壱人両名の形態であったが、この壱人両名は以前から領主側からも暗黙の了承がなされており（もちろん公認ではない）、庄屋就任時には一応聞名寺役者からも了承を受けている。もっとも、利左衛門と正親町三条家家来大島数馬は、一切関係のない全くの別人として扱われており、同寺領での直珍は、苗字も名乗らない百姓「利左衛門」の名で宗門帳に記載される百姓身分であった（第四章）。

大島家は、直良のほとんどその一生をかけた活動により、再び村政上の地位を回復した。しかし「庄屋利左衛門」とはいっても、元禄期の庄屋利左衛門であった重賢とは異なり、直珍は数多の株庄屋の一人に過ぎなかった。しかも直良本人は、この時すでに七〇歳を越え、この前後より省斎と号して隠居生活に入っていた[50]。直良は、自家の復権によって村内を統制することを志向したものの、ついにそれをなしえなかったのである。このままならぬ現実の前で、直良の鬱屈した感情は過去へと向かい、「家記」の編纂・記述の中で、その意識が表現されることになる。次節ではかかる意識についてみてゆくことにしよう。

四　過去の回顧と現実

（一）　庄屋「威勢」への批判

文政七年（一八二四）成立の「略誌[51]」は、筆者直良の跋文によると、養子となった安永九年八月（一七八〇）から、「日記」を書き始めた天明五年（一七八八）までの「日記無之」期間に見聞した自家や村内の事件を記すという、日記空白期間の補完が目的であったという。実際に直良自身が見聞した事件を記述した史料であり、文書・記録の整理を軸として家と村の歴史を再構成した「家記」とは、その目的・性質とも異なる。しかし「略誌」執筆当時膠着状態であった六右衛門一件による混乱を背景とする直良の主観が強く反映されており、忠右衛門らを後に村方騒動を起こす人物として伏線的に記述し、その関連記事は一部寛政元年に及ぶため、本来の目的から一部逸脱している。とはいえ、「日記」の補完が目的である以上、全くの創作的内容が入る余地はなかったと考える。

表3に「略誌」における元右衛門に関する記事を示した。「略誌」での元右衛門は、村に「下知」「差図」して川の浚渫を行い（①）、村人に高圧的な態度で証文も渡さずに金を借りようとし（⑤）、自分の意にかなわぬことや、旧来の村落秩序を乱すと判断した行為は、すべてその「威勢」の前に屈服させる（④⑦）。このような元右衛門を人々は「密に腹立」、「忌きら」ったが、「庄屋威勢ニ恐れ」て従っていたと、その悪玉振りが強調されている。

しかし元右衛門の村役人としての行動は、不正なものであったろうか。公儀役人に村庄屋として対応し、無事に乗り切った⑥⑪や、⑧のように村人の困窮をみて即座に救米を与える判断は、村の指導者としては適切な行動であろう。しかし「略誌」の直良は、元右衛門を好意的に評価する記述は一切なく、直良が感情を露わにするのは、元右衛門の悪玉としての側面を語る時だけである。「略誌」における唯一の肯定的表現は、第二節第一節で引用した箇所（①事件後半部分）での、「村方ニ於て善キ事も有れハ又不可事も儘有之」という微妙な表現に留まっている。

つまり「略誌」執筆時点での直良は、六右衛門一件がなお終結しない中、もはや過去の存在となっていた世襲庄屋小野元右衛門の「庄屋威勢」による悪玉振りを強調することで、かかる混乱の淵源を元右衛門に求める意識があったのである。

表3　「略誌」にみえる小野元右衛門

	年　月	内　容
①	天明元年正月	「小野元右衛門下知」による村方一統の小畑川浚渫。
②	同年　夏	「権威を以て大なる樫木を所望」し、「かけや（掛け矢）弐十丁を造らせ、村道具として自宅ニ掛置」。
③	同年8月	村方元服振廻。新参者金蔵の若者仲間加入を、その養父竹屋茂右衛門が元右衛門の威を借りて強行する。「銘々ニ怒りけれとも、当時元右衛門之勢ひニ逆ふもの一人もなく、皆々無念なから金蔵を仲間へ加へ」た。
④	同年7月	六斎廻向において、子供の太鼓打が先に源左衛門宅へ行ったため、元右衛門が「我か所を跡にいたし候との憤り」。これに対し「若頭分等、庄屋威勢ニ恐れ候故、一言之闘言を申ものなく、平伏して誤り入」った。
⑤	同年12月	元右衛門は利右衛門に3貫目の銀子借用を申出る。利右衛門は「逆意を恐れ、実ニ難義とハそん（存）しなから承知」。銀子を持参すると、元右衛門はこの程度の銀子に質物証文は必要ないと答えたため、利右衛門は質物証文なしには貸せないと「大ニ当惑憤逆し」立ち帰った。
⑥	天明3年4月	町奉行らによる藪地見分。「元右衛門才覚を以て菓子料内々ニ而数多つかひ事ゆへなく相済」、この時大島家は元右衛門から藪地の記録の有無を尋ねられたが、「かし与へ候へハ再ひ帰り不申候事故、無之由答申候」。
⑦	同年7月	長岡天満宮へ同村藤左衛門や喜助らが苗字を記載して算額を奉納。元右衛門は「由緒なくして猥りニ性名を書記す事甚以て身を高ぶるの次第、言語道断」とし、算額から姓名を削らせる。その際「藤左衛門を嘲哢いたし候様之多言有之候故、藤左衛門密に腹立いたし候へ共、当時の元右衛門威勢を恐れ其儘ニて相治り申候」
⑧	天明4年2月	米価高騰により困窮者が多く発生、元右衛門は「各分限相応ニ出米」せよと「各人に割付」けて「貧家へ借し与」えた。同年10月の返済時には、特に困窮していた3、4軒には返済を求めず、その他の家からも3割引4割引にして取立て、出米者に返済した。
⑨	同年11月	大島家に出入りする与介が不如意につき頼母子興行。元右衛門は入講せず。これを直良は「当家へ出入候ものハ、元右衛門を忌きらひ偏執之意地有之」ためだとする。
⑩	同年12月	元右衛門、堂ノ上山の立毛を売却。買い受けた木屋仁兵衛が証文を求めたところ、元右衛門は「手形ニ及ふ事ニも非す、不承知ならハ銀子ハ返すへし」と「憤怒を発して頭がちに」言い放つ。仁兵衛は仕方なく「然らハ正月晦日限り」と約して帰った。
⑪	天明5年5月	石見上里村の新右衛門が村に「空地荒地等数多有之」と新田開発人に密告したことで、新田開発人らが見分に訪れる騒動となる。元右衛門の対応で無事に済む。新右衛門は村追放となる。

（2）美化される元右衛門像

大島直良は「家記」で自家の先祖について評論し、重賢について「余按ルニ、重賢ノ人トナリ慈仁ニシテ然モ勇ナリ（中略）生涯ノ勤功挙テカゾエ難シ、多クハ是村ノ為、人ノ為、家ノ為ニス、皆労心ノ絶ルコトナシ（中略）予謹テ其勤功ヲ称シテ後世家務ニ怠ルコト無ラシメン為ニ茲ニ誌ス」と記し、強い尊崇の念をみせる。

逆に直良同様に他家からの養子でありながら、家計を傾けた直武には憤激を隠していない。「先祖ヲ誹謗スルニハ非レトモ」と前置きしつつも、次男宗直を御厨子所預高橋若狭守家へ養子縁組させた際に、多額の借財を抱えたことを「何故ニ一人ノ次男ニ愛慈ヲ施スコトノ甚キヤ」と憤り、「養家ノ為ニハ愛私ヲ遠ケ、義ヲ以テ家名ヲ嗣ベシ」と痛烈に批判、「一タビ養家ニ至レバ養家ノ光リヲ増シ、後孫永々繁栄シテ先祖ノ祭祀ヲ絶ツコトナカラシメ、錦ヲ着シテ故郷ニ遊フヲ以テ規模トスベシ」と主張する。それは同じく養子たる直良自身の覚悟・理想でもあろう。直良は「村ノ為、人ノ為、家ノ為」を一体の「家務」と認識し、それに尽力した重賢に自身の理想を見、「後孫永々繁栄」させることを目指した。そのためには重賢のように村の指導者となる必要性を認識し、低下していた村内における自家の地位向上を志向したのである。

しかし現実には、元右衛門一件の事後処理で「役目望」への「疑心」から「村はづし」の憂き目をみ、六右衛門一件では指導力を発揮しようとしつつも、利己的な数多の株庄屋たちを前に、それを統制しえない自家の指導力の弱さを痛感させられることになった。六右衛門一件落着後も、村方は数多の村役人層を中心に、常に意見の不一致をきたし、それを統制・主導しうる存在は、ついに現れることがなかったのである。

直良は文政一二年に領主・百姓を含めた社会全体の変化について、「扨々上下一等人気も段々移り変り、九四十年已前トハ抜羣之違ひ也、嗟呼可哀之事也」[52]と嗟嘆している。ここで直良が思慕した「九四十年已前」――即ち寛政元年以前――とは、直良が養子として大島家に入家した時代、何より彼が悪玉として嫌悪した庄屋元右衛門が存在した時代ではなかったか。なぜ天明期が嗟嘆すべき現在との比較対象たりえるのか。それは直良が、「略誌」執筆時とは異なる元右衛門像を、形成しつつあったためである。

その意識は、唯一直良が「略誌」「家記」両方で詳細に記述した天明の空地開発騒動（表3⑪）に表れている。「略誌」は自身が見聞した事実内容の記述に終始し、何らの所感も記されていないが、「家記」はこれを次のように記述し、過去の事件について、その認識を再構成している（傍線は引用者による）。

> 三月[53]、江都ヨリ西岡エ開発人秋月詞市郎・安藤七兵ヱト云二人来レリ、私カニ聞クニ、京中ニ除地空地芝林ノ無年貢ナル所ヲ方々聞合セ、間竿ヲ入ル由（中略）右両士ニ小堀家ノ役人都合上下十四五人斗来リ、東山四方ノ界ニ杭ヲ入（中略）其他皆杭ヲ打、界目ヲ改ム、村庄屋元右衛門、小庄屋中ヲ引連レ出対談ス、先ツ山ノ方ハ東山始メ、西山悉ク善峰小物成年貢ト申立ル（中略）又岩見ノ芝ハ井内・今里ト三ヶ村立合場ニテ、両村々役・小役数人、両士ノ前ニ出ツルト雖トモ、権威ヲ恐テ速ニ申開ク者ナキニ、元右衛門勝レタル利口発才ノ人物ナレハ、一人シテ諸向皆返答ニ及フ、両士或ハ和カニ或ハ怒リ、元右衛門ト詞戦ヒ、終ニ一寸之地モ竿ヲ入ルコト叶ハズ、無事ニ相済、両士大坂エ下ル、又大坂ヨリ元右衛門ヲ呼フ、五六日滞留ニテ事相済ト云々、此事三月ヨリ六月初旬ニ至ル、秋納ノ時分、村中エ右雑用割付ヲ申付ル、源右衛門・与右衛門・藤兵衛抔ハ米一石ツヽ、夫ヨリ八斗七斗三斗一斗位迠割付タリ、異儀ナク集ル（後略）

ここでの元右衛門は、「小庄屋中ヲ引連レ」て多勢の新田開発人ら役人に対応し、役人の「権威ヲ恐テ速ニ申開ク者」もいない中、堂々と「一人シテ諸向皆返答ニ及」び、役人と「詞戦」う豪胆な村役人として生々しく描かれる。そして「勝レタル利口発才ノ人物」たる元右衛門は新田開発人らを論破し、「終ニ一寸之地モ竿ヲ入」させず、新田開発を阻止したのである。新田開発人からの呼出にも、元右衛門は自らが出向き、五、六日の滞在で、すべてを無事に終わらせる。そして村人の持高に応じて入用金を割り付ければ、それは直ちに「異儀(議)ナク集」ったのである。

「家記」における元右衛門についての具体的記述は上記のみで、これ以上直良は何も語らない。しかしかつて悪玉と位置づけた元右衛門を、「勝レタル利口発才ノ人物」と賛美するこの記憶の再構成には、実に多くの重要な要素が含まれている。ここに記された元右衛門の、数多の株庄屋を「引連レ」、村入用を「異儀(議)ナク集」める統率力、役人に対しても物怖じしない胆力、代人を立てず自ら先頭に立つ率先力は、元右衛門一件以降の株庄屋たちには等しく、そして著しく欠如していた能力でもある。つまり「家記」の元右衛門像は、元右衛門出奔後の村役人達と対比の中で、指導者としての能力を悉く具有する理想的村役人像として描かれている。それはままならぬ現実に直面した直良が、かつて株庄屋たちを束ね得ていた元右衛門を肯定的に回想し、現実との対比を通して、自らの理想をも投影して創り上げた、「勝レタル利口発才ノ人物」たる「村庄屋元右衛門」、という虚像なのである。

直良が右の史料で元右衛門と対照的に描写した元右衛門に「引連レ」られる「小庄屋中」とは、元右衛門出奔後事後処理にあたった「小庄や衆」である。直良は重賢のように「村ノ為、人ノ為、家ノ為」に自家が村の主導的立場となることを理想として抱きながらも、元右衛門のように「小庄や衆」を「引連レ」て統制することはできなかった。かくして村落変容の現実に直面した直良が抱いた一種の諦念は、かつて擅断者として自らが非難した元右衛門を、「勝レタル利口発才ノ人物」――理想的村役人として虚像化し、帰らぬ過去を美化する消極的回想をなさしめるに至ったのである。

(3)　渦巻く「庄や之臨」

天保三年（一八三二）、大炊道場聞名寺領株庄屋喜兵衛が退役した。(54) 日損凶作時の引をめぐり、同領出作百姓らから激しい突上げを食らったのが原因であるという。その退役後庄屋となった大島直珍（利左衛門）はその経緯を記した後で、次のような見解を示している。

> 右之次第相成候事ハ、天明末年（七年）より当年迄之内、年々取込も致居候故、何成共言立、銘々ニ庄やたくり（手繰り）勤ル了見（ケン）之物共斗也（中略）夫より岩見村出作銘々庄や之臨（望）も有之候故、段々地頭江成込（鳴）色々申立、冬より明癸（天保四年）巳之春迄混雑いたし有之候事

「天明末年（七年）」とは、もちろん元右衛門一件のことを指していよう。父直良の影響を多分に受けたためでもあろうが、文化五年（一八〇八）生まれの直珍も、天保三年からはすでに四五年以前の元右衛門一件が、石見上里村における一連の騒動の起点として認識していることがわかる。

ここで村内百姓を「何成共言立」て、「庄やたくり勤ル了見（ケン）之物共斗」だとする非難は、醜い「庄や之臨（望）」を目の当たりにした悲歎であるかにみえる。しかしそのような状況下で結局庄屋となったのが直珍自身である以上、到底客観的観察とはいえない。直珍は直良同様、自家が庄屋たるべきと考える正当性意識に立って観察しているが、他の「庄や之臨」を抱く者達からみれば、大島家も「庄やたくり勤ル」一人にしか映らなかったであろう。

年貢収納を執り行う株庄屋を「たくり勤ル了見（ケン）」がある一方、株庄屋たちは元右衛門出奔後、難しい村内統制を担い、訴訟では矢面に立たされる村庄屋役を、割に合わない役目として忌避し始める。天保一三年には株庄屋の一人となっていた直珍も「役中一統」から二度も村庄屋役を依頼されるがこれを拒絶し、結局村は後役を選定できず、一度は退役が決まっていた「先役両人」が仕方なく引き続き務めることで決着している(55)。

直珍は自ら村庄屋役を引き受けることはなく、村政主導をめざした形跡もないが、株庄屋役は明治初年まで務め続けた。村を統制主導しえない現実を踏まえて村庄屋役を忌避しながらも、一株庄屋役を保持することで村内での一定の影響力をも保持しようとする直珍の行動は、他の株庄屋と全く同様である。最終的に大島家も、直良

がかってあれほど軽蔑した「小庄や衆」の一人となるという、妥協的現実的行動を選択したのである。

以上、限定された側面からではあるが、石見上里村における村落変容の過程と実態、およびその変容の中での大島家の意識・行動を、理想と現実の行動の両側面から具体的に明らかにした。

一六〜一八相給であった石見上里村では、利害の異なる数多の株庄屋が存在し、村役人層間での意見不一致が常に問題となった。とりわけ八庄屋役を掌握していた小野伝左衛門（元右衛門）家による主導・統制がなくなると、村落運営をめぐって多数の株庄屋たちの利害が交錯し、それは六右衛門一件に代表される村方騒動をも引き起こした。田中丘隅は『民間省要』において、「夫郷村の内ニ名主・庄屋多有所ハ、縦ハ国ニ大将多かことし、諸法度しまらす、公用不弁、少の事ニも百姓相分レて公事出入起る物なり[56]」と、多数の村役人が存在する相給村落内部の問題を指摘しているが、石見上里村は、いわば数多の「大将」（庄屋）を束ねていた、総大将ともいうべき元右衛門の喪失によって、まさに丘隅のいう「少の事ニも百姓相分レて公事出入起る」状況へと陥っていったといえよう。

村内での地位向上を理想として抱いていた大島直良は、自家の村役人復帰によって主導・統制を実現しようとしたが、村落社会の変容と現実に直面し、その理想との矛盾を痛感することになった。その満たされぬ現実の中で作成されたのが「家記」であり、過去の回想と歴史の再構成をすることで、自家の村内における優越性や正当性を主張した。しかし一株庄屋ながら村政へ復帰した大島家が取ったのは、みずからの地位保全のために村庄屋を忌避するという、他の株庄屋と同様の現実的妥協的行動であったのである。

（1）久留島浩「百姓と村の変質」（『岩波講座日本通史』第一五巻、岩波書店、一九九五年）、同「村が由緒を語るとき」（久留島浩・吉田伸之編『近世の社会集団』、山川出版社、一九九五年）。

（2）近年由緒論をめぐる先行研究は多いが、本章に関わる研究として、井上攻『由緒書と近世の村社会』（大河書房、二〇〇三年）、白井哲哉『日本近世地誌編纂史研究』（思文閣出版、二〇〇四年）、桑原恵「地域史の叙述と自己形成」（平川新・谷山正道編『近世地域史フォーラム3　地域社会とリーダーたち』、吉川弘文館、二〇〇六年）、岩橋清美『近世日本の歴史意識と情報空間』（名著出版、二〇一〇年）等をあげておく。

（3）大島家文書K1。

（4）たとえば渡辺尚志『近世の豪農と村落共同体』（東京大学出版会、一九九四年）、『近世村落の特質と展開』（校倉書房、一九九八年）、『豪農・村落共同体と地域社会―近世から近代へ―』（柏書房、二〇〇七年）等。

（5）以下大島家文書、池田家文書（京都市歴史資料館所蔵紙焼写真Nk35）、善峯寺文書（同Nk25）、法泉寺文書（同Nk30）を使用。特に近世後期の状況は「日記」による。

（6）以量の没年は明応五年（一四九六）であり（橋本政宣『公家事典』、吉川弘文館、二〇一〇年）、享禄元年（一五二八）生まれとされる宗昌の父とみることはできない。さらに「家記」記載の系図は以量の父以盛を宗昌の父としており、本文記述と系図が齟齬している。

（7）同村には村持の草山二か所と、法泉寺・利左衛門・伝左衛門それぞれが所有する三か所の小松山があった（延宝七年六月「山城国乙訓郡上里村検地帳」（大島家文書G4）、元禄一一年四月「山間数書付覚」（善峯寺文書）、年不詳「覚」（大島家文書B79）。また、伝左衛門は蔵入地に一筆で五反七畝歩におよぶ広大な田地（中田、見取場）の所持も特筆される。

（8）宝暦三年八月一九日「申渡之覚」（法泉寺文書）。なお、石見居住の作左衛門・勘兵衛・平左衛門の三家と、上里居住の伝左衛門・庄左衛門の五家が小野一統と呼ばれた。「家記」元禄一二年条によると、石見三家は「別格」で「村ノ諸役」を免除される特権を有し、元禄一二年に村方は彼らの「村並ノ諸役」の負担を求めて出訴したとされる。「最古過去帳」（法泉寺文書）は、小野氏の祖を文禄二年没とする。

（9）康永三年一〇月「寂照院仁王像胎内納入結縁交名」、永正一〇年八月晦日「三鈷寺散在納帳」（『史料京都の歴史』第一五巻西京区、平凡社、一九九四年）。

(10) 年欠「覚」(大島家文書G34)など。内容から貞享元年と推定。八庄屋役の詳細は後掲表2参照。
(11) 法泉寺文書。おおむね寛永頃から化政期頃没の者までを記す。
(12) もとは上里村金輪寺の檀那であったが、同寺が慶長一四年に焼失して以降、鶏冠井村南真経寺の檀那となったという(「家記」慶長一四年条)。
(13) 元禄一二年二月、御奉行様宛「乍恐口上書を以申上候」(大島家文書C3)、元禄一二年二月、小堀仁左衛門宛「指上申口上書」(同C4)。何れも譲状の記載田地をめぐる問題について、町奉行所や代官からの糾明に対し、重賢が返答した史料。重賢にとって不利な内容となっている。
(14) 御厨子所預高橋氏。宗直(高橋図南)の出自は、宗政五十緒「高橋図南の出自――『近世畸人伝』私記――」(『あけぼの』八―一、一九七五年)がすでに公にしている。いうまでもないが、この養子縁組は「持参銀」による身分株の売買である。
(15) 大島家文書B36。
(16) 「家記」は宝永元年以降、正親町三条家の免割帳や勘定目録を別記しているが、元文三年以降はこれらの史料もなくなっている。
(17) 延享元年一二月七日「乍恐返答書」(大島家文書C7)。
(18) 年欠(元禄一三年)「覚」(大島家文書G34)、「略誌」(第四章で詳述)。
(19) 以下同事件は延享元年一二月二日「乍恐御訴訟」(「本郷枝郷訴状之写幷御裁許之写」、池田家文書)、同一一月二日「石見村ゟ之願書」(大島家文書C6)、註(17)「乍恐返答書」、丑二月「下総守申渡」(大島家文書A1)。年月日はママ。なお、本項に「家記」は一切使用していない。
(20) 安永七年四月七日「為取替証文之事」(今里区有文書、『史料京都の歴史』所収)、同「奉指上済証文」(大島家文書C12)。後者は直良が天保四年六月に筆写したもの。
(21) 「略誌」。同史料については第四章で詳述。なお、直良の実家は上久世村の湯浅家(岡本とも称す)で、実父は湯浅利政(岡本佐内)、利政の妻は大島直方の妹である。すなわち直良は血縁上直方の甥にあたる。
(22) なお、京都町奉行所への届出では同二五日に「家出」したことになっている(天明七年七月「乍恐口上覚」、大島家文書C13等)。

(23) このほか「城州乙訓郡上里村庄屋元右衛門藪地」は、天明八年五月に入札触が確認できる(『京都町触集成第六巻』一六二四)。

(24) かかる書き直しが行われているのは天明期の「日記」のみである。

(25) 大島家文書D2―8。直方あるいは直良の手になるとみられ、後年の編纂ではなく、事件当時の作成とみてよい。次節は注記のない限りこの史料による。

(26) 前掲註(22)「乍恐口上覚」。

(27) 年欠(天明七年)「乍恐口上」(大島家文書C16)、天明八年四月「一札」(大島家文書B44)。

(28) 前註「一札」。こちらは大島数馬ではなく百姓「利左衛門」名義で差し出している。第四章参照。

(29) 以下の両事件はともに寛政三・四年の「日記」による。

(30) 村の重要な帳面を保持することが村政上有効となる事例は他地域でもみられる。渡辺尚志『百姓の主張――訴訟と和解の江戸時代――』(柏書房、二〇〇九年)等。

(31) 前掲「密事控」。

(32) 現存する大島家文書には、延宝検地帳(原本)など、村の重要な帳面類も含まれる。「家記」の記述どおり直武の代にすべて小野氏に引き渡されたのであれば、延宝検地帳等、宝永以前の村の書帳面は、その後小野家より取り戻したと考えねばならないが、直武時代における「譲渡」の事実自体が判然としない以上、この事件との関係は不明。

(33) 天明七年五月一一日「田地高書附」(大島家文書G27)。表紙に「元右衛門所持」、末尾には「右之通附落ち等相違無御座候、以上、年寄仁右衛門　惣代市郎兵衛」とあり、また作成日や屋敷の位置からも、元右衛門闕所地に関する史料であることは確実である。

(34) 現当主・大島直良氏のお話による。

(35) なお、寛政三年の「日記」には元右衛門死去についての記事は見出せない。

(36) 寛政七年一一月三日「預り申一札之事」、同八年二月「一札之事」(石田政房家文書、長岡京市教育委員会所蔵

紙焼写真)。井ノ内村石田瀬兵衛は小野氏と懇意であったらしく、同家文書中には元右衛門や宗助からの借用証文が多数みられる。

(37) たとえば「日記」天明六年正月二日条に「小野宗介来臨、春礼なり」とみえる。

(38) 註(36)石田政房家文書。

(39) 前掲「最古過去帳」にみえる院号の付く戒名は、清左衛門家の先祖に二名あるのみである。他に小野家縁者として記載される大島家の人物四名が院号を有するが、同家はもちろん法泉寺の檀那ではない。

(40) この事件の記述は文政七年成立「略誌」(大島家文書D2―4)による。同史料については第四節で詳述。

(41) この諸入用は、①元右衛門一件の関係者で、出奔した富小路家株百姓善右衛門の跡である善兵衛を、村側が追放したことに関する富小路家への賄賂金入用、②土砂場の木竹購入・これに関連した土砂奉行永井日向守への詫願入用である。特に②が混雑しており、三月の惣寄合で村方・庄屋仲間・木屋仁兵衛の三分割負担と決まっていたものの、次の四月一二日の惣寄合で、平左衛門(大炊御門家領株庄屋)が庄屋仲間は出金しないと発言して、三分割負担が数日で撤回されるなど、統轄者不在による混乱がみてとれる。村年寄太郎右衛門も、「村ゟ取込之全議(詮)」が行われると「少も取込等之儀ハ無之、如何して間違候ヤ、併シ百目位之事ハ、本〆いたし候事なれハ可有之事」だなどと発言したため、「村方ゟ銘々口々ニ太郎右衛門之過言を咎メ」ている。なお、四月一二日は「十二日朝ゟ昼夜トモ十三日之夜ニ至リ評議未済」という状態であった。

(42) 前掲寛政三年～享和三年「日記」。

(43) 「日記」文化一五年一月二九日条。

(44) 石見村惣代杢兵衛のように、忠右衛門らに強い態度で臨んだものもいる。彼については終章で言及する。

(45) 「日記」文政五年九月八日条。

(46) 「日記」文政五年九月一六日条。

(47) 大島家文書C23(「六右衛門一件記録」、第二章註(8)参照)。第二章註(35)参照。これに対して、忠右衛門の息子である弥兵衛は、「官家方々へ立入」である「堺町御門之番之弟内藤衛守」に銀子二貫目を渡して工作活動を依頼、一条関白家諸大夫難波氏へ賄金を送るなど、裏工作は村方よりはるかに上手であった。

(48) 青木歳幸『在村蘭学の研究』(思文閣出版、一九九八年)など。
(49) 大島家文書C23。文化十五年四月七日、村方から正親町三条家に最初の訴状が提出された時、同僚である正親町三条家雑掌千葉主計に対して、直良が発した言葉である。
(50) 隠居後の直良については、本書付論を参照。なお「大島数馬」名義、すなわち正親町三条家家来としての家督は、天保元年に直珍が相続していた(『士族明細短冊』、京都大学法学部所蔵)。
(51) 大島家文書D2―4。
(52) 文政一二年「日記」巻末「当年諸物直段幷ニ当家勘定向手当テ、又諸方之変事等余紙任有之是を誌し置候事」。
(53) 「略誌」は天明の空地開発騒動を天明五年五月、「家記」は天明三年三月のこととする。後者が正しいようである。
(54) 以下本節は天保四年「大炊道場様諸雑勘定日記覚帳」(大島家文書D2―15)。
(55) 「日記」天保一三年正月二五日・二月五日・七日条。
(56) 田中休愚著・村上直校訂『新訂　民間省要』(有隣堂、一九九六年)一六一頁。もっとも、丘隅が想定したのは関東の相給村落であろうが、これは京都近郊の場合にも当てはまる。

第II部　大島家の変容

第四章　大島家の壱人両名――大島数馬と利左衛門――

壱人両名とは、一人が両つの名前をもっていることを意味する近世史料上の用語である。特に公的場面において、一人が同時に二つの名前を使用し、それぞれの名前で別人として別箇に領主や社会集団からの支配・把握を受ける、二重身分・二重戸籍的状態であることをも意味する。

筆者は壱人両名について、第二章で述べた百姓の壱人両名のほか、主に近世後期における身分・職分の分離の観点からこれを検討し、それが近世身分の建前と実態、ひいては近世社会の特質を解明する上で、重要な事象であることを指摘してきた(1)。普段は百姓「四郎兵衛」である人物が、神職としては「村上式部」と名乗る、あるいは八王子千人同心「小峯丹次」が、村では日常的に百姓「藤兵衛」の名で支配を受ける、といったように、百姓・町人であると同時に、苗字帯刀する士分でもあるという、二重身分的形態の壱人両名がみられた。こうした壱人両名には、様々な発生原因と形態があると考えられるが、現段階では、その個別事例の具体的分析と、その蓄積が必要不可欠である。

本章はかかる問題意識に基づき、山城国乙訓郡石見上里村に居住した百姓にして、堂上公家である正親町三条家の家来でもあった大島家の事例から、壱人両名の具体的検討を試みる(2)。近世後期の大島家当主は、正親町三条家家来としての「帯刀名前」である「大島数馬(3)」と、「百姓名前」の「利左衛門」という、二つの名前を同時に保有して使い分ける、壱人両名の存在形態を有していた。やや結論を先取りしていえば、大島家の壱人両名は、身分と職分の分離把握によって生じたものではなく、当初実在した二人の役割を、大島家当主が一人で果たす必要から生じたものである。そして明治初年まで、この〝両者〟が全くの別人として把握され続けたことに特徴がある。本章は大島家における壱人両名の形成過程、および二つの名前を使い分ける具体的実態を明らかにし、その壱人両名が行われた意味を考察したい。

一　壱人両名の形成

（一）石見上里村と安田（大島）家の概要

第一章で述べたように、大島家が所在した山城国乙訓郡石見上里村は、一六〜一八の公家・寺院等の領主による相給村落であった。京都近郊相給村落の特徴は、村内の土地一筆ごとに帰属領主が設定され、百姓も村内いずれかの領主に帰属し、その「株百姓」として支配・把握されたことにある。帰属領主を同じくする株百姓同士を「株」「株中」等と称し、株ごとの庄屋・年寄（株庄屋・株年寄）のもと、各領主への年貢夫役の負担が行われた（村全体の庄屋・年寄も存在）。各領主が支配できるのは自家の株百姓と土地のみである。株百姓の設定・帰属関係は維持安定が図られており、近世中期頃までに次第に固定し、明治期まで基本的に変更されることはなかった。

近世後期大島家の「日記」をみる限り[4]、大島家は同村領主の一つである大炊道場聞名寺領の株百姓利左衛門と把握されており、百姓「利左衛門」としては、聞名寺の宗門人別帳に記載されてその支配を受け、年貢夫役を務めていた。一方、「大島数馬」が仕えた正親町三条家（明治になって嵯峨と改号）は、堂上公家として摂家・清華家に継ぐ大臣家の家格を有し、家領二〇〇石、うち四五石を石見上里村に有する領主の一人であったが、利左衛門はその帰属百姓（株百姓）ではなく、両者には領主と株百姓という支配関係がなかったことには注意を要する。

このように支配構造は極めて複雑であるが、京都近郊相給村落では常態であって、同村のみの特異な状況ではないことを強調しておきたい。

天保期、大島直良が編纂した「大嶋氏家記」（以下「家記」[5]）によると、大島氏は元来安田氏を称し、天正年間に初代宗昌が村に来住したとの由緒を称する（第三章参照）。正親町三条家への出仕は元和二年（一六一六）、宗昌の孫昌重の時とされるが[6]、現存史料上明確に存在・活動が確認できるのは、元禄期の当主で、多数の株庄屋を兼帯した安田利左衛門重賢以降である（第三章図1の系図参照）。なお、大島直良は、寛政九年（一七九七）、正親町三条家より出仕開始時期について尋問がなされた際、「先祖安田庄左衛門宗雪（昌重）、慶長十四年后（ママ）慶安之間ニ被召出候」と回答している[7]。慶長一四年（一六〇九）から慶安期（一六四八〜五一）とは約四〇年の期間であり、正確な出仕開始時期は不明というのが事実であったらしい。

安田家の経営実態は、史料的制約から詳細を明らかにしえない。近世後期の大島家の経営は、主に自作地と若干の下作地からの収入を基本とし、天明期以降には村や周辺地域において手習師匠や医師としても活動したが、商業・金融業は営んでいない。持高は最盛期である元禄後期で二一石余、その後は経済的困窮もあり、近世後期には一〇石以上二〇石未満の持高であったとみられ、村内での経営規模は上〜中層と考えられる。「日記」からは、当主自らも家族や下男（年季奉公人、一人）と共に農耕に従事していることが確認できる。

直武〜直良の四代は、村役人を務めていないが、天明期の村の官途成では村役の次座に着しており、旧家として他の百姓より高い家格を有していたようだが、五人組にも加入する石見上里村の一百姓であって、年貢夫役の負担上も、他の百姓と何の差別も設けられてはいない。

（2）安田利左衛門の時代

元禄期の当主である安田利左衛門重賢は、正親町三条家知行所の年貢収納を担う在地「代官」としての性格を有していたとみられ、天和三年（一六八三）四月一一日、正親町三条家は次のような書面で、重賢に石見上里村同家領の「支配」を委ねている。[8]

覚

一高四捨五石　　石見上里村

右之御知行其方支配被致、其元ニ而則時之相場次第ニ売主借銀之方へ払可被申候、其上諸事百性方之儀、其方次第候間、能様ニ可被致候、為其如件

天和三年

いノ四月十一日　　正親町三条家

沢田喜兵衛㊞

安田利左衛門殿

すなわち委ねられた重賢の役目は、石見上里村正親町三条家領の支配、特に年貢米から「時之相場次第ニ売主借銀之方へ払」うこと、「諸事百性方之儀」を「能様」に支配することであった。実際の重賢の役目を検討できる史料は少ないが、「正親町三条少将様御代官　安田利左衛門殿」との宛名で、「鶏冠井村ニテ正親町三条少将様へ御納米之内」一三石の米請取手形を受け取っているほか、「正親町三条宰相家」の「安田利左衛門」として、正親町三条家台所入用銀借用証文の差出人ともなっている史料がある。[9]

しかし重賢は、元禄期の名寄帳等に「利左衛門」（「理左衛門」とも表記）の名義で田畑を名請する百姓としてみえ、[10]小入用帳や免割帳でも、他の百姓と一切区別なく「利左衛門」として扱われ、年貢・小入用を負担している。[11]領主や奉行・代官に対しても「上里村庄や　利左衛門」と名乗り、[12]その身分が百姓であったことは明白である。

延宝七年（一六七九）の幕領検地帳では「同村案内者　利左衛門」とみえ、[13]百姓として検地の案内者を務めて

いる。「家記」はこの時のことを、村庄屋小野伝左衛門が若年であったため「利左衛門百姓名前ニテ都テ村中ノ諸事ヲ司トル」（傍点は引用者、以下同）と、「安田利左衛門」を本名とする存在が、「百姓名前」＝「利左衛門」を使用したかのように記述している。また天和三年（一六八三）、正親町三条家へ用立てた台所入用銀の返済を巡り、重賢は「平松様・中御門様・泉涌寺様其外入組之百姓　上里村　利左衛門」として訴訟を起こしたが[14]、「家記」はこの事件についても「利左衛門無詮方百姓名前壱判ニテ（中略）訴詔（訟）ニ及」んだと、訴訟のため止むを得ず「百姓名前」を使用したかのように記述する。しかし重賢は訴状の中で「私纔之百姓之義ニ御座候へハ」と、訴状の常套句とはいえ、明確に自身を百姓と位置づけており、「家記」の記述は、「帯刀名前」と「百姓名前」の使い分けが確立していた直良の時代からみた、附会的解釈であるといわねばならない。

重賢は「正親町三条宰相家」の「安田利左衛門」として、役目上「代官」とも呼ばれたが、あくまで百姓身分であった。すでに「代官」と「百姓」という身分的二面性を有していたとはいえ、「利左衛門」の名前自体は共通しており、「帯刀名前」と「百姓名前」という二つの別名を保持して、厳密に別人として使い分け・演じ分けていたわけではなかったのである。

(3)「大島数馬」の獲得

重賢晩年の元禄末期、村では安田家と小野伝左衛門家との間で、村庄屋・株庄屋役をめぐって確執が生じた。重賢死後の宝永二年（一七〇五）、重賢の養嗣子安田彦五郎宗重はすべての庄屋役を辞して、村政から距離を置いた。以後、村政は次第に小野家の手へ帰すことになる（第三章参照）。

宝永期、宗重も村の水帳では「彦五良」と記載される一百姓だが[15]、宝永三年の「御差紙之覚」[16]では、「三条中納言家」の「安田彦五郎」として、上里村正親町三条家領庄屋三郎兵衛に対し、納米のうち一石を大工長兵衛へ支払うよう命じており、当初は重賢同様の地位と役目を継承していたようである。

しかし宗重の時代、正親町三条家への出仕形態は大きく変化する。その転機は宝永四年、宗重が正親町三条家の主命により「大嶋数馬立野直武」となって正六位上に叙せられ、同家の侍（六位侍）となったことである。[17]立野姓大嶋氏は右馬寮の地下官人の姓氏であり、[18]朝廷からの叙位通達も右馬寮官人大嶋右馬少允へなされ、廻礼も同人とともに行っていることから、宗重は形式上地下官人大嶋氏の猶子となった上で、叙位される手続を取ったと推測される。

これによって生じた直武の身分的変化は、息子直恒との関係から明らかにしうる。直恒は通称佐助、直武の遺言状では「大嶋佐助」とも記されるが、[19]村方では享保六年（一七二一）同村禁裏仙洞御料の御庭帳・免割帳・小入用帳に、他の百姓同様「佐介」（「左介」とも表記）と記載される一百姓であり、その年貢負担・小入用の割付は、他の百姓と変わるところはない。[20]しかし直武が健在であった享保六年の時点で、直恒が免割帳その他に記載されて捺印している事実は、百姓としては直恒が当主となり、直武が隠居していたことを示している。百姓が公家や寺院の家来となって帯刀人となる場合、本人は隠居した形をとり、百姓身分から脱することが多くみられた。[21]つまり直武＝大島数馬、直恒＝百姓佐助（利左衛門跡式）という状態によって、父子それぞれが別の身分となっていたのである。

もっとも、百姓株を相続人へ譲渡した上での身分移動は、公家家来等の帯刀人に限定された方法ではない。例えば天明三年（一七八三）、「山伏ニ相成度願」を出した備中国山ノ上村百姓武平次は、その「田畑家財等者、悴亀松江譲」ること、つまり百姓役を悴に譲渡した上で許容されているし、[22]寛政元年（一七八九）に「修験相成度願」を出した作州黒木村百姓平四郎は、「其身一生修験」となることは許容されつつも、「追而養子致し、跡相続候迄者」年貢上納を継続すること、今後「致養子候はゝ、百姓相続」させよと命じられている。[23]このような「百姓相続」を必要条件とした身分移動は、当初百姓神職の許容でも同様の方法がみられた[24]。つまり当人一人が百姓身分から離脱しても、その百姓役・百姓株は悴等の相続人に譲渡し、従来の年貢夫役の負担に支障をきたさないことが求められたのである。大島家の場合も、直武が六位侍として出仕しても、利左衛門名跡の百姓役を息子に相続させ、支障がないよう処理する必要があったのである[25]。

このように直武は正親町三条家の六位侍「大島数馬」として出仕したが、百姓としては建前上隠居しており、百姓としての側面は息子佐助の名義で勤めるという形態をとったのである。よって壱人両名による身分の二重化は、まだ発生していない。ただしこの「大島数馬」としての出仕により、これまで百姓として名乗ってきた「利左衛門」、および代々の苗字である「安田」と、正親町三条家来としての名義「大島数馬」が何ら共通性・関連性のない別名義となったことが、後に重大な意味をもつことになる。直武以降の大島家当主は叙位こそしないが、「大島数馬」（「員馬」とも表記）の名を代々襲名している（本姓としての立野姓も継承[26]）。直武が「大島数馬」、直恒が百姓「佐助」（利左衛門跡式）という父子の身分分割状況は、後に壱人両名を生み出すことになる。

（4）身分分割状況の破綻

寛政九年、京都町奉行所の帯刀人改に際し、石見上里村は大島直方について、次のように届け出ている[27]。

一城州乙訓郡上里村之内罷在候大嶋数馬

正親町三条殿御家来ニ而常帯刀仕候

右者享保六辛丑年十一月九日御改ニ付御届奉申上候、安永九子年五月御改之節御届奉申上候、始而出仕仕候節、年久敷義ニ付委細相分兼候

ここからは、石見上里村に在住する「正親町三条殿御家来ニ而常帯刀」の「大嶋数馬」として、享保六年・安

永九年（一七八〇）の帯刀人改でも、同様に届け出ていたことがわかる。

先にみたように、享保六年時点において、大島数馬と百姓佐助は、名実ともに別人であった。しかし安永九年の時点では、大島家内の男子は直方のみであり、父子による名義分割は不可能となっていた。事実直方は、次章でみるように、大島数馬と利左衛門の両名義を一人で保有する壱人両名であることが確認できる。同家の壱人両名の起点は、直方の代であると考えられよう。

もっとも、直方以降は、百姓としての生活との両立上、主家への常勤は困難となり、実態的には非常勤となっているが、寛政九年の帯刀人改でも、「大島数馬」は、百姓利左衛門に対して職分上限定的に帯刀が許容されたのではなく、「常帯刀」する常勤家来の格式で扱われ続けている。これは大島家当主が、百姓身分を脱した常勤家来たる直武の身分を相続したからに他ならない。

大島数馬が直武の代に百姓身分を脱した常勤家来として把握された以上、直方も大島数馬を相続するには、本来百姓身分からの離脱が必要であった。しかし相給村落である石見上里村において、「利左衛門」は大炊道場聞名寺の株百姓と把握されており、自家百姓が他領の家来となることを理由に減少する事態を、領主聞名寺が無条件に許容することはありえなかった[28]。また農業を中心とする生活が大島家の基盤である以上、百姓利左衛門の側面は当然維持継続されねばならない。それは株や村の構成員としても、当然果すべき義務であった。とはいえ、正親町三条家との主従関係は、村内で大島家だけが持つ特異な側面であり、その断絶は村内での地位低下（すでに村役人ではない以上、一介の百姓となる）をも意味したから、この関係の継続が希望された。正親町三条家にとっても、数少ない譜代の家来を失うことは、希望するところではなかったであろう。

以上のような理由から、正親町三条家家来大島数馬と、石見上里村大炊道場聞名寺領の株百姓利左衛門という、両者の保持が必要とされた結果、建前上は、以前からの父子の分割状況同様に、これを全くの別人として取扱いながらも、実際には一人の大島家当主が、両名義を保有して二つの役目を果たす壱人両名の状態が生まれたのである。それぞれの役目が個別に問題なく果たされるならば、従来どおり別人である、という虚構的建前を続けることを、主家や領主は否定しなかった。むしろ大島数馬＝利左衛門という一人二役による壱人両名によって、彼を家来と捉える正親町三条家、自家の株百姓と捉える聞名寺、百姓ではあるが公家家来でもあるという特異な格式を保有できる大島家、誰もが不利益を蒙らず、表面上は従来通りの支配関係を穏便に継続できたのである。大島家の場合、相給村落の複雑な支配状況が、壱人両名を生じさせる要因として作用したといえよう。

以後この形態は建前上秘匿されたまま、明治期まで継続される。具体的に大島家当主が二つの名前をどのように使い分けたのか、次章で詳しく検討する。

二　壱人両名の実態

（一）「大島数馬」の職務

こうして形成された近世後期の大島数馬＝利左衛門という二重身分は、実際の生活上、大島数馬と百姓利左衛門の生活とが渾然一体となっている。名義使い分け・演じ分けの具体的実態の前に、近世後期における大島数馬としての勤務内容について概観しておこう。

表1は、直方〜直珍による正親町三条家への「参殿」「出勤」状況を、大島家の「日記」天明五年〜文久元年の期間中から一三年分を抄出したものである。「日記」の現存状況と「参殿」「出勤」する当主の年齢・家族状況が異なる事例を示すことを考慮して、五〜一〇年程度の間隔を目安として選択した[29]。基本的には父子それぞれが出勤するが、当主の高齢化や息子が幼年の時期などは一人のみの出勤となっている。なお、史料上の「参殿」「出勤」という表記は、ともに正親町三条邸へ出向くことを意味し、必ずしも厳密な使い分けは認められない。

表1　大島氏の正親町三条家「参殿」「出勤」日（太字ゴシック体が当主「大島数馬」）

年	天明5 (1785)		天明6 (1786)		寛政3 (1791)		寛政7 (1795)		享和3 (1803)		文化6 (1809)		文政2 (1819)		文政10 (1827)		天保5 (1834)		天保10 (1839)		嘉永元 (1848)	安政5 (1858)		文久元 (1861)
出勤者	**直方**	直良	**直方**	直良	**直方**	直良	**直方**	直良	**直方**	直良	**直良**	武幸	**直良**	武幸	**直良**	直珍	**直珍**	直良	**直珍**	直良	**直珍**	**直珍**	直勢	**直珍**
年齢	54	24	55	25	60	30	64	34	72	42	48	19	58	29	66	20	27	73	32	78	41	51	20	54
1月	5 9-11 17 20-? 27	7 11-23 25	5	10	10-11 22-24	5-6 16-18	-6 11-23 25-	5	閏24- 28	5-7 19-21	5-7 27-28	8-13		5-9	9		5-11		5-10		12-13	5-6 21		5-9
2月	9 15 21 27	4-5 19 22	16 26	9		2 11-12 18-21	-13 16-23 27-	4-7 17 29		9-10 20-22	6-7	15-16		11 21	25-26		17-19		28					6-8
3月	8		23	4 9 18	24	19-21 28	-16	10 16 22-24		10-11	12-13 26 28-29	21-24			5	15	5-6 25 29		18-19		5-8 11-12 23-28	17		22-23 27-29
4月	24	2 5 21	23	8 9-10 11 17 28-		13	16-22	7-9		4-5	25-26	2	18-22 / 閏28- 29	12 17-26	22			28			23-26			
5月		17		-5 18 24-	24-27	24-28	9-19 ?-			16-17	30-				20-23	3-8 14-					6	26		
6月		17		-3 13	8 11-12 26-29	20-21 24-25	-1 8-17	17-20		6-7 22-23	-3 21-22	15-19		12-14		-1/ 閏7- 15	12 18		21-23			4-25		
7月		12 20		5 17	9-10 11-12 27-28	18-19	9-16	4-7 16-20 23-25 29-		12-14	11-13					29-					5-6			

8月				1-2 18-20	18 27-28	1-2 24	18-26	-3 14-16 28-30		1 18-19 25	1-2 18-19 29-		6-7	18	6	-6 7-21 26-	11- 13 27-29		22 29-	18-22	18-19			26
9月			18		16 22-28	10	7-18 25-27 29			14-15 27-28	-1 12-14 26-27 30	27				-2 26-		23-26	-1 23		12-13 14-19 25-26	27-28		18
10月		7 30		4 10 /閏6	1-4 9-25 28-	16	29	4-8		7-9 24-25	10-11 16-17 22-23 28-	5-6 13-15				-2	16-22				18-19	5 19-21 28-		7
11月	27		4	23	-9 10-22 ＊-28	5 20 28-	18	11-17		28-30	-1 20-21	8 13		23			24-25				22-24	-1 7-8		6-7
12月		15 24 25	8 17	4-5 10-14 21-24	3-15 16-	-3 9 24	2-7 27-30	9?-13 23-25		12-14 26-28	19-20 26-28	3-4 12-16	14-16			16-17 23-25 29	12-15	19-21	3-5 13-14		17	9 24-25 27-29	16-20	13-16
年間出勤回数	12	18	9	24	(9月以降常勤)	21	(3月迄常勤)	19	1	20	23	12	4	8	6	11	12	3	9	1	14	13	1	9
主な行事・事件・備考	正月：正親町三条実同死去、葬儀、2月：絵符紛失一件		3月10-17日：光明寺廻向会ニ付侍従様上里へ御成、5月：侍従様元服、12月：勝姫様御悔、左近衛権少将へ昇進拝賀。なお4月中の参殿は病気の同僚堀主殿（親類でもある）を引取るため。		1月：踏哥節会御参役供奉、2月：近衛殿童昇殿扈従御頼ニ付御供、3月：叡山へ御供、5月：常照院様逝去、6月～：堀主殿一件、9月～：大島直方常勤、＊11月22日は帰宅後夕方再出勤		大島直方、寛政3年～同7年3月まで常勤、2月：万丸様御元服式礼、4月：浜崎殿妙見参宮御供、11月：鷹司様関白宣下		正月：衣川屋平四郎堂上奉公の件、2月：主人ほか唐崎社参の御供、10月：勧修寺様御供		2月～：脇兵庫一件、3月：光明寺参詣に付主人御成、9月：清水主計、宇都宮・信州等下向に付手伝、同月：金閣寺山へ茸狩御供		正月：花園家少将昇進拝賀に御供、4月：宰相中将様へ信州松本松平丹波守様御息女御輿入、閏4月：加田氏一件、文政元年～：村方騒動六右衛門一件係争中		3月～：直珍出勤開始（武幸眼病）、5月：主人（実愛）侍従宣下及び元服、閏6月：直良村方諸見分		3月：株庄屋太兵衛退身の件、8月：殿様御墓参供奉、9月：花園様御拝賀ニ付御供		6月：友姫様御着帯御祝ひ、8月：直良、御殿で倒れる		3月：中将様宰相宣下、4月：亀卜国郡定御役に付留主番、9月～：四条殿八千一件	6月：御妹森姫君様三州岡崎総持寺様御発駕供奉、主人賀茂勅使供奉、12月：侍従様元服		3月：主人本願寺六百年御忌御参役、9月：庄屋後役の件。なお、息子直勢は出勤せず。

註：日付の表記は「(参殿出勤日) - (帰宅日)」とし、１日のみの表記は基本的に日帰りである。「?」は日付の記載を欠くもの。

年間出勤回数は正親町三条家へ出向いた回数。参殿序に京都市中・近郊へ他用で出向く場合もあり、参殿日から帰宅日までが、必ずしも勤務期間でないため、勤務日数は敢えて算出していない。

前述のように、近世後期の大島家の出勤形態は基本的に非常勤であり、後述するように、寛政期に直方が常勤していた例外期間もあるが、まずは非常勤の「参殿」「出勤」の具体的形態からみておきたい。

「参殿」「出勤」は、年頭・八朔・暑中・寒中等の「御殿御伺」や、諸行事への「供奉」や他家へ「使者」を主な内容とする。「御伺」は勤務ではないが、ある程度定期的にみられる。ただし直良・直珍時代になると、書面で済ませている場合も多い。主人やその家族等が病気の際にも「御伺」に出向ている。なお、「御伺」の際に留まって「供奉」等の御用を務めることもある。

「供奉」は主人の官位宣下・昇進時における拝賀のほか、日光例幣使（寛政一二）[30]、葵祭勅使（天保一三）、春日祭勅使（嘉永七）、あるいは白馬節会・大嘗会などの朝廷行事で主人に供奉している。また「宰相様吉田山御遊行御供」（寛政九）、田中妙見宮に参詣する栄姫様御供（寛政一〇）など、主人やその家族外出の御供も務める。鷹司輔平関白宣下（天明七）や花園公燕少将昇進拝賀（文政二）などをはじめ、他の公家の行列に人数を要する場合に加勢して供奉する場合もあり、公家間の依頼によって家来の貸借が行われている。供奉に類するものとして主人（あるいはその家族）の大島家への「御成」が何度か確認できる（天明六等）。また「使者」として勧修寺家への縁談申入（寛政四）、遠方では信州松本藩主戸田家への下向（天保一四）等を務めた事例もある。なお、供奉では「随身」や「供頭」「雑掌」「列奉行」「近習」としての参列し、役割はその時々で異なっている。[31]

このほか、御蔵附（一〇月）・煤払（一二月）での参殿がほぼ毎年みられるが、それ以外は正親町三条家内の行事や、元服・婚礼・法事のほか、正親町三条家女中の妊娠や借銀の揉め事等、主家やその周辺で事件が起こった際に出勤している。参仕随行以外の御殿出勤中は、事務経理の雑多な仕事も行い、寛政一〇年の御殿滞在中には「書翰数多認」「去年御勘定」「御台所入用銀諸勘定」等が確認でき、同様の職務は直珍時代にも確認できる。

なお、地方支配の用向には基本的に関与していない。直良が石見上里村正親町三条家領で水損毛見（文政九）・諸見分（文政一〇）を行った事例があるが、前者は主家が法事で取り込み、後者は廻覧予定だった諸大夫の多忙により、いずれも急遽依頼されたものである。通常引願は庄屋から正親町三条家に提出され、寛政九・享和三年には家来が来村している。直珍は天保五年の株庄屋交代時に「庄屋同格」とされて同家領での地位を保証されているが、年貢収納や夫役割付は株庄屋の役目であり、同領の地方支配には干渉した様子はなく、重賢時代のような代官的役割はなかったとみてよい。

以上のように、「御伺」以外は、用向がある時に主家から召し出される出勤形態で、表1にみる回数からいっても非常勤であることは明白である。参殿・出勤回数は、私用で出向いている場合もあり、単純な比較はできないが、直方常勤時代を除くと、出勤回数は用事がなければ「御伺」のみとなり、これを含めても精々月一、二回程度が多く、文政期以降は月一回以下ともなるが、それでも御用のあるときは出勤が増加している。

なお、「御殿」（正親町三条家）からの召出しは、前回出勤時等に予め指定される場合もあるが、書状ないし使者によって不定期になされることが多い。御殿から直接使者が来る場合もあるが、書状の場合が圧倒的に多く、鶏冠井村五右衛門（鶏冠井村正親町三条家領庄屋）や、文政期以降は向日町居住の諸大夫加田周防守（実は同町の医師上田氏）[32]を介して連絡されている。ただし召出しを受けても、大島側で本人や家族の病気・足痛・農繁期を理由に拒否する場合も間々見受けられる。村からの通勤方法は基本的に徒歩である。御殿での滞在日数は最短で日帰り、多くは一泊ないし二、三泊程度である。もっとも、公家への仕官を望む人物を紹介する場合など、大島側から自主的に参殿する場合もみられる。

その他例外的期間として、直方の紹介で常勤家来となっていた堀主殿（大島家の親類でもある）の退役後、直方がその欠を補うため、寛政三年九月から「殿中之政務」を命じられて常勤している。この時期の直方は月に数日帰宅するのみで、ほとんど常時御殿に詰めている。

寛政七年三月、常勤であった直方の退役に伴い、正親町三条家はその後役として直良に常勤を命じたが、直良はこれを辞退している（第三節で詳述）。その際、常勤直方の欠を埋める必要から、正親町三条家は直良に月に一五日位の出勤を求めたが、最終的には正親町三条家が妥協し、とりあえず月に「十五日」の出勤ということにしておき、「御用少キ節ハ五日成とも三日成とも、又御用多候ハヽ、十五日か廿日ニも及べく」「兎角なる様ニいたし、随意ニ出勤」せよとの上意を得て、以降大島家は直方常勤以前の非常勤形態へと戻っている。もっとも常勤家来の不足もあって、暫くは出勤回数の多い状態が寛政一〇年頃まで続いているが、享和三年以降は天明期頃の出勤回数に戻り、文政期の村方騒動時に参殿・出勤が減少し、直珍の時代には大炊道場領株庄屋役への就任も影響してか、その回数は大きく減少している。

家来としての俸禄は、直武時代の宝永・元文期、石見上里村正親町三条家領からの年貢納入の際、三石ないし二石が差し引いて与えられている[33]。公家侍は三石侍と俗称されたが[34]、非常勤となった直方以降の大島数馬に三石もの俸禄が支給されたとは考えにくい。出勤回数が増加していた寛政一〇年には「御切米弐石六斗代銀百五拾六匁」を受け取っているが、非常勤であった時期にには、これより少額であったと考えられる。なお、さきの直方退役の際には、「数馬（直方）へ是迄之勤功ニ依而壱人扶持御宛行、拙子（直良）へ壱人扶持被下」ている。

正親町三条家内における大島家の位置づけは、直珍が士族となった明治四年、祖父直方・父直良を「用人」と記し、「高現米拾弐石」とされている[35]。「用人」という表現は、建前上直武以来常勤家来であったことによるものであろう。また正親町三条家は、維新後に賞典禄一〇〇〇石の加増をうけており、『嵯峨実愛日記』明治二年一二月二八日条に受けとった「御賞典加恩米千石之内三分一」を「家族幷家司以下奴婢迄夫々頒賜」した記事がみえ[36]、直珍の「高現米拾弐石」は、維新後の加増が反映されたようである。

大島家の生活は、この大島数馬としての勤務と、村での百姓利左衛門としての生活とが、同時に入り混じっているのが実態であった。では、この建前上身分の異なる別人である大島数馬と百姓利左衛門の両側面は、どのように使い分け、演じ分けられたのか。次節では直方以降の当主による壱人両名の利用とその具体的展開をみていくことにしたい。

（2）大島直方の場合――天明期――

天明七年（一七八七）、石見上里村では、長く村政を掌握してきた村庄屋小野元右衛門が突如出奔し、元右衛門一件と呼ばれる騒動が発生した（第三章参照）。同七月、直方は元右衛門闕所地の山を我儘に切取る「不埒之者共」らの存在について、「邑方役人へ再応申候得共、一向聞入」られないため「後難之程難斗」と、「正親町三条殿家来　上里村　大嶋数馬」の名前を用い、京都町奉行所へ訴える独断行動に出た[37]。

同九月二一日、この件について、京都町奉行所は附武家（禁裏付）を介し、次の文面によって正親町三条家へ直方の召喚を伝達した[38]。

> 正親町三条家家来大嶋数馬江相達候儀有之候間、附添之者被差添、明後廿三日九ツ時、山崎大隅守殿御（正祥、京都西町奉行）役所へ被差出候様被仰達可被下候事

直方が正親町三条家家来大島数馬として書面を提出したため、召喚も百姓に対する差紙ではなく、町奉行所→附武家→主家という伝達経路を経た、公家家来を呼び出す際の手順が踏まれている。

二二日、正親町三条家は使者を以て石見上里村の大島家にこれを伝達し、二三日、出京した直方は、正親町三条邸で若党一人を借り、自家の下男を草履取として召連れ、同僚堀斎宮（こちらも若党・草履取を召連れる。前出の堀主殿と同一人物）を付添とし、公家家来の体裁を整えて京都西町奉行所へ出頭した。

この時応対した奉行所与力の神沢与兵衛は[39]、「先達而被差出候願書」は一旦「御返シ」すると述べ、書面の問

題点を指摘した。すなわち、書面の終わりの文に「御吟味」云々とあり、これでは「其方様訴人ニ相成」ってしまい「甚以て不宜」と指摘し、「願書」ではなく「届ケ書」とするよう求めた。神沢は修正の理由を「是は筋違ひ之儀ニ候得ハ、願書とは不申、届ケ書ニ仕候得ハ、何もさわりが無之候」、そのように修正すれば「何方へも難無之候」と説明している。つまり直方が書いた文面は「御奉行様」に「御吟味」を願う百姓的文面であったこと、および正親町三条家家来大島数馬が居村（しかも一六相給）の村政に「訴人」として容喙する「筋違ひ」の「願書」であり、各支配への支障をきたすものであったために、神沢はそのままでの受理を拒否したのである。修正用の「文言ハ神沢氏、得（篤）としらべ置見せられ候」というから、恐らく神沢は直方の身分実態に気付きつつも、敢えて「何方へも難無之」方法を助言したとみてよいであろう。なお、直方はその場で修正した「届ケ書」を提出している。

しかし直方の届出は、騒動の穏便な処理を望む村方の意向に背く独断行為であり、村方からの激しい反発に曝された。そこには元右衛門の出奔・闕所後、村政の運営を担うことになった「小庄や衆」（村内各領の株庄屋たち）と、これを契機に村政上の地位回復を企図した（あるいは他の百姓たちからそうみなされた）大島家との間に、一種の確執が生じたことが背景にあった。その後大島家は元右衛門所持の村書物を隠匿した疑惑を掛けられ、翌八年正月には村方一統から「村はづし」とされるに至る。他村の庄屋を交えた交渉の末、四月には村方と和談となったが、その際直方が村方役人中宛に認めた事実上の詫一札は「利左衛門」の名前で差し出している[40]。

直方は奉行所への届出では大島数馬の名前を使用し、この届書に関連する口上書でも「私義者数年来村方住居仕、前々ゟ正親町三条家家来ニて、村方相拘候義無御坐候[41]」と、実態とは異なる建前を述べている。しかし天明七年七月の「因幡堂様名寄帳」には「利左衛門」として記載されて捺印しているなど[42]、直方は明らかに一介の百姓利左衛門でもあった。奉行所には村方より優位に立つ「大島数馬」名義を使用しつつ、村へ差し出す不名誉な一札では「利左衛門」を使用した点は、壱人両名の活用とみることができる。

この騒動の余波の続く天明八年八月、村では従来通りの席順で官途成を執り行おうとした。しかし当時新たに富小路家（領主の一人）の家来となって帯刀御免・御紋付提灯の下賜を受けた同家株百姓らが、「（正親町）三条家之家来（＝大島家）帯刀ハ是迠之通子細なし、冨小路家々来帯刀人ハ何とて差留候ぞ、冨小路家々来が下席ならハ、三条家々来も下坐たるへし」と、自分たちを上座に据えるよう要求した。この時、後に村方騒動を引き起こす富小路家百姓の忠右衛門は、大島家に対し次のような認識を示した。[43]

丹治（大島直良）方ニハ村役ハ不致、（正親町）三条家ニてハ大嶋数馬なれ、村ニ而ハ仙右衛門ニ而、銘々五歩々々之事ニ而、上ニ置筋合もなく（下略）

直方の養嗣子直良は「大嶋丹治」として直方と共に正親町三条家へ出仕していたが、天明二年の村での官途成以降、百姓利左衛門（直方）の悴としては「専右衛門」（仙右衛門とも表記）を名乗っていた。[44]忠右衛門はこれを、大島家が正親町三条家家来としては「大嶋数馬」であれ、村では村役人ですらない一介の百姓「仙右衛門」でしかない、ならば百姓であると同時に富小路家家来でもある自分たちと「五歩々々」の立場であるから「上ニ置筋合もな」い、と主張したのである（ただし正確には、この時期数馬と名乗っていたのは直方である）。忠右衛門の見解は敵愾心を含んだ極端な主張とはいえ、公家家来と百姓の二側面をもつ存在は、出仕時には帯刀人でも、村ではあくまで百姓であるという認識を示したものとして興味深い。なお、この事件は、結局大島家の欠席により衝突を回避している。

直良・武幸については、史料的制約から直方のような使い分けを明らかにしえないが、直良が家督相続前「大嶋丹治」として正親町三条家に出仕しつつ、村では「専右衛門」を名乗っていたのは確実であり、当主以外の大島家男子も出仕する際の「帯刀名前」と、村の構成員としての「百姓名前」を両有していたと考えられる。

（3）大島直珍の場合――幕末期――

大島直珍は文政一〇年（一八二七）頃から正親町三条家へ出勤し、天保元年（一八三〇）には家督を相続、大島数馬として出仕したが、同四年からは石見上里村大炊道場聞名寺領の株庄屋も務めている[45]。

この株庄屋役選定の際、直珍は「何分当家ハ主人も有之候故、此マ、ニて三条殿表江罷出候格式ニて地頭仰附られ候ハ、、愚マイ（昧）ナカラ致候」と、「大島数馬」の格式保持を了承した上でなら株庄屋役を務めると回答し、聞名寺もこれを了承した。いうまでもなく大島数馬＝利左衛門という壱人両名は、関係者にとっては従来周知の事実であり、この確認行為は形式的なものに過ぎない。重要なことは、それが明確に認知されているにもかかわらず、株庄屋役は「利左衛門」の名で務めていることにある。同寺領宗門帳における直珍は「百性　利左衛門」と記載され、大島数馬との関係は一切触れられていない[46]。なお老齢の父直良も「同父　禅門　省斎」と記される百姓家の隠居でしかなく、かつての直武・直恒のような、父子による名義分割調整も行われていない。

株庄屋となって以降の直珍の「日記」からは、「予上京、御殿蔵附并道場へ蔵附引方相談」（天保五年一〇月一六日条）、「予参殿、帰路道場様荒所（ママ、願カ）頼之事」（同一三年六月二日条）等、出京時に正親町三条家と聞名寺に出向く様子も確認でき、直珍の生活は、大島数馬と利左衛門の両面が渾然一体となっていた。なお、寺町通丸太町上ル二筋目西入ル内椹木町に所在する正親町三条邸と、東大路通仁王門上ル北門前町に所在

宛名	出典
長野新田村　木屋善蔵殿	A
木屋善四郎様	A
―	B
大炊道場聞名寺様御役所中	B
鳥羽屋九郎右衛門殿	C
搾油屋中　鳥羽屋九郎右衛門殿	C
搾油屋中　鳥羽屋九郎右衛門殿	C
長野新田村　木屋善蔵殿江	A
搾油屋中　鳥羽屋九郎右衛門殿	C

表2　直珍差出文書の記載名義

№.	年月日	表題	差出（直珍記載名義）
①	天保3年閏11月	借用申銀子之事	上里村　借主　大嶋員馬㊞
②	天保5年2月15日	借用申金子之事	借り主　大島数馬㊞
③	天保11年11月	仕法帳	三条殿代勤　敷札大嶋数馬㊞
④	天保15年5月	大炊道場聞名寺様御民図帳	庄屋　利左衛門㊞
⑤	嘉永4年3月	五十ヶ年賦崩済一札之事	上里村百姓　利左衛門㊞
⑥	嘉永4年3月	奉預御銀之事	上里村百姓　預り主　利左衛門㊞
⑦	安政2年2月	奉預御銀之事	上里村百姓　預り主　利左衛門㊞
⑧	安政2年12月	譲渡申田地之事	御寺領庄屋　利左衛門㊞
⑨	文久元年12月	奉預御銀之事	上里村百姓 預り主　利左衛門㊞

註：印形はすべて写真3・4示した「重賢」印。
出典：A＝国文学研究資料館所蔵三宅家文書、B＝大島家文書、C＝鳥羽屋文書。

する大炊道場聞名寺との距離は、わずか一・七キロメートルである。聞名寺は大島数馬の格式を理解していることを考慮すれば、聞名寺へも正親町三条家出勤時の帯刀した姿で出向いたと考えるのが自然であろう。

かかる状況であった大島家が、嘉永七年（一八五四）三月九日、盗難被害に遭遇する。その盗品品書の作成をめぐり、直珍は村の下役と次のようなやり取りを行っている(47)。

> 昨日下役忠蔵来、品書（都合廿九品也、外知れぬ者も有之候得共、廿九品之色書也）之節、名前之処如何申候ニ付、予、数馬ニて者若哉失物六ヶ敷懸組ニも相成候事も不相(分)別候故、帯刀名前ニて者雑用も違ひ候と存候ニ付、利左衛門名前ニて取斗頼置候事

村の下役が、品書での名義記載をどうすべきかを尋ねたのに対し、直珍は「帯刀名前」である「数馬」では、「雑用も違ひ」「六ヶ敷懸組」になるかもしれないと懸念し、百姓としての「利左衛門名前」で届けてくれるよう返答している。直珍自身はもちろん、村側も壱人両名における「帯刀名前」と「百姓名前」の差異と、その使い分けの事情を認知していたことを示す好例である。

表2は、直珍差出の証文類における名前記載の一覧である。

ここからは、近世後期の大島家当主による名前使用の重要な逆転現象がみえてくる。

大島数馬名前の使用をみると、③は「正親町三条殿持寄講」を石見上里村の同家株において催すに当たり、同家家来として敷札を務めたものであるが、①と②は隣村長野新田村庄屋木屋善蔵・善四郎への個人的借用証文である。

利左衛門名前の使用は、④はもちろん株庄屋として、⑧も「大炊道場様御寺領之内」の田地売買にあたり「御寺領庄屋」として奥印したもの、⑦は市郎右衛門（同村聞名寺領株年寄）・庄左衛門（同株百姓）との連名、⑨は市郎右衛門との連名で、ともに聞名寺株庄屋としての借用証文である。利左衛門名前は、すべて聞名寺株庄屋としての場面で使用されている。

⑤は向日町の富商鳥羽屋に対し、借銀の五〇年賦返済を約束した証文で、「上里村百姓　預り主　利左衛門」（および悴国太郎）の名前で差し出されている。この証文は正文のほか、鳥羽屋に一通（以下A）[48]、大島家に一通（以下B）[49]の計二通の案文も現存し、両案文での差出人は、Aが「上里村　数馬、同悴（空白）」、Bが「上里村百姓　数馬印、同悴（空白）印」となっており、案文段階の差出人はいずれも「数馬」名義、それも「上里村百姓　数馬」（傍点引用者）とさえなっている。なお、証文案文中にみえる「我等（鳥羽屋）先祖ゟ数馬殿とも入魂之儀」という一節も、正文では「我等先祖ゟ利左衛門殿共入魂之儀」と修正されている。鳥羽屋側が示した「数馬」名義での案文に対し、正文では大島側の注文により「利左衛門」名義に変更されたと考えられる。

この変更は、同時に差し出した本紙証文⑥が、⑦⑨と同じ絞油屋中引受の御役所御用銀からの借用証文であり、それとの兼合いから「利左衛門」として証文が作成される必要があったためであろう。なお、鳥羽屋は証文の宛名として最終的に「利左衛門」を採用したが、⑤⑥を一括する包紙ウハ書には「上里邑数馬殿一札証文弐通」（傍点引用者）と記している。

直方～直珍時代を通じて、大島家の人物が宛名となる借用証文・田畑売渡証文・請地証文等は安永五年～安政五年（一七七六～一八五八）まで二八点現存する。[50] これらの証文はすべて私用であるが、宛名は大島数馬（嶋・嶌、数・員の表記違いを含む）名義が一九点、「大嶋丹治」五点、「大嶋専右衛門」一点、「大嶋内蔵太」一点、「数馬様」一点、「利左衛門殿」一点である。このうち当主宛は二一点であるが、二点を除いてすべて大島数馬宛である。直珍時代の証文は天保七年～安政五年までの七点があるが、安政五年の利左衛門名義一点以外は、すべて大島数馬宛となっている。つまり同家は私用において、常に「大島数馬」を使用する一方、「利左衛門」の名は、聞名寺の株庄屋・株百姓としての場面でしか使用しなくなっているのである。

「日記」中で、大島家当主は「利左衛門」の名で自身や家族を記述することはなく、もっぱら「数馬」（または「員馬」）を使用している。大島家の当主は日常的には「数馬」と称し、周囲からもそう呼ばれていたと考えられる。それは鳥羽屋が「数馬」として案文を作成し、包紙に「上里邑数馬殿」と記したことからも推測されよう。

このように近世後期には、正親町三条家家来としての名前であった「(大島) 数馬」という名を日常的に使用するようになり、逆に本来の百姓としての通称「利左衛門」が、聞名寺領株庄屋・株百姓としての場面でのみ使用する非日常的名義となっていたのである。右衛門・左衛門・兵衛ばかりの村の中で、「数馬」という東百官名の日常的使用は、他の百姓との差異を効果的に示す行為であり、これも「帯刀名前」活用の一つといえよう。

三　壱人両名の意識

(一)　壱人両名の印形

大島数馬と利左衛門には、名前に一字の共通点もなく、名前のみでは別人としか判断できない。しかし各名前で押印した文書を比較した時、彼らが同一人物であることは、いとも簡単に明瞭になる。

写真1　天明七年七月「乍恐口上覚」（大島家文書）

写真2　天明八年四月「一札」（大島家文書）

写真3　天保五年二月一五日「借用申金子之事」（国文学研究資料館所蔵三宅家文書）

写真4　天保一五年五月「大炊道場聞名寺様御民図帳」（大島家文書）

第二章第一節で述べた天明七年（一七八七）の騒動において、直方が大島数馬として奉行所へ提出した書面と、村方へ利左衛門として差し入れた事実上の詫一札を比較すると、ともに「直武」と読める全く同一の印を使用していることがわかる（写真1・2）。なお、天明七年七月「因幡堂様名寄帳」の「利左衛門」の記載箇所にも、この印形が捺されている(51)。

また表1で示した証文類をみると、直珍は大島数馬・利左衛門両名義のすべてにおいて、「重賢」と読める同じ印形を使用している（写真3・4）。これらの印は重賢・直武本人による使用も確認でき、直方・直珍は先祖の印形を使用したものである。

百姓印形の管理や使用意識には地域差があって一概には言えないが、明治初年に司法省が民法典編纂のために作成した『民事慣例類集』・『全国民事慣例類集』によると、民間において印形は「父祖伝来ノ品ヲ用ルヲ栄耀トスルコト、一般ノ通例」であり、乙訓郡に隣接し同様の相給支配構造であった愛宕郡・葛野郡でも「父祖伝来ノ実印ヲ襲用スル」慣例があった[52]。実際石見上里村の史料からは、元禄期にみられる同村百姓の印形が、幕末期までその子孫に襲用されている例を数多く見出せる[53]。かかる慣行が、直方・直珍をして、父祖伝来の「直武」・「重賢」印を使用せしめたのであろう。そして当主の使用する印が、本人や家の実印として認識された以上、建前上別人として名前を使い分けても、その壱人両名が村人らには周知であることもあり、後日証拠となる書面には実印を使わざるを得ないという、現実的な問題があったのではなかろうか[54]。

このような別名同一印形の使用が、大島家のみの特異事例であるか否か、今判断できる十分な材料がない。しかし他事例において壱人両名における同一印形の使用が見られるとすれば、捉えにくい壱人両名を把握する有効な一材料となり得るのではないか。不十分ではあるが、別名同一印形の使用については指摘しておきたい。

(2) 記載名義の混乱

近世後期の大島家は、聞名寺領では株百姓利左衛門であったが、その他、村内他領の名寄帳等では、如何なる名前で記載されたのか。全領主の史料は残っておらず、限定的な回答しか示しえないが、可能な限り検討してみたい。

正親町三条家領においては、文政六年（一八二三）の水帳[55]に「員馬」名義で他の名請人同様に記載され、同五年の毛引願[56]でも同地は「数馬」名義で書き上げられている。同一〇年には正親町三条家役所へ「奉願水荒所一札[57]」を「上里村地主　大嶋員馬」の名義で差し出しており、同領水帳の「員馬」は同家家来である大島「員馬」＝「帯刀名前」と同義とみてよかろう。

因幡堂平等寺領の場合、天明七年五月写の日損下見帳[58]に「利左衛門」名義で、同年七月の名寄帳[59]では「高三斗五合五勺」（以下同領内所持地はすべて同じ）の土地が「利左衛門」名義で記載されている。しかし文政八年一二月の免割帳では「数馬」名義となり、天保五年（一八三四）一一月の名寄帳では「利左衛門」名義になっている。ここでは直方時代は利左衛門、直良時代は数馬、直珍時代は利左衛門という、一定の名義変遷が確認できるようにもみえる。

しかし善峯寺領をみると、このような理解では把握できなくなる。善峯寺領における大島家の所持地（高六斗四升五合）について、天保一三年「田地荒場所[60]」は「員馬」名義で記載されているが、安政三年（一八五六）九月「御領分旱損毛引帳」になると、「大嶋」という名義で記されている。さらに同史料の下帳とみられる同月同題の史料には、同様に「大嶋」と書いた左横に、異筆で「利左衛門」と記入されている。修正時の書き込みとみられるが、これをうけて数値修正がなされた前者の帳面では、結局「大嶋」のままとなっている。天保一三年・安政三年とも当主は直珍であり、聞名寺領株庄屋となって以降も、善峯寺領では「員馬」「大嶋」名義であったことになる。「御領分旱損毛引帳」にみられる「利左衛門」という書込は、文書を作成した善峯寺領の村役人が、大島家の名義記載を巡り、多少混乱したことを示していよう。

甘露寺家領では、嘉永六年（一八五三）「甘露寺様御家領水帳[61]」に、「申年ゟ大嶋」との貼紙があり、同領幕末の内納帳・皆済帳では「大嶋数馬」と記されている。なお、当然ながら因幡堂・善峯寺・甘露寺家とも、現存する宗門人別帳に大島家の名は見当たらない。

以上のようにみると、数馬と利左衛門名義それぞれの土地があったとも考えられず、当主によって記載名義が変化したものでもない。幕末期には「大嶋」という名義記載もみられるようになっているが、結局かかる帳面での名義記載は区々であり、不統一な状態であったといわざるをえない。もっともそれは、同村の百姓らにとって、大島数馬＝利左衛門という壱人両名の事実が、ごく当たり前のこととして受け止められていたことの証左でもあろう。

壱人両名となった大島家にとって、「大島数馬」の側面とは、いかなる意味をもったのだろうか。直良・直珍の行動から、その意識を探ってみたい[62]。

(3)「諸大夫」「常勤」と「耕作等」

前述の通り、近世後期における大島数馬の出勤実態は、常勤や定期的出勤ではなく非常勤であったが、寛政七年（一七九五）、例外的に数年間常勤状態となっていた直方が隠居すると、正親町三条家は直良にも「常勤」を命じた。その際直良は「私在宅ニ而耕作等も仕居」ので「常勤之儀ハ何卒御宥免奉願」と、自身が村方に居住することを（「在宅」）と、そこでの「耕作等」に差し支えることを理由に「常勤」を拒否している[63]。文政期には、諸大夫加田家の再興にあたり、当初正親町三条家は「常勤」できるのならば「諸大夫之義、其方（直良）へ申渡」との意向を示したが、直良は「諸大夫之義ニ付臨（望）無之」として、これを「辞退」している[64]。この諸大夫辞退の理由も寛政期同様、自家の「耕作等」に支障をきたす「常勤」拒否の姿勢であったとみられる。村落での生活を優先し、諸大夫になるという身分的上昇を拒否したともいえよう。もっとも、村落の構成員たる利左衛門名跡の百姓であり、当時在方の医師としても活動していた直良にとって、村落から離れる選択は、現実的にありえないものでもあった。

直珍も、父直良と同様の志向がみられる。直珍は聞名寺領の株庄屋（明治二年「収納取立役」と改称）を明治三年頃まで務める一方[65]、正親町三条家家来としての出勤も続け、同二年三月には正親町三条実愛の子公勝・保姫の東京下向に供奉している[66]。幕末の政治情勢を踏まえれば、主君（実愛）と共に、政治活動に身を投じることも可能だったはずだが、直珍は利左衛門としての活動を重視し、そのような道を選択することはなかった。

それを如実に示すのが、幕末期、諸大夫千葉家再興時における直珍の対応である。慶応元年（一八六五）、正親町三条家は諸大夫加田家に加えて、諸大夫千葉家の再興を企図した。加田家再興時同様、譜代の家来である大島直珍を諸大夫とする話が浮上したが、直珍はこれを辞退する。実愛は自らの日記に次のように記している[67]。

> 立野直珍呼大島員馬来、此般諸大夫家再興人體、以直珍可撰当之旨申聞之処、雖感喜之至、難申領状之旨苦情申之、相当之辞状無拠相聞之間、辞退之旨聞届了

ここで実愛が理解した「苦情」「相当之辞状」とは、直珍が「利左衛門」としては聞名寺領の百姓であり、更にその株庄屋であったことを意味していよう。直珍にとっては、父直良同様「耕作等」村落での生活に支障をきたす「常勤」拒否の姿勢が、根本的理由としてあったと考えられる。

正親町三条家家来のうち、明治三年の時点で三代以上仕えた「三代相恩之者」は、「加田只一郎・大島員馬・渡邊瀧雄」の三家のみであり[68]、加田と渡邊は東京へ随行したが、直珍は石見上里村に残った。これを正親町三条家が許容したのには、直珍が老境（六三歳）にあったことや、天皇の京都還幸を想定していたことがあろうが、大島側の残留理由は、村での生活を自家の基盤と認識し、聞名寺領の収納取立役であったからに他ならないのである。

このように直良・直珍の代には、あくまで百姓としての側面を主体として行動していた。そこには村落の構成員として、実際の生活上、あるいは村・株の百姓役の維持安定の為、建前上別人たる利左衛門を容易に消滅させられないという事情もあるが、それ以上に、大島直良・直珍自らが、百姓の立場を脱してまで、常勤家来や諸大夫となるのを希求しなかったこと――その機会は再三ならずあったのであるから――が大きいであろう。

以上から、近世後期の大島家にとって、「大島数馬」の側面は、村・地域の中で自家の地位を特異化し、優位

性を保持する側面として重視して、うまくこれを利用しつつも、あくまでその主体ではない副次的側面であったと結論付けることができる。

しかしかかる壱人両名は明治期に入り、身分再編や戸籍編成という政策的理由から、次第に維持できなくなっていく。

堂上公家の家来は、明治三年一二月、「三代相恩」の者に限り士族へ編入されることになる[69]。嵯峨実愛は、既に明治三年九月、自家の「家士三代相恩之名簿」（加田只一郎・大島員馬・渡邊瀧雄の三名）を弁官坊城俊政に提出している[70]。しかし何か不備があったのか、同四年七月三日、実愛は三代相恩の者給禄再調として「現米十二石　七代　大島員馬直珍」を太政官に届け出ており[71]、大島直珍が「元嵯峨家々来」として京都府貫属士族となったのは、同年七月一八日である[72]。同家の士族編入は、「大島数馬」が三代以上、建前上百姓身分とは一切無関係の常勤家来とされていたことによろう。「士族明細短冊」には次のように記載されている。

元嵯峨家々来　元高 給金拾五両 分賜米之内弐拾俵 扶持壱人口　宿所内椹木町嵯峨家邸内 祖父大島故数馬直方嵯峨家用人役相勤申候 父　大島故数馬直良嵯峨家用人役相勤申候

関次郎触下

高現米拾弐石　生国山城　大島直珍 未六十四歳

天保元年庚寅二月家督、明治四年辛未七月十八日、京都府貫属士族被　仰付

しかしここには、直珍の宿所を「内椹木町嵯峨家邸内」とする、実際とは異なる記載がなされている。明治初年の時点では、石見上里村の利左衛門も、平民籍として把握されたと考えられるため、この記載は聞名寺領株百姓利左衛門との関係が配慮された結果であろう。ただし明治九年には直珍の息子直勢（周次郎）が、石見上里村の戸長・副戸長押印の上で家禄取調帳を提出していることから[73]、同年までに大島家の居所を石見上里村とする手

続きが取られたものとみられる。史料的限界から大島家の壱人両名解体の具体的経緯を明らかにできないが、明治になって相給村落における各領主への帰属関係がなくなった以上、利左衛門の消滅は、さしたる障碍もなく進められ、大島数馬＝利左衛門という壱人両名は、士族大島氏への身分一元化によって処理されたと考えられる。

以上、大島家の壱人両名の形成過程と、その実態を具体的に明らかにした。大島家の壱人両名は、大島直武が百姓身分を離れて正親町三条家の常勤家来となったことを発端とし、父子による身分分割保持が不可能になった直方の代以降、「大島数馬」と「利左衛門」の両身分を保持し続ける必要から、一人の当主が二人分の役を果す壱人両名が形成されるに至った。近世後期の大島家当主は状況に応じて「百姓名前」と「帯刀名前」を適宜使い分け、周囲もこれを認知していたが、公家家来と百姓の両者が必要とされたために、建前上別人として把握された両者は、明治期まで解消されることはなかった。相給村落における複層的支配状況と、近世身分の建前の重視が、これを継続させた理由として指摘できる。

大島家の壱人両名は、近世社会の支配のあり方を端的に表している。すなわち正親町三条家家来の大島数馬と、聞名寺領株百姓利左衛門、それぞれの役割が果たされ、各支配がそれぞれにおいて支障なく果たされることに第一義がある。ゆえにそれが実際には二人であろうと、一人が二人分を務めていようと、その実態には関心が示されない。それは一人の個人がもつ多様な側面が一元的に支配されるのではなく、身分・社会集団ごとに各人の役割が支配を受けるという、近世社会の支配・把握のあり方を示しているのである。

またそうしたあり方は、直珍が聞名寺ではあくまで利左衛門として株庄屋を務めたように、被支配側も演じ分けを行うことで成立している。つまりこうした壱人両名という二重身分把握は、身分・社会集団を単位とする近世支配のあり方の下、領主ら支配側と、壱人両名となる被支配側の両者が必要することで作り出され、それぞれの「分」が維持されていたのである。近世社会において、壱人両名は、二重身分的実態が存在する上での、一つの作法であったといってよかろう。

壱人両名による二重身分的実態が、近世後期において広範に見られたことは、別稿において指摘した通りである。[74]また石見上里村の支配構造が、京都近郊では特異なものでない以上、同地域では大島家同様の壱人両名の形態がみられるのではないかと考える。

筆者は壱人両名の類型を、壱人両名となっている当事者側から見た場合、①全く無関係の別人として、〝両者〟が支配・把握されている形態（大島家の例）、②〝両者〟が同居や親類であると虚偽の関係を申告し、別人として支配・把握されている形態、[75]③帯刀人改帳等で奉行所や領主等支配側に対し壱人両名が明確に表明され、認知されている形態（これは身分・職分の分離支配・把握でもあるが、それでも別名を使用する壱人両名の状態にあって、各支配下では一方の名前しか使用しない形態）という、おおむねこの三種に大別できると仮定している。[76]いずれも支配や身分の建前を保つために生成・維持されるという、共通点があると考えている。

近世身分は、社会的役割の分業理解の下、治者と被治者、つまり士・庶を峻別する建前に対し、実際にはそのどちらでもある者が存在する、渾沌とした実態が常態であった。しかしその実態が一元的に支配されるのではなく、一人が二つの名前を使用して別人化し、各支配とその秩序維持・安定の建前が必要とされたところに、近世身分把握の特徴があるといえよう。壱人両名は、近世社会の建前と実態の差異とその運用を理解する上で重要な視点であり、今後事例の蓄積と共に、さらなる分析を進める必要がある。

（1）　尾脇秀和「近世「壱人両名」考――身分・職分の分離と二重身分――」（『歴史評論』七三二号、二〇一一年）、同「吟味座席と身分・職分」（『日本歴史』七六六号、二〇一二年）、同「近世禁裏御香水役人の実態――地下官人の職務・相続・身分格式——」（『古文書研究』七五号、二〇一三年）。

（2）本章は主に大島家文書（京都市歴史資料館紙焼写真Nk12）・善峯寺文書（同Nk25）・池田家文書（同Nk35）を使用。以下大島家文書には同館仮目録の文書番号を付すが、文書名は原則原題で表記する。

（3）大島の「島」の字は、現在御子孫が「大島」であることから、原則「島」表記とするが、史料引用上は原文のままとする（史料上は「嶋」の使用が多い）。なお、後述する右馬寮大嶋氏は、『地下家伝』の記載に従いすべて「大嶋」と表記する。

（4）「日記」の詳細は序章参照。

（5）天保三年成立「大嶋氏家記」（大島家文書K1）。第三章参照。

（6）「大嶋氏家記」は、この仕官を「関東大坂ノ乱後」の不穏な情勢下、居所が「軍兵ノ為ニ掠メ犯サレ、臨時ノ災害アランコトモ覚束ナシ」と憂慮した安田昌重が、「宦家ニ従ヒ居ル時ハ必ス災害ヲ遁レン」と、「元来ノ由緒血胤ヲ語ラズ、安田庄左衛門ト名乗リテ、地頭三条正三位中納言藤原実有卿ニ仕」え、「是ヨリ代々家臣」となったものとする。「家記」の記述を鵜呑みにはできないが、参考までに提示しておきたい。もっとも安田氏の出仕は、正親町三条家にとって在地有力者の「家臣」任用が領地経営上有利と判断されたこと、安田氏にとっても領主への「家臣」化は村落内部での立場を有利にする材料たりえたという両者利害の一致が、「家臣」となりえた理由であるとみることもできよう。

（7）「日記」寛政九年五月二一日条。「后」はママ（「ﾉ后」ではない）。

（8）天和三年四月一一日「覚」（大島家文書B2）。

（9）貞享元年一二月二四日「請取申米之事」（大島家文書B4）。鶏冠井村には正親町三条家領があった。差出人は松村与左衛門。元禄一一年四月一一日「預申銀子之事」（大島家文書B16）。

（10）延宝七年六月「山城国乙訓郡上里村検地帳」（大島家文書G4）、申八月「新検高名寄帳」（同G6）、元禄一一年「上里村古検名寄帳」（同G13）、同一四年九月「戒光寺領城州石見上里村巳年皆無帳」（同G14）、「高四拾五石正親町三条様手引帳」（同G35）、「岩見上里村検地手引帳写」（同G32）、「高四十石五斗甘露寺様知行手引帳」（池田家文書）等で、「利左衛門」あるいは「理左衛門」の名義で名請人、または「庄屋」などとして記載されている。

（11）元禄元年一二月「小入用幷御蔵入米納割帳・西大路様米納割帳」（大島家文書G9）、同五年二月「城州乙訓郡上里村巳年諸色小入用目録帳」（同G10）、同一四年一二月「東坊城様上知巳ノ年免割帳」（同G15）。

（12）元禄九年三月一三日「差上申一札之事」（大島家文書B10）、同一〇年「〔鉄砲改証文〕」同C2、同一二年「乍恐口上書を以申上候」（同C3）、同一二年「指上申口上書」（同C4）、前掲G13・14。

（13）前掲G4。ここで重賢が使用した印形は、後に直珍の使用する「重賢」印である（第三節第一項参照）。

（14）天和三年三月「乍恐謹而御訴詔申上候」（大島家文書C1）。

（15）元禄一六年二月「善峯寺領之内水帳」（大島家文書G17）、元禄期の状況が加筆された貞享三年二月「御匣様上リ知古検高三拾石名寄帳」（同G7）。なお、宗重は「江州醒井ノ郷士長谷川文七郎」の息子で、重賢の一人娘の婿養子。「家記」には、重賢は平生養子を探し求め、友人や従者に「円眼精睛ノ者ハ誠直ニシテ才発」であるから、そのような者を見かけたら教えるように語っていた。そしてある時、家僕がたまたま、京都に使いに出て「安井ノ社ニ詣テ」た時、長谷川文七郎父子を見かけ、その息子が重賢の語る容貌と合致していたので、これを重賢に知らせると、喜んで仲人を立てて養子に迎えた、という逸話が記されている。実否は検討不可能。

（16）大島家文書B26。

（17）「家記」宝永四年条。

（18）『地下家伝』四（自治日報社、一九六八年）。直武の「武」は、右馬寮大島氏の偏諱を受けたものであろう。なお、左右馬寮官人は正親町三条家と家礼関係にあるのではないかと推測される（「日記」寛政八年八月一日条、後掲『嵯峨実愛日記』）が、今は注記するに留める。

（19）享保一一年六月「譲状之事・遺言之事」（大島家文書B39）。ただし享保六年、弟宗直の高橋若狭守家養子縁組の際の証文では、直武が「大島数馬」、直恒は「安田佐介」の宛名になっている（「大嶋氏家記」享保六年条）。

（20）享保六年極月「禁裏様御料城州乙訓郡上里村丑年御庭帳」・「法皇様御料城州乙訓郡上里村丑年御免割帳」（大島家文書G23、合冊）。なお「佐介」の印は「直恒」と鮮明に読める。

（21）熊谷光子「帯刀人と畿内町奉行所支配」（塚田孝・吉田伸之・脇田修編『身分的周縁』（部落問題研究所、一九九四年)。
(22)『徳川禁令考　前集第五』二六五三。
(23)『徳川禁令考　前集第五』二六五四。なお二六五八もこれら同様、「百姓株」を甥に引き受けさせることが「其身一代限修験」になる条件とされている。
(24)註(1)拙稿。
(25)なお、正徳四年(一七一四)に宛名を「安田数馬様」とした銀子借用証文があることにも注目しておきたい(正徳四年「預り申銀子之事」大島家文書B33)。「大島数馬」となってすでに七年が経過しており、改名自体が正確に理解されていなかったとは考えにくい。これは宝永四年以後、通称こそ「数馬」を使用するようになったものの、正親町三条家の用向以外では、右馬寮の地下官人姓である大島姓を私用していなかった可能性を示唆している。
(26)「家記」によると、安田家はその出自の由緒(第三章参照)から本姓を橘姓としていた。大島姓立野氏を名乗って以降も、家紋は従来の橘紋を使用している。
(27)「帯刀人御改帳」(「日記」寛政九年九月三日条)。大島数馬以外には、「地頭用非常之節帯刀幷神事帯刀」する「惣代庄屋　斎藤藤左衛門」、「神事帯刀」する「当村神明座頭年寄　仁右衛門」の二名が帯刀人改帳に記載されている。
(28)相給村落の領主にとって、株百姓数の維持は大きな関心事であったことは、第一章・第二章で詳述した通りである。
(29)以下出勤実態の分析は、注記がない限り「日記」による。
(30)寛政一一年四月「公則卿日光御参向雑記」(大島家文書D2―10)。
(31)なお、文政期、一時直良は雑掌「加田文之進」とも名乗り(註64参照)、また直方は寛政期の日光例幣使随行時のみ雑掌「大嶋主殿」と名乗っている。名前によって相応の格式があり、事情により公家家来としても名義調整があったとみられる。興味深いが今は指摘するに留めておく。
(32)註(64)参照。

(33) 宝永二年一二月「酉年御勘定之覚」(大島家文書G18)、同五年一二月「子年御勘定之覚」(同G20)、元文元年極月「辰年三条様御勘定(之覚)」(同E2)、同五年極月「申年御勘定目録」(同G24)。

(34) 下橋敬長『幕末の宮廷』(平凡社、一九七九年)。

(35) 京都大学法学部所蔵「士族明細短冊」。第三節参照。

(36) 『嵯峨実愛日記』(東京大学出版会、一九二九年発行、一九七四年覆刻)。

(37) 天明七年七月「乍恐口上覚」(大島家文書C13)。

(38) 天明七〜八年「密事控」(大島家文書D2―8)。天明七年九月二二・二三日条。以下この事件は同史料による。

(39) 『翁草』の著者として知られる神沢杜口の次代。

(40) 天明八年四月「一札」(大島家文書B44)。

(41) 年欠(天明七年)「乍恐口上」(大島家文書C16)。

(42) 池田家文書。なおこの史料でも、直方は第三章第一節で述べる「直武」印を押印している。

(43) 文政七年「略誌」(大島家文書D2―4)。忠右衛門については第二章参照。

(44) 前掲「略誌」。「大嶋専右衛門」宛の証文も現存(寛政一〇年一二月「借用申銀子之事」大島家文書 B49)。

(45) 以下は天保四年「大炊道場様諸雑勘定日記覚帳」(大島家文書D2―15)。

(46) 大島家文書J3〜6。天保五年・弘化二年九月・同三年六月・同四年八月分。

(47) 「日記」嘉永七年三月一一日条。

(48) 嘉永四年三月「五十ケ年賦崩済一札之事」、向日市文化資料館所蔵鳥羽屋文書 A経営④金融316(同館『山城国乙訓郡向日町鳥羽屋文書調査報告書』、一九九三年)。

(49) 嘉永四年三月「五十ケ年賦崩済一札之事写」(大島家文書B71)。

(50) 大島家文書B40〜43・45〜51・53・55〜62・65〜70・72〜73。

(51) 池田家文書。

(52) 石井良助『はん』(学生社、一九六四年)。

(53) 第二章で指摘した上里村作右衛門の事例もその一つ。他に村役人層の石見村源左衛門(池田家)をはじめ、同村内での事例は枚挙に遑がない。

(54) 千葉真由美は、近世百姓が印形を重要視し、自己の存在証明として意識していることを指摘している（「印――意思表示のかたちを探る――」（歴史科学評議会編『歴史をよむ』、東京大学出版会、二〇〇四年）。ここでの同一印の使用にも、かかる意識も作用していると考える。

(55) 文政六年八月「正親町三条様御高四拾五石也水帳」（大島家文書G28）。

(56) 文政五年「子園水荒雑記」（大島家文書D2―13）。

(57) 大島家文書C22。

(58) 大島家文書G26。

(59) 以下因幡堂領の史料は池田家文書。

(60) 以下善峯寺領関係史料は善峯寺文書。

(61) 以下甘露寺家領関係史料は池田家文書。

(62) 以下出勤形態の概要は「日記」による。

(63) 「日記」寛政七年三月一六日条。

(64) 「日記」文政元年八月一七日条、一二月二五日条。

文政二年（一八一九）、長らく断絶していた正親町三条家諸大夫加田家の再興は、直良の辞退により、同家用人上田斎宮を諸大夫加田周防守とすることで決着する。正親町三条家では、古来「諸大夫家名千葉・加田」（「日記」文政元年八月一八日条）との先例があり、上田斎宮は加田姓に改姓した上で、諸大夫として任官するという手順を踏んだ。しかし当時、「加田氏父(直良)江先達被為仰付、御請申居」（「日記」文政元年八月一八日条）ていたといい、諸大夫家再興に向けて、これ以前に「加田」姓は大島家に与えられ、直良は「加田文之進」とも名乗っていた。そのため、諸大夫辞退にあたり、直良は必要であれば「加田」の名義を辞退返上する趣旨を述べたが、最終的には次のよう取りはからわれた（「日記」文政二年閏（四）月二九日条）。

上田斎宮江諸大夫被為仰付候間、右ニ付先達加田氏ヲ斎宮へ譲り候様被為仰付候得共、先ツ加田氏ニ而被為仰付候得共、父茂加田氏ニ而居候様被為仰候事つまり上田斎宮を諸大夫加田周防守とすることが決まったあとも、「父(直良)茂加田氏ニ而居候様」と命ぜられており、事実その後も直良は「加田文之進」の名も保持した。「先達被為仰付」とあるが、一体何時から「加田文之進」名義も保持するようになっていたかは明らかではない。少なくとも、文政元年〜二年の期間、大島直良は「加田文之進」の名義で雑掌としての役目を務めている（同時期息子武幸は「御近習大嶋内蔵太」として出仕）。

しかしこの時期も「大嶋数馬」名義はなくなってはおらず、文政二年（一八一九）七月八日、正親町三条家は「柏屋市郎兵衛と申」町人から銀子を「御借入」をするにあたり、証文に「加田周防守・千葉主計・父(直良)三人連名ニ而印形」することになった際、雑掌千葉主計から大島家に書状を遣わし、証文に書く名前を「数馬ニ而表向往返致す哉、文之進ニ而致し候哉、尋ニ来」ている（「日記」文政二年七月八日・九日条。文政二年時の日記筆記者は大島武幸）。これに対する直良の回答は見出せないが、文政二年時、直良は、正親町三条家内において、従来の「大嶋数馬」と、「加田文之進」の両名義を有し、使い分けを行っていたことは確実である。

なお、正親町三条家諸大夫加田周防守を『地下家伝』は「三条家諸大夫入江讃岐守則徳朝臣男」とするが、その実は「日記」にあるように正親町三条家用人上田斎宮である。この上田氏は代々向日町に居住する向日町人別の医師（薬屋）の家柄であり（『向日市史』上巻）、少なくとも宝永期には正親町三条家に出仕していたようである（大島家文書B26）。諸大夫加田周防守となってからも向日町に居住し、薬の調合も依然行っていた（第六章参照）。そのため上田も「身ニ取而此度官位ヲ請候義、無此上義ニ候得共、常勤致候処甚以而大困リ」と述べて、常勤による本業との兼ね合いを心配しているが（「日記」文政元年八月一八日条）、その後元治元年九月に没するまで諸大夫を務めた（『嵯峨実愛日記』元治元年九月一日条）。加田周防守は三条家諸大夫入江讃岐守藤原則徳の猶子となり、本姓藤原、諱範胤と称した。天明五年生まれとされる。嘉永三年に従五位上まで昇っている。

なお、上田を諸大夫加田周防守とするにあたり、その諸大夫家再興手順を大島武幸が簡単に記しているので、参考までに挙げて置きたい（「日記」文政二年閏（四）月二九日条）。

諸大夫之儀、始メハ六位侍ニ而願出シ、三十日計シテ諸大夫ニ相成ル事ニ而御座候、両三日之内、初官位被為願様子御座候、扨亦此度御再行(興)故、転法輪(三条)家諸大夫入江讃岐守遊(猶)子与相成、初官位願事也、遊(猶)子ニ相成ルニ付、仲人ニ者丹羽出雲守(三条家侍)相成り世話致し候由承り候、右六位侍者国ノ介也、諸大夫ハ国ノ守ニ相成ル事也実際上田斎宮はまず「加田斎宮」と加田姓になったあと、六月一三日に「従六位下周防守」となり、同日晩、正親町三条家内で諸大夫として披露されている。
(65) 明治二年一一月「巳年租税定状」（大島家文書Z3）、同三年閏一〇月「当午租税仮状」（同Z5）。いずれも聞名寺領分の免状で、「京都府租税掛」印のある原本。
(66) 明治二年「父東京下向諸雑記」（大島家文書Z4）、『嵯峨実愛日記』明治二年三月二一日条。
(67) 『嵯峨実愛日記』慶応元年五月二七日条。
(68) 『嵯峨実愛日記』明治三年九月二九日条。
(69) 深谷博治『新訂華士族秩禄処分の研究』（吉川弘文館、一九七三年）一三七頁。
(70) 『嵯峨実愛日記』明治三年九月二九日条。
(71) 「嵯峨大納言ヨリ家士大島直珍給禄高ノ儀ニ付届」（『公文録』明治四年・第六十六巻・辛未七月・京都府伺（三））国立公文書館所蔵。
(72) 京都大学法学部所蔵「士族明細短冊」。
(73) 「日記」明治九年二月一八日条。
(74) 註(1)拙稿。
(75) 同居形態の壱人両名については、西村慎太郎氏が内膳司史生の例を明らかにしている（西村慎太郎『近世朝廷社会と地下官人』、吉川弘文館、二〇〇八年）。
(76) ③については、具体的事例を別稿で提示・検討する。なお、支配側からみると、壱人両名は公認（③）・非公認（①・②）という二種に分類できよう。

第五章　大島家の学芸活用

第Ⅰ部でみたように、天明七年（一七八七）の元右衛門一件を契機として、石見上里村の運営体制は大きく変化した。それは小野伝左衛門（元右衛門）家による主導的村落運営から、多数の「小庄や衆」（株庄屋たち）による合議的村落運営への移行であったが、小野氏という主導者の欠如と、各株の利害を優先する多数の株庄屋たちによる村落運営は、結果的に村の秩序を頽廃させた。実際文政期の六右衛門一件では、村落内における意見の不一致が表面化してその騒動が長期化したように、元右衛門一件以降における村落秩序の頽廃は、誰の目にも明らかな状況にあった。

大島家は正親町三条家家来という、他の百姓にない側面を有したが、天明期以降の村落状況を背景に、大島直良の時代には別の多様な活動からも、村内における地位向上を模索する動きをみせていく。

大島家の場合、それは自家が保持するようになっていた「知」の在方における活用、具体的には手習師匠・在方医師としての活動の活発化としても表れてくる。背景にある村落状況を踏まえれば、その活動理由を、大島家当主の個人的志向のみに求めることはできない。それは社会変容に対し、自らの「家」とその属する「村」の危機に対処しようとする、村役人層による一つの意識の表れとして位置づけ、理解されねばならないであろう。

ゆえに本章では、近世後期、大島家がどのような知・諸芸を有し、それを村や地域においてどのように活用したか確認したい。なお、「知」の活用として最も可視的な形は医師としての活動であるが、医師活動については、

第六章・第七章で詳述するため、本章ではそれ以外について論述する。
なお、本章は特に注記のない場合「日記」を使用している。

一　大島家の修学活動と態度

（一）修学と読書

まず近世後期の大島家が、どのように知の習得を行ったかをみたい。

大島直良は、大島家に養子に入る以前、儒学を古註学の宇野明霞に学んだ武田梅龍の門下、村瀬嘉右衛門（栲亭）に師事していた。養子に入った天明元年（一七八一）以降、同七年までは京都の村瀬家へ年礼に訪れているが、その後関係は途絶していたようである。[1] 直良が「日記」を書き始める以前であるため、その修学事情は不明である。なお、医学は実父である上久世村岡本左内の後妻の兄で、東洞院四条上ル町の医師・能勢秀治に師事した。

また息子の武幸は、文化一二年（一八一五）に京都の医師和田泰仲のもとへ「傷寒論開講講釈」に通っているほか（第六章）、文化六年には「澤九介」なる人物に師事し、月に四、五回程度その「講釈」に出席している。[2] 一日往復の距離にある京都への通学により、知識の研鑽に励んでいたことがわかる。

学問の習得・向上のための方法としては、他に読書による学習が挙げられる。

大島家では毎年正月、「学文始」として読書を行っている（表1）。四書五経・孔子家語・史記・漢書などの基本的な漢籍のほか、『傷寒論』『金匱要略』『尚論篇方論』『脾胃論』『済生方』『格致余論』などの医書や、本草学・博物学の書である『花鏡』（『秘伝花鏡』）といった、医師としての側面を示す漢籍が多い傾向がある。もっとも、漢籍以外にも、『王代一覧』（『日本王代一覧』）や『（和漢）朗詠集』などもみえる。

学文始以外での書籍に関する「日記」の記事は、天明五年三月一七日「いよやへ立寄文選旁訓調ひ帰り申候」とあるのが初見で、ほかに直良による「日記」には、多くの書名が見出される。いくつかを挙げると、「内鑑」(同年六月一日)、「大成論・鍼灸抜萃」(同九月二日)、「荘子」「三玉集」(天明七年正月二七日)、「古今集」(寛政八年六月一四日)、「源氏物語」(寛政九年一月二七日)、「須磨記」(享和三年二月二三日)などで、また書物ではないが、四月一日「日本絵図・エゾ絵図等十六枚」などもみえる。もっとも最初の文選旁訓を除き、多くは知友との貸借記事である。なお、寛政一〇年(一七九八)八月一〇日には「今日与　主君土佐日記読合セ、自朝至三更」との記事もみえ、正親町三条家当主とともに土佐日記を読んでいる例もある。直良は天明七年の一時期、正親町三条家の「八千姫様」の「御読書御師範」を命じられたこともあり、一定水準以上の読書知識を有していた。[3]

文政九・一〇両年の「日記」には、直良と交流があった鶏冠井村の蘭方医・宇田原中(愿仲)[4]との本の貸借記事を多く見出せる。文政九年には「約束之書物借用」(一月九日)、「借用之本返し、両国志借用」(二月四日)、

表１　大島家の学文始

年	月日	書名
天明5	1.1	『傷寒論』序
6	1.2	『傷寒論』仲景序文
7	1.4	『論語』
8	1.1	『孔子家語』
寛政3	1.1	『易経』
4	1.1	『書経』
7	1.1	『春秋左氏伝』初巻
8	1.1	『前漢書』芸文志
9	1.1	『孟子古義』
10	1.1	『春秋』
享和3	1.1	『金匱要略』
文化6	1.1	『前漢書略』
12	1.1	『史記評林』
文政1	1.1	『尚論篇方論』
2	1.1	『脾胃論』
5	1.1	『花鏡』
9	1.1	『済生方』
10	1.1	『格致余論』
12	1.1	『王代一覧』
天保5	1.1	『朗詠集』
10	1.1	―
13	1.1	―
14	1.1	―
弘化5	1.1	―
嘉永7	1.1	―
安政5	1.1	―
万延2	1.1	―

註：天保10年以降は書名不記載。

「両国志返弁、三楠実録借用」（同一九日）、「借用之三楠実録返シ」（三月二二日）などと、本の借用を行い、直良からも「救荒本草所望ニ付かし申し候」（文政一〇年五月一七日）などと貸しており、相互で貸し借りを行っていた。

右のほか、この時期に貸借した書名は「通鑑箋注」、「通俗三国志」、「大和本艸記聞」（これは矢部氏[5]から借用）、「虫譜」、「読史余論」（丸屋伊兵衛から借用）、「詩経」五冊、「哥小本」などがみえる。

宇田原中とは医師同士らしく、漢籍や本草関係の書物の貸借もあるが、ほとんどは「両国志」「三楠実録」「通俗三国志」等の読本であり、知の習得や学習というより、明らかに娯楽的要素の高いものであるが、多様な書物を読んでいたことが、これらの記事から知ることができよう。

（2）文化集団との距離

文政期、向日町では絞油商鳥羽屋九郎兵衛を中心に、地域の文化人たちによる集団が形成されていた。[6]鳥羽屋には「向日里人物志」と題する、『平安人物志』の体裁をまねた文化人名簿が残っている。[7]「向日里人物志」には、向日町や周辺諸村に居住し、鳥羽屋の文化集団に所属した百姓や向日町で商業を営んだ人々の名前が、和学・和歌・儒家などの分野別に列記されている。この集団は向日神社神主で国学者として知られる六人部是香がその中心的人物で、彼らの中には、医学・国学等の私塾へ遊学したものも含まれていた（表2）。

しかし大島家の人物は「向日里人物志」に記載はなく、この集団に所属・参加していた形跡はない。ただし日常的場面においては、石見上里村も向日神社の氏子村であるため、直良も同社には度々参詣しているし、鳥羽屋には借銀もあり、従来交流もあった（第四章参照）。ほかに「向日里人物志」の「将棋」の項に挙がる同町の住人魚屋平兵衛・綿屋吉之助とは、大島直良が文政一二年八月七日、向日神社日参のついでに向日町に立ち寄った際、魚屋平兵衛で醬油の仕替えをたのみ、綿屋吉之助で金二歩二朱借用しているし、また「向日町綿吉ゟ病気見廻として鱧壱尾被送候、尤彼方家内一等痢病ニ而、先月廾日ゟ員馬（直良）療治被頼、于今行向ニ付て也[8]」等の記事をはじめ、綿屋吉之助へは医師として診察にも何度か出向いている。また前述した大島直良の友人である宇田原中は、「向日里人物志」にも記載されている人物であった。

このように鳥羽屋の文化集団に参加していた人々との接点を有していながら、直良がこの文化集団に参加しなかったのは、直良にとっての「知」の活用目的が、「向日里人物志」の人々と根本的に異なっていたためであろう。すなわち「向日里人物志」に挙がる学芸は、「医」を除くと、和歌・連歌・書・詩・三味・茶道・算・将棋など、実生活とは直接結びつかない遊芸である。さらにその遊芸は、仲間内でも一応完結するものの、主導的な人物は向日町周辺での交際に止まらず、その知識を地域の外、京都や他国にまで広げ、他地域の文化人と交流しようとする傾向がある。「向日里人物志」にみえる宇田貞蔵・六人部縫殿・並河帯刀・岡本弥兵衛などが、本居大平へも入門している事実（表2参照）は、こうした文化集団の交流を契機として、居住する空間から外へ向って、展開する性質を有していたことを示していよう。

これに対し、直良の「知」の活用は、第六章・第七章での医師活動をみれば明らかなように、常に村・自身の生活地域内に向かっており、村外、殊に生活地域外への、実生活と遊離した「知」の交際には、必ずしも積極的ではなかった。もちろん後述するように和歌や漢詩も嗜み、明らかに個人的趣味とみられる遊芸を楽しんでいた時期もあり、またその関心は、異国船の動向など外にも向けられているが[9]、直良の根底にあるのは、「村ノ為、人ノ為、家ノ為」を一体として自家の「家務」とする認識であった（第三章）。ゆえにその「知」の活用は、自身の所属する村と、それに所属する自家の地位向上に関心が向けられていたため、鳥羽屋の文化集団との交際には向かわなかったとみるべきであろう。

文化史の研究上、「向日里人物志」に記載される人々と大島家は、同様に地方の文化を担った「在村知識人」「地方知識人」等と包括されえようが、その「知」の習得・活用の目的や性格についてはそのような相違がある。

表2　近世西岡周辺における私塾入門者

入門年	名前	門人帳記載居住地名	塾主
元禄9年(1696)	竹内源七郎	山崎	山脇玄脩
寛延4年(1751)	能勢定市	西岡神足村住、後移寺戸村	伊良子家
明和9年(1772)	釈哲悟	西岡物集女村	皆川淇園
文化5年(1808)	大橋大進	西岡	海上随鷗
〃	宇田貞蔵	洛西	海上随鷗
(不詳)	〃	西岡	本居大平
文化5年(1808)	岡田才造	西岡樫原	海上随鷗
文化11年(1814)	宇田隆次郎	西之岡	小森桃塢
文政6年(1823)	六人部縫殿	向日町	平田篤胤
(不詳)	〃	乙訓郡	本居大平
文政6年(1823)	宇田元吉	洛西神足	小森桃塢
天保3年(1832)	大橋済司	西之岡	小森桃塢
天保10年(1839)	宇田雅楽	洛西長法寺村	小森桃塢
弘化3年(1846)	長谷川源三郎	京西岡	篠崎小竹
嘉永5年(1852)	渋谷棕軒	今里村	広瀬元恭
嘉永6年(1853)	桂巴	西岡大原野	吉益復軒
慶応4年(1868)	渋谷文平	今里村	広瀬元恭
〃	小野信一郎	上植野村	平田篤胤
(不詳)	岡本弥兵衛		本居大平
〃	並河帯刀		本居大平

註：調査対象とした門人帳とその出典は以下の通り。
「第二世芸叟先生門人藉」(竹下喜久男『近世の学びと遊び』、2004年)、「山脇東洋門人帳」「山脇門人帳」「養寿院玄冲門人録（山脇家門人帳）」「伊良子家門人帳」「荻野元凱門下姓名録」「賀川門籍」「社盟録（海上随鷗門人帳）」「小森家門人帳」「受業生姓名籍（百々家門人帳）」「探頷術伝授姓名録（水原三折門人帳）」「時習堂弟子籍（広瀬元恭門人帳）」「樫園先生門籍（小石元瑞門人帳）」(以上、京都府医師会医学史編纂室編『京都の医学史資料篇』1980年)、平野満「吉田長淑　蘭馨堂門人の拡がり」(愛知大学綜合郷土研究所『近世の地方文化』1991年)、高橋克伸校訂「華岡家所蔵「門人録」翻刻資料」(『国立歴史民俗博物館研究報告第116集　地域蘭学の総合的研究』)、町泉寿郎「吉益家門人録(一)～(四)」(『日本医史学雑誌』第47巻第1・2・4号、第48巻第2号、2001～03年)、梶谷光弘「達生園門生録　附醇生庵探頷伝授録」(『日本医史学雑誌』第48巻第2号、2002年)、「適々斎塾姓名録」(緒方富雄『緒方洪庵伝』1942年)、古西義麿「緒方郁蔵と独笑軒塾」(『日本洋学史の研究IV』1977年)、田崎哲郎「曲直瀬家門人帳」(『啓迪』第19号、2001年)、森納「藤林普山とその子孫、門人録」(『日本医史学雑誌』第38巻第4号、1992年)、八木淳夫「初代養寿院山脇玄心とその門人達の伝記に関する新知見」(『啓迪』第17号、1999年)。

「在村知識人」については、その地域や家の背景をよく踏まえた上で、慎重にその存在意義について検討を加えねばなるまい。

二　手習師匠の活動

（一）経営形態の変遷

次に大島家による寺子屋の経営についてみていきたい。

手習師匠として活動は、直良が日記を書き始めた天明五年（一七八五）には「手習子供礼ニ来」などの記事がみえ、同年以前からの開塾が確認できる。ただし「日記」の現存する万延二年（一八六一）までの期間、その経営形態は時期によって変化している。なお、大島家の寺子屋に関する記事は「手習子供礼ニ来、銀封持参」など、端的な記載が大半で、具体的教育内容はほとんどうかがいえない。

天明五年～文化六年までは、おおむね間断なく開塾されていたようだが、文化一二年（一八一五）・文政元年（一八一八）には「日記」に関係記事が見受けられない。文政二年には五名が入門しており、その名前は同年七夕祭（後述）の際に「辰五郎・巳之助・弁吉・伊之助・由太郎」と、その名がみえる。その後文政五年以降も文政一〇年一二月一八日に「手習子供弐人呼賦り物頼ミ」などとみえ、手習子供の存在は確認できるが、記事は激減しており、文政九年以降は、主要な行事であった七夕祭も確認できなくなっている。

文政一二年以降には、夜学形態へと変化したことが確認できる。文政一二年「日記」の手習子供関係記事すべてを列挙すると、「夜手習衆中春賀、銀封持参」（一月一日）、「夜習始」（一月二四日）、「夜習子供礼ニ来」（三月三日）、「夜習子供今晩限り」（四月三〇日）、「夜習子供礼ニ来」（五月五日）と、これまでの「手習」がすべて「夜習」という表現となり、開講期間も一月二四日～四月三〇日の三か月間、つまり農閑期の夜に限定された、所謂夜学の形態となっていたことがわかる。

その後、天保五年～安政五年（一八三四～五八）における直珍の「日記」では、弘化五年（一八四八）の元日に「夜習子供熊次郎・乙吉、銀封持参、年礼之事」、天保五年一月一〇日「今晩素読門弟相招キ雑煮遣し候事」（「素読門弟」については後述）という記事がみられる程度である。直珍時代にも手習子供を受け入れていたようだが、文政一二年以降はやはり夜学の形態であったとみられる。

夜学への形態変化には、文政元年に隣村今里村に寺子屋が出来たことをはじめ、天保六年～慶応三年（一八三五～六七）までに、乙訓郡下に一一の寺子屋が開業するなど[10]、近隣における寺子屋数の増加も関係していると考えられる。とりわけ隣村上羽村の心正堂は多くの寺子を有し、その中には石見上里村の子供も三名みえる[11]。同業者との競合が、経営形態変化の背景にあろう。

なお、直珍の時代には、直珍自身が耕作はもちろん、正親町三条家家来大島数馬としての出勤に加え、聞名寺の株庄屋利左衛門としての仕事、さらに医師活動をも継続しており、時間的余裕が減少したことも、手習師匠としての活動に影響したとみることができる。なお直珍の父直良は隠居後省斎と称し、天保五年には隠居屋を普請して移ったため、同人が病気になった時期のほかは「日記」に登場しなくなる。しかし直珍が医者としての活動を確認できるようになる天保一四年ごろまで、直良は医師活動を続けていたようである[12]。直珍の「日記」に手習師匠の活動があまり記されないのは、その経営を直良が行っていたためとも考えられるが、いずれにせよ直珍の「日記」からは、手習師匠としての活動はあまり確認できない[13]。

万延二年、「日記」筆者が直勢に変わると、手習子供の記事が再び登場する。六月二四日に自身出京して「寺子供七夕祭前ニ而提灯張替へあつらへ置、外ニ色紙蠟燭等買求」て七夕祭りを準備し、七夕当日は「寺子供昼飯ニ相招」いているが、以降は不明である。

（2）入学者と諸行事

大島家への「入学」者は、「入学」の際に親が「赤飯」「煮染」「蒸物」などを持参するのが例となっている。「酒弐升鯣弐把」などの持参の例[14]もあり、また入学前、父母や祖母などが予め大島家へ依頼に来ている例も確認できる。なお、こうして持参された赤飯や煮染は、子供たちや近所に振る舞われている。

入学日の判明する子供を一覧にすると表3になる。近隣の灰方・井ノ内・下条村の人物もいるが、多くは石見上里村百姓の倅・娘である。相給村落という性質上、その親の持高や階層構成を仔細にみることはできないが、株庄屋・年寄等を務める村役人層が多くみえる。たとえば五郎右衛門（甘露寺家領村役人、大島家の隣家）・林右衛門（白川家領村役人・文政期は村庄屋も務める）、太兵衛（正親町三条家領村役人）、勘兵衛（戒光寺領村役人）、茂兵衛（甘露寺家領村役人）、平右衛門（大炊御門家領村役人）などは、村役人層の百姓である。

その一方で、七五郎の父九兵衛は、大島家から出入三軒と称される小百姓（古くは大島家の家来筋であったとされる家だが、近世後期には明確な主従関係は存在しない）であり、七五郎はその後、寛政期に大島家の下男として働いている。また宇之介の父七郎右衛門も、同家出入の百姓で、借家で青物屋を営んでいた人物である。大島家の寺子屋は、主に村内百姓の子女を対象としたものであった。

入学した手習子供たちは一月一日・三月三日・五月五日・七月十五日・九月九日などに「手習子供礼ニ来」ており、その際「銀封各持参」している。年始の挨拶には手習子供が「銀封持参」で礼に訪れると、大島家は年玉として「筆一対」や「墨」を遣わしている。同家の寺子屋には、正月の焼餅振廻・書初め（長岡天満宮へ奉納）・七夕祭・火焚などの行事がみられる。こうした行事のうち、文化六年までは、年始挨拶と七夕祭が毎年欠かさずに行われている。なお、文政二年の手習子供である「辰五郎・巳之助」は、三月一八日に大島武幸・直珍（当時

表3　寺子屋入門者

入門年月日	名前
天明5．1．28	吉松（利右衛門息）
3．10	万吉（次兵衛悴）
〃	新次郎（平右衛門悴）
〃	七五郎（九兵衛悴）
天明6．3．7	娘（忠介娘）
〃	娘（又左衛門娘）
〃	娘（久左衛門娘）
4．21	太吉（源右衛門息）
〃	宇之介（七郎右衛門悴）
6．3	安之介（弥三兵衛息）
〃	竹松（勘兵衛息）
天明7．1．18	松二郎（竹屋茂右衛門悴）
1．29	亀吉（井之内村・四郎兵衛息）
〃	石松（井之内村・四郎兵衛息）
天明8．5．28	おたつ（五郎右衛門娘）
寛政3．4．23	娘（灰方村上条利兵衛娘）
寛政4．2．18	娘（勘兵衛娘）
3．24	源二郎（文右衛門悴）
〃	虎之介（作右衛門悴）
寛政7．3．10	松之介（竹屋茂右衛門悴）
寛政8．1．27	源二郎（九右衛門息）
〃	清吉（清兵衛息）
〃	おしけ（清兵衛娘）
寛政9．3．29	おしも（長左衛門娘）
〃	儀吉（久右衛門悴）
享和3．11．9	半兵衛姪（下条半兵衛姪）
〃	娘（太兵衛娘）
文化6．2．8	いさ（木や半兵衛娘）
〃	てる（茂兵衛娘）
〃	かる（忠助娘）
文政2．1．17	悴兄弟（林右衛門悴兄弟）
〃	悴（治兵衛悴）
2．9	悴（九郎兵衛悴）
〃	悴（忠兵衛悴）

一二歳）とともに「花寺へ参詣」とあり、大島氏が手習子供を連れて花寺（隣村大原野村にある勝持寺）へ出かけていることも確認できる。

手習子供たちの恒例行事として、「七夕祭」が毎年行われていた。七夕祭は近世寺子屋において、学問上達を祈願する賑やかな行事であった(15)。

大島家でも七夕祭は賑やかに行われており(16)、たとえば寛政九年（一七九七）の場合は、前日の七月六日に、「子供短冊相認、竹竿ニ附」け、翌当日には手習子供をよび、料理を振る舞っている。献立は「炙（あじひらき）、平（茄子、こんぶ）、飯」である。なお、「夜ニ入牽牛織女星を祭る、子供遊ニ来り深更ニ及」んでいる。文政二年には「手習小児七夕故夜前来居、尤宿致し候、例之通り日午飯ニ招キ候」とみえ、七夕祭の日は、大島家に子供たちが宿泊するのが例であったようである。なお、天明五年の七夕祭の記事によると、六日に竹竿に付けた短冊は、八日には短冊を川（近くを流れる小畑川であろう）に流している。前述した万延元年の「七夕祭前ニ而提灯張替へあつらへ置、外ニ色紙蠟燭等買求」という記事からすれば、提灯も灯して行われたものであろう。[17]

寺子屋には常時何人の「手習子供」が在籍していたのか不明だが、天明八年六月一六日、大島家が伊勢講御祭の当番を勤めた際、手習子供としておしま・豊之介・おたつ・おもん・おりつ・吉松・亀吉・石松の八人（男四名・女四名）の手習子供が確認できる。うち亀吉・石松の二人は隣村井ノ内村の出身である。ほかに文化六年二月四日、稲荷講当番の際、呼衆として「手習子供八人」と記されているほか、前述したように、文政元年の七夕祭には五名の手習子供の名前が挙がっている。

（3）卒業後の手習子供

手習を終えた子供たちの多くは、その後村内で生活し、または奉公に出たと考えられる。具体的に知れるものは少ないが、「日記」からは、手習子供であった井ノ内村四郎兵衛の二男石松の一事例を確認することができる。

享和三年（一八〇三）一月二四日、河内国慈光寺の和尚が直良をたずねてきた。それは「先年手跡稽古ニ被参候井ノ内四郎兵衛二男石松」で、「別後十三四年ニ相成候、今日被尋候也」といい、石松は寺子屋卒業後村を出て僧侶の修行をし、慈光寺の和尚となって恩師のもとにもやってきたのである。石松は上里の隣村井ノ内村出身で、天明七年一月二九日、兄弟とともに入学し、「別後十三四年」に間違いがなければ、寛政元年ないし二年（一七八九、九〇）頃に村を去ったと思われる。しかし寛政四年の「日記」にも同村「石松」の名が見え、直良の記憶には誤りがある可能性もあるが、石松の就学期間は最長二～三年程度であったと推測できよう。なお、石松在学中の天明七年三月一〇日、石松が疱瘡にかかった際、直良は菓子一袋を見舞いとして送っている。

また大島家には、手習子供のほか、読書・謡の稽古を行う「弟子」の存在も確認できる。「日記」寛政一〇年七月一六日条に次のような記事が見える。

今日伊平次・与平次・理平次・藤蔵・源蔵、右五人酒宴相招申候、右ハ昨日中元礼として金封被送候ニ付挨拶旁也、尤豆腐・吸物ニ而跡ゟ小漬出申候、各宴長し、興ニ入楽ム事数刻ニして被帰候、尤右之かた〳〵ハ去月上旬比ゟ読書幷謡稽古ニ見へ申候故也

この記事から、「伊平次・与平次・理平次・藤蔵・源蔵」の五人が寛政一〇年六月上旬から「読書幷謡稽古」に来ていたことがわかる。彼等は名前からみて百姓の当主ではなく、その子弟である若者とみられるが、「手跡稽古」を終えたのち、読書や謡に興味を持った元・手習子供たちであるとも推測される。その後、寛政一一年、大島氏が日光例幣使に随行した際の見舞として「門弟理平次・伊平次・与平次・源蔵・藤蔵」が「酒弐升」を差し入れている[18]ほか、享和三年三月二三日条にも「弟子伊平次・理平次・源蔵入来、見廻ニ弐升樽被贈候」とみえ、寛政一〇年以降も「読書幷謡稽古」が継続的に行われていた可能性がある。また、「日記」文化六年二月二五日条には「今晩論語満講」という断片的な記事がみえるが、読書の稽古と何らかの関係があると思われる。天保五年正月一〇日にも「今晩素読門弟相招キ雑煮遣し候」との記事がみえ、天保期になっても「素読門弟」の存在が確認できる。実用的な「手習」を終えたのち、大島家へ「読書」「素読」、あるいは「謡」を習いに来る者もあったのである。

以上のような大島家の手習師匠としての活動が、実際村内での社会的関係にどのように作用したか、具体的関連を明らかにすることは難しい。しかし「手習子供」の多くが村に止まって同村の百姓となったとすれば、彼らには大島家に対して一定の尊敬、あるいは遠慮の念が生じたことが推測されよう。

三　日常と遊芸

（一）　遊芸と交際

村役人層同士の文化的交流は、そこで実際生活上の情報交流などがなされた事実を確認できれば、重要なものと位置づけられようが、史料的裏づけを期待することは難しい。しかし第Ⅰ部で述べたような村の社会的背景のなかで、大島家がどのような知を習得し、活用していたかを把握することは、村落や百姓の変容を総合的に理解する上で必要な作業であると考える。本節では、大島直良による学芸活動について、いくつかの事例を提示することにしたい。

大島直良は、第六章で述べるように、享和三年（一八〇三）ごろから医師活動を活発化させるが、それ以前、特に家督相続前の若年期である天明・寛政期には、種々の遊芸に没頭している。

その遊芸のうち、直良が長く嗜んだものが謡である。直良は寛政三年（一七九一）、観世流能楽師片山九郎右衛門のもとへ正月～三月の約三か月間稽古に通っており（上記期間中八回）、翌年には親類である上久世村湯浅右京（実弟ヵ）は、同正月より閏二月まで、頻繁に大島家へ「稽古」に訪れている（上記期間中八回）。また同じ頃より、寺戸村の医師能勢元察も同じく謡の仲間であったようで、寛政七年には能勢との稽古を行い、同年には向日神社において、元察ともに「狂言奉納」を行っている。[19]

文化期になると、近隣の仲間とともに「謡講」を開催している。その仲間は、明崎多一郎という人物を中心に、灰方村の長嶋左近、親類の上久世村湯浅左内、正親町三条家での同僚松本主計、石見上里村の源右衛門・勝右衛門（源右衛門の息子）らで、多くは石見上里村と周辺地域における比較的上層の人々との交際であるが、謡は前述したように、村の若者にも教えていた。

また詩歌の記事も「日記」に散見される。詩歌は法事・慶事などで作られることが多く、たとえば天明六年（一七八六）一〇月の正親町三条実同の三周忌では、「和歌題春懐旧」と命じられて「和歌相認、御殿へ差上」ているほか、同年九月湯浅祐之進（直良の実弟）の一周忌では「追悼絶句七言を呈」し、慶事では、寛政一〇年一二月、母親の「六十一賀」に際し、直良は「竹の枝千世もつきせて老の坂安く越へきしるへともなれ」との和歌を作っている。少し変わった題となったものとしては、天明七年一二月、親類湯浅右京が「帯刀願無滞相済」んだことをうけ、直方が「取敢す祝歌」として「常盤なるまつの千とせの若ミとりたへせぬ家の根さし成けり」と詠んで送った和歌がある。このほか、僧侶や親類との交際上の贈答が多いものの、なかには同村や同地域の人々を対象としたものもある。

すべてを列記することはできないが、たとえば天明六年四月八日、直良は伏見に奉公へ行く石見上里村勘助の息子喜介に対し、送別の漢詩を賦している。「君去春風伏見郷、多年知友堪離情、離情偏恨馬蹄疾、烟樹遥々其幾程」という、凡庸な七言絶句ではあるが、百姓ともこうした漢詩の贈答が行われていたことは興味深い。また文政一〇年（一八二七）八月九日には、同月向日神社で相撲興行が行われるにあたり、村人に乞われて竹馬の飾りつけに記すための「角力之詩」を自作して認めている（「朝香山下会羣雄、此日天晴俵上豊、聊侑一樽応扶与、壮郎好是採良弓」）。

この他、直良には横笛の知識もあったようで、文政九年五月二〇日、長嶋左近が「横笛ノ譜指南」を直良に頼み、直良は一旦「辞之」ているが、その日長嶋は横笛を借用して帰り、三日後再び遊びに来た長嶋から「笛譜習ひ度」と「たつて所望され」ている。

また天明期には、「紙戸棚之襖張替、松梅山水之画彩色ニ而致申候、下拙（直良）画レ之」（天明五年四月六日）、「野夫（直良）久世へ参、画いたし申候」（天明六年二月五日）などの記事がみえ、画の心得もあったことがうかがえる。実際現存する文政四年初冬に直良の描いた「白澤避怪図」からは、その技倆をうかがうことができる[20]。

大島直良は寛政八〜一〇年までの約二年半、乗馬に関心を示し、一つの趣味・娯楽としてかなりの頻度で楽しんでいる。

（2）乗馬

大島直良による馬の購入は、寛政七年一一月である。その購入経緯は「日記」に次のように記されている[21]。

川北吉二郎へ乗馬之事頼ニ参申候、尤右乗馬之儀、当方耕作方ニ付、京都之肥シ殊外高直ニ附候而、一向勘定不合、大凡冬作三反之所ニ而銀弐百匁余之肥シニ当り候故、右乗馬飼候而肥取ニ致候、又ハ慰ニ乗り申候積りニ而、此度新ニ求申候

つまり当時高騰した人糞肥料に代わって、その馬糞を利用する目的で、「乗馬飼候而肥取ニ致」ついでに「又ハ慰ニ乗り申候積り」だったのである。なお、この馬の価格は一両二分であった。

寛政八年正月、これまでの年始諸行事「学文始」「謡始」「掃除始」「湯殿始」等に加え、「馬乗始」（同二日条）が記されるようになる。以後寛政一〇年まで恒例の年始行事となっている。

寛政八〜一〇年までの乗馬回数を表4にまとめた。非常に多くの余暇を騎馬に費やしており、一回の騎馬の時間は半時〜二時、平均的にみると「一時斗」が最も多いが、ときには「半日」に及ぶ。後になると「遠騎」としてやや遠方まで馬に乗ることがあり、また「射術」「騎射」も行っている。こうした乗馬の時間は徐々に増加していく傾向がみられ、寛政八年は年三六回だが寛政九年は六二回（ただし閏年）と大きく増加している。ただし寛政一〇年は息子亀五郎の病状悪化に伴い（付論参照）、三月以外は減少している。

直良の乗馬経験は不明だが、寛政八年二月一日、京都の川北吉二郎に「馬術入門」をしている。川北（「河北」

表4　大島直良の乗馬

年	月	乗馬日(記事)	手入れ
寛政8	1月	2(馬乗始)、3(日午より)、7(父子乗馬)、8(日午より)、12(朝より巳刻迠)、25	
	2月	6(二時斗)、26(半時斗)、28(今朝半時斗)、29(今朝半時斗)	8、24、28
	3月	8(一時斗)、10(朝食後騎馬)、17(一時斗)、27(二時斗・右京同伴)	
	4月	2、18(一時斗)	14
	5月	1(一時斗)、12(早朝騎馬)、21(二時斗)、26(三時斗)	
	6月	7(一時斗)、16(一時斗)、25(早朝騎馬)	5
	7月	5(半時斗)、25	
	8月	27(早朝一時斗)	2
	9月	2(一時斗)、9(半時斗)、14(朝の間騎馬)	4、21
	10月	5(朝之間騎馬)、28	
	11月	15(従未至黄昏)、28(二時斗)	12、16
	12月	2(半日)、9(二時斗)、25(一時斗)	3、4
寛政9	1月	1(馬乗始)、2(遠騎・下久世村まで)、11(一時斗)、14(日午より)、21(弐時斗)、23(遠騎・今朝栗生迠)、30	11
	2月	7(今朝騎馬)、11(半日)、20(早朝)、26(二時斗)	3、14
	3月	3(二時斗)、14(村岡馳走ニ騎馬)、21(一時斗)、24(一時斗)	
	4月	11(一時斗)、13(日午)、20(遠騎)、26(一時斗)	8
	5月	1(暫時)、24	1、30
	6月	2(日午)、7(一時斗)、12(早朝)、16(一時斗)、17(騎馬射)、18(日午)、23(一時斗)	20
	7月	2(遠騎・長岡黒池之辺)、7(半時斗)、15(一時斗)、20(一時斗)、27(一時斗)	5
	閏7月	5(一時斗)、15(月夜・半時斗)、22(半時)	27
	8月	15(一時)、30(騎馬射術)	11
	9月	7(遠騎)、10(暫時)、12(長岡より神足へ廻り向日町より帰る)、15(一時斗)、17(一時斗)、18(一時斗)、22(一時斗)、24(暫時)	4、28
	10月	1(一時斗)、5(暫時)、8(一時)、9(早天)、15(半時)、21(早天)、30(暫時)	11、20、27
	11月	2(暫時)、5(暫時)、7(□(暫カ)時、10(早天)、12(早天・遠騎・長野新田村より大原野北茶屋へ廻り帰)、19(早天・久世川端へ出、西海道より帰)、26	
	12月	2(暫時)、6(遠騎・向日町より調子へ出、長岡へ廻り帰)	13
寛政10	1月	2(馬騎始)、15(暫時)、17(暫時)、20(暫時)	
	2月	5(一時斗)、27(暫時)	12
	3月	3(騎馬射騎)、4(一時)、15、19(二時斗)、20(遠騎・長法寺辺まで)、21(二時斗)、24、25(向日町～調子～長岡社参～光明寺門前～帰)	
	4月	16(暫時)、18(遠騎・大原野)、20(暫時)	6
	5月	25(長岡より友岡)	
	6月	1、9	22

註：「手入れ」は、大原野村の馬医伊兵衛のもとへ出向いた日。なお、このほか実生活の移動で乗馬を使用した例もある（本文参照）。

とも表記）は馬購入の仲介をした人物でもあり、「川北先生」との記載や「川北吉二郎館へ参り馬法相尋」（寛政九年四月二四日）などから、馬術を教える人物であったらしい。のちに「川北番長」とみえる人物と同一人物であるならば、地下官人河北氏（近衛府随身）とも思われるが、詳細は不明である。なお、この川北氏のもとでの稽古が確認できるのは「退殿丹治（直良）、帰りニ川北氏へ参、騎馬稽古」（寛政八年年五月二五日条）のみであるが、それ以外に出勤のついでに立ち寄ることはあったと推測される。

乗馬に慣れてきた直良は、「慰ミ」としての乗馬回数・時間の増加させ、実生活での移動にも使用するようになる。「野夫（直良）日午ゟ騎馬ニ而湯浅氏へ参る、尤見舞也、彼方ニ而降雨一時斗、其間茶飯ヲ食す、七ツ時騎馬ニ而帰る」（寛政八年六月一日条）のように、乗馬で外出する記事もみられる（湯浅氏は直良の実家上久世村の湯浅氏）。こうした日常の移動での馬の使用は、この六月一日以降多くみられるようになる。ただし騎馬での移動先は、近隣の友人・親類宅で、主に直良の実家である上久世村の湯浅家がほとんどである。なお、馬の爪髪手入れのために大原野村の「馬医伊兵衛」のもとへ時折出向いている。

乗馬時の直良は百姓専右衛門ではなく「大島丹治」の格式で行っているとみられるが、これは村や地域において、大島氏が他の百姓との差異を強調する上で、効果的だったのではないだろうか。

また当初の目的である「肥取」も行い「馬糞ちらし」などの記事もみられるが、実はそれほど多くない。早い段階で「慰ミ」が主目的になったのであろう。しかし乗馬が進展するにつれて、本来「肥取」目的の馬であったため、乗馬としては不満を抱くようになったらしい。そのため寛政八年一二月の末には、「出町ノ馬借甚兵衛」にさきの馬と「増金弐歩弐朱」渡して「栗毛馬」（「此馬号ニ常盤ニ」）を手に入れている。直良は寛政九年五月五日には伏見稲荷を参詣して競馬を見物するなど、ますます馬に対する興味を増していく様子がうかがえる。

しかし寛政九年頃からは、他人へ馬を貸し出すようになり、四月二日には湯浅右京が馬を借りに来て、さらに湯浅から「東寺ノ某」に貸している。一二日には「大原野伊兵衛入来、馬を挽桂村へ行、尤借馬也」とあり、一六日には「東寺中観智院役僧」に貸している。寛政一〇年四月七日には、「向日明神前祭」で「兼而乗馬借用いたし度」と望んでいた「植野（上植野）村市郎右衛門」へ貸し出して「借代祝儀として銀二匁、半紙一折」を受け取り、一〇日にも氏神祭（向日神社祭礼）のために植野村（上植野村）へ乗馬を貸して「借代銀三匁」を受け取っている。七月二四日には、乗馬を石見村大助にみせ、八月六日には彼に売却を依頼し、馬を丹波国へ売りに遣わしている。売却された馬は「甚以下料」でわずか「壱歩」にしかならなかった。[22]こうして、二年半にわたった直良の乗馬趣味は終わりを告げたのである。

なお、寛政一〇年頃、幼少の息子亀五郎が一八か月に及ぶ長い病の末、同年八月一日に病死しており、この間直良は頻繁に医師を変え、最後は自らが治療にあたるなどしている。寛政一〇年頃の馬の貸出し、そして売却は、亀五郎の薬代がかさんだことや、乗馬を楽しむような精神的余裕を失っていたことが背景にあると考えられる（亀五郎の病については付論を参照）。

また直良の乗馬趣味は、この時期京都で乗馬が流行していたことも背景にある。この乗馬流行の結果、町人の乗馬増加が次第に問題視されるようになり、寛政一一年六月六日に至り、後年京都町奉行所が乗馬禁令と位置づけた、次のような町触が洛中洛外へ発せられている。[23]

町人共馬ニ乗、又者武芸いたし候ものとも茂有之由相聞江、町人共身分ニ者有之間敷儀、甚不埒ニ候、向後右体之族在之候ハヽ、可遂吟味候間、常々年寄五人組共も右之趣相心得、差留可申候、若不相用もの茂候ハヽ、可訴出候、其分ニ差置候ハヽ、年寄五人組迄咎可申付旨、先年ゟ度々相触置候処、近比町人共其外ニも馬ニ乗間敷身分之者共猥ニ馬ニ乗、市中徘徊いたし候儀とも増長いたし、殊ニ途中早乗等いたし、往来人難儀之趣相聞、町人共者勿論、借馬渡世之者共も不埒之至ニ候、已来右躰之族有之ニおゐて者、見逢次第召捕、吟味

之上当人者勿論、年寄五人組借馬渡世之もの共迄、急度咎可申付候間、其旨可存候
右之趣洛中洛外江可相触者也
　　未六月六日
すなわち大島直良の乗馬趣味を京都での流行をいち早く受容したものとみれば、直良による乗馬は、当時の乗馬流行を受けた、京都近郊の一事例としてみることもできよう。

以上、大島家の学芸について、その修学活動から、手習師匠の経営、そしてその他の学芸について概観した。これらの学芸と、村の変容との関係を直接明確に結びつけるのは困難であるが、文化面における大島家の多様な側面について、明らかにすることができたと考える。

（1）　しかし享和三年一一月一三日、直良は善峯寺円乗坊に村瀬家への入門仲介を依頼され、その際村瀬と久々に面会して歓談している（「日記」享和三年一〇月二五日・一一月一三日条）。
（2）　文化六年「日記」。
（3）　「日記」天明七年二月一二日・一七日条等。
（4）　後述「向日里人物志」にみえる「愿仲」が正確であろうが、「日記」は「原中」「原仲」と当てているのでこれに従う。
（5）　この「矢部」氏は、この頃交流がみられる矢部八郎兵衛という人物で、直良とともに物産会に出かけたこともある（第六章参照）
（6）　この集まりについては、向日市文化資料館『特別展示図録　向日里人物志――幕末京郊の文化サロン――』（一九九三年）に詳しい。
（7）　向日町鳥羽屋文書（『向日市史　史料編』一九八八年）。文政八年作成と推定される写本で、仲間内の遊び心か

ら作られたものとみられる（『向日市史　下巻』一九八五年）。
(8)「日記」文政一〇年八月二六日条。
(9) 大島直良には、天保一〇年写「阿蘭陀言上説・鯨魚説別絵図二枚付諸外国船印旗図」、天保一三年写「蝦夷国異国船着岸略記」など、当時の外患に関する写本があり、後者の写本末には自身の所見も記している（大島家文書）。
(10)『長岡京市史』本文編二（一九九七年）、第二章第三節。
(11) 同右。
(12) 省斎（直良）は、天保五年正月、石見上里村の接する街道で発生した行路病死人に対し、村方の依頼により治療にあたっている（「日記」天保五年正月九日条、同月一一日条）。
(13) なお、直良が能筆であるのに比べると、直珍は筆勢に強弱のある相当癖の強い筆跡である。手習師匠としては、いささか適正に欠けていたのではないかとも推測される。
(14)「日記」文政二年一月一七日条。
(15) 竹下喜久男「地域と寺子屋――大坂とその周辺――」（『地方教育史研究』第二四号、二〇〇三年）。
(16) 七夕祭は「日記」天明五～文化六年（一二年分）、文政二・五、万延二年に記事がみえる。
(17) なお、大坂の寺子屋では、寺子たちが晴れ着を着て提灯などを灯し、町を練り歩いたという（前掲竹下論文）。
(18) 寛政一一年「公則卿日光御参向雑記」（大島家文書Ｄ２―10）。
(19)「日記」寛政七年二月二三日条。
(20) 大島直良氏所蔵の軸装。『京都市歴史資料館紙焼写真史料仮目録』には掲載されていない。大島家で閲覧させていただいた。
(21)「日記」寛政七年一二月一一日条。
(22)「日記」寛政一〇年七月二四日、八月六日・九日条。
(23)『京都町触集成　第八巻』一四七、「京都町奉行所科定類聚」（国立国会図書館所蔵）。ただし乗馬禁止の町触は、「先年ゟ度々相触置」とあるように、延享二年（一七四五）、安永元年（一七七二）にも触れられており（『同上　第三巻』一九三・『同上　第五巻』六一七）、また寛政以降も同様の町触がみられる。

第六章　在方医師の活動実態

近世における在方医師とは、どのような存在だったのであろうか。村や地域の医療を担ったことはもちろんであるが、文化史研究の面からは、在方における学芸の展開を担った存在、いわゆる在村知識人としても認識されている。[1] 特に在村蘭学の研究視角からは、その伝播・普及の担い手として、在方医師について多くの研究がなされてきた。[2] 近年は村・地域内における医療環境や生命維持への関心から、医師の役割を取り扱った研究も増加し、その他の多様な活動・側面についても明らかにされつつある。[3] しかし地域、特に村内部における人々との関係や、そこでの社会的役割については、なお事例を蓄積する必要があると考える。

しかしこの際、近世の医師が一概に論じがたい存在であることに、十分留意する必要があろう。たとえば医師免許制の有無にみられるように、藩・地域によって医師を取り巻く制度や環境の地域差は大きく、それが医師の存在形態や意識にも反映される。また、近世における在方医師は、医師仲間を結成するような専業医師が見られる一方で、村役人や僧侶といった人々の一側面である場合も少なくなく、[4] こうした多種多様な存在形態をもつ医師たちを、同一線上で論じることはできない。

近世における在方医師の一つの特徴として、古くからの村役人層が、医師として活動するようになる事例が多いことをあげられる。このような医師の場合、医師としての活動以前から、村とは濃厚な関係を有しており、村の構成員である一百姓という立場は、医師活動を開始してからも依然変わらない。よって、村やそこに住む人々との関係は、医療を通じた医師と患者という一面的関係にはなりえないはずであるが、百姓という立場と医師という側面は、どのように関連することになるのか。在方医師を扱う場合には、医業を営む村・地域との社会的関係を踏まえた上で、その活動の意味を考察する必要があると考える。[5]

本章は、石見上里村大島家による近世後期の医師活動を対象にして、その医師的活動の展開と往診活動から、医師と村・地域の人々との関わりについて分析する。[6] また、京都近郊村落における医師の活動実態については、これまで明らかにされておらず、大島家の「日記」を通じて、その一端ながら明らかにしたい。

一　医療活動の背景と展開

(1)　大島家の医学関心

大島家は、すでに本書で述べてきたとおり、代々石見上里村に居住する百姓でありつつ、正親町三条家家来でもある存在であった。同家は村内における社会的・経済的地位を低下させた近世後期から、医師・手習師匠として活動するようになっている。

大島家が医学の知識を習得するようなった時期は定かではないが、寛延三年（一七五〇）、近江の矢守忠蔵が石見上里村に来住して医業を営んでいることから考えると、[7] 寛延期の同村は無医村であり、大島家も医師的活動は行っていなかったと考えられる。矢守はその後村を去ったようだが、大島直恒の末子が矢守の養子となっており、この接触は医術習得の契機として少なからず作用したものと推測される。

具体的活動について述べる前に、医師として活動した大島家の各人物による医学知識の習得・修養について述べておきたい。なお、次節でも述べるとおり、大島直方も医学の知識を有しているとみられるが、その習得については史料的制約から全く不明であり、ここでは大島直良以降について述べることにする。

大島直良（通称・丹治〈家督相続前〉、数馬〈家督相続後〉、晩年は省斎と号す）は、天明元年（一七八一）、上久世村の湯浅家から大島直方の養子となった。養子に入る以前、儒を古註学の宇野明霞に学んだ武田梅龍の門下・村瀬栲亭に、医を実父の後妻の兄である東洞院四条上ル町の医師・能勢秀治に師事した。[8] なお、実父である岡本左内（湯浅利政）にも、医の心得があったようである。

大島家では毎年正月に学文始を行っているが（第五章）、そこには『傷寒論』（天明五・六年）、『金匱要略』（享和三年）、『尚論篇方論』（文化一五年）、『脾胃論』（文政二年）、『済生方』（文政九年）、『格致余論』（文政一〇年）などの医書が挙がっている。さらに蘭方にも関心をもち、文政七年（一八二四）には、小石元俊が行った解剖の記録『施薬院解男體図巻』を親類の湯浅良勝と共に筆写しているほか、[9] 同家には『蘭学階梯』などの典籍や蘭引も伝存している。[10]

また本草・博物学にも関心があったとみえ、文化一二年（一八一五）四月二一日には「矢部八郎兵衛来臨、父（直良）同伴ニ而物産ニ京近山へ行向候也、今晩両人鞍馬寺前宿屋ニ而一宿候」とあり、友人と思われる矢部八郎兵衛と「物産」に泊りがけで参加している。この「物産」とは日程から小野蘭山門人山本亡羊の物産会とみられる。[11] 亡羊による物産会の出品者には、直良の師である村瀬栲亭（文化五年出品）や、息子武幸の師家である和田泰仲（文化五年出品）も名を連ねている。物産会は医師研修の場とも言われ、情報交換なども行われたという。そうした影響からか、文政五年の「学文始」では本草・博物学の書である『秘伝花鏡』を読んでおり、文政一二年には、親類の湯浅兵庫とともに西山へ採薬に出かけている。[12] なお同年一〇月には、一時期ではあったが、「医学いたし度」と望んだ知己で物集女村に借宅する土肥司馬に対して『傷寒論』の講釈も行っている。直良は享和三年から往診活動を開始し、七三歳の天保五年（一八三四）まで医師としての活動が確認できる。[13] その後、嘉永三年（一八五〇）に八九歳で没した。

後継であった大島武幸（幼名・岩三郎、通称・内蔵太）は文化六年頃、京都で澤九介なる人物の講釈に出席しているほか、京都の医師・和田泰仲[14]へ入門し、二五歳であった同一二年には和田家で行われた『傷寒論』の講釈へ定期的に出席している。また、同年には父直良が留守の際に代診として病家へ出向いており、医業を継承する意志をもっていたようである。しかし文政九年頃から眼病を患い、やがて失明、その後同一三年、家督を継ぐことなく没した。

かわって大島家を継ぐことになったのは、武幸の弟直珍（通称・慶二郎、家督相続後大島数馬）である。兄武幸と違い、京都の私塾への通学や医学修行の記事は確認できないが、医学の知識を有しているのは確かであり、天保一四年からは、医師としての往診活動が確認できる。ただし従来の出勤・耕作にくわえ、天保四年からは大炊道場聞名寺領株庄屋も勤めており、直良ほど多くの時間を医業に割けたとは考えにくい。とはいえ父直良が病気の際にはその治療に当たり、具体的に病状を書き留めながら対処するなど[15]、医師としての技倆は備えていたようである。しかし安政五年（一八五八）のコレラ流行に際しては、流行の様子を書き留めてはいるものの、直珍自身が医師として特別に対応したような記事はなく、また万延二年（一八六一）には「植疱瘡」（種痘）を上久世村の与次兵衛という「植疱瘡之医」から受けているが、直珍自身が種痘を施した様子はない。このような点からも、直珍は医学知識の向上より、村役人としての活動を重視していたように見受けられる。

直珍の子直勢（通称・周次郎）には医師として活動した記事は確認できない。直勢は手習師匠としては活動したようであるが、医師としては活動しなかったものとみられる。

（2）医師としての活動変遷

天明五年正月三日、大島家は村内に「養命丹」なる薬を配布している。

例年通、養命丹一封ツ、村方へ年玉として賦申候、尤家数寺方用人まで六十四五軒也、別紙ニ家数書留候也（天明五年正月三日条）

「例年通」とあることから、以前から同様の配布が行われていたとみられる。やや時代は隔たるが、「日記」天保五年正月二七日条から上里の戸数が六三軒余と判明するので、この「六十四五軒」は上里の全戸と思われ、上里全戸を配布対象としていたと考えられる。大島家では「伏見やニ而薬調ひ」（天明五年八月一九日条）や「僕、京都へ薬種取ニ遣す」（同年七月二七日条）など、薬屋から薬や薬種を購入しており、「養命丹」は自家製の家伝薬であろう。こうした家伝薬の村内配布は、特に近世前期から中期にかけて村役人層にみられた行動で、村内における家格維持の手段としての恩恵的医療活動と理解されている。(16) 医学の知識を身につけ、医師として往診を行うようになる前段階的活動といえようが、この配布を大島家が古くから行ってきたのか、大島家の地位が低下した近世中期以降、新たに始められたのかは明らかにしえない。

しかし「例年通」だったはずの養命丹の村内配布は、翌天明六年にはみられず、その後も一度としてみられない。養命丹自体、その後は「善峯寺ニ而食主実相坊・閏月坊・仙王坊へ年礼ニ参る、養命丹一包ツ、遣す」（寛政三年正月九日条）、「善峯寺へ年礼相勤、養命丹持参也」（寛政四年正月一二日条）、「野夫(直良)善峯寺へ春礼相勤、養命丹持参」（寛政七年正月七日条）等と、次第に善峯寺への春礼の品としてしかみられなくなる。そして「予(直良)、善峯へ春礼ニ参り候（中略）円月坊・仙王坊・谷坊各養命丹・扇子弐本ツ、持参候事」（享和三年正月九日条）という記事を最後に、以後養命丹は一度も「日記」に登場しなくなる。これは一体何を意味するのであろうか。

この養命丹最後の記事が記された享和三年は、直良による往診活動が活発化していった年であることに注目したい。もっとも、直方も一定の往診活動を行っており、天明期には「大原野村安養寺来臨、右ハ所労ニ付療治頼ニ被参候也」（天明五年六月二日条）、「数馬(直方)岡新田へ療用ニ被参候所」（同年九月二三日条）とみえ、また寛政期にも「善峯寺ゟ使僧来臨、右ハ病人有之候ニ付、胗(診)察可仕旨申来る、数馬(直方)登山被致候」（寛政九年五月二八日条）など、往診の記事がみられる。天明期、直方は医薬の配布と平行して、往診活動も行っていたのである。

しかし、直方による往診と、享和三年以降に直良が行うことになる往診活動には、決定的な違いがある。それは「薬礼持参之旁」（享和三年一二月二九日条）の存在である。享和三年以降には、「病家之礼者アリ」（文政一〇年五月五日条）、「諸礼者有之候、又胗(診)謝之衆入来也」（文政一二年七月一五日条）、「療家礼者アリ」（文政九年九月九日条）、「療用礼者来」（弘化五年一二月二九日条）等、五月五日・盆前後・九月九日・年末等の時期に、診察を受けた人々が、直接大島家へ薬礼を持参するようになるが[17]、直方の時代には、こうした盆暮節句といった特定の時期に、往診先の人々が多数薬礼を持参するという記事が見られないのである。

直方の往診は、先に挙げた例のように、古くから付き合いのある寺院や知己などの依頼を受けて行うもので、特に善峯寺からの依頼が多くを占めている。つまり直方による往診は、一部の固定した患者を対象としていたようで、広く村・地域の人々を対象とする直良の往診活動とは、異なる性質であったとみられるのである。また寛政期、直方は正親町三条家諸大夫が欠員となった一時期、その代役として正親町三条家の御殿に詰めて勤務している。その期間中、医師としての活動は全くできなくなっているはずであるが、その間直良が代診を行うようなこともみられない。それは後述するような、時として往診を理由にして出勤まで断り、不在中には息子武幸が代診をする、という直良の医師活動とは明らかに異なっている。それは直方が、急に往診を停止しても支障が生じないほどの患者数しか抱えていなかったことも示唆していよう。直方は同家の諸活動の中で、医師としての往診活動を特に重要視していなかったとみられる。

このようにみると、享和三年を境として「養命丹」がみられなくなるのは、施薬を主とする直方の活動から、往診を主体とする直良の往診活動への移行を示していると理解できるであろう。

直良による医師としての活動は、「予、諸方へ療用」（享和三年正月一一日条）という記事が初見で、享和三年の「日記」以降、本格的にみられるようになる。寛政一一年〜享和二年（一七九九〜一八〇二）の四年間の「日記」が欠けていることもあって、その間の事情は詳らかにできないが、この四年の間に往診活動が開始されたとみられる。それ以前、天明五年には「野田左兵衛来臨（中略）終日医論日暮ニ至る（下略）」（天明五年九月二日条）と、「医論」で白熱するなど、当時は医師能勢秀治のもとでの修行を終えてからまだ数年ということもあってか、医学に対する熱意がうかがえるが、その後の寛政期には、謡や乗馬に執心で（第五章）、医師としての活動はおろか、医学に関する記事すらみられない。

往診活動活発化の背景には、第三章で述べたような村落変容があったと考えられるが、ここでは往診活動による薬礼収入によって、家計を向上させようという期待があったことに触れておきたい。

一近所諸払被致候事、当年者殊外薬納に不集ニ而大困り、凢帳面ニ而三四百目程と存候処、様々昨日ゟ今日迄ニ百目計集り候故、払方大口之分ハ盆後と申断申様ナ事ニ而御座候（下略）（文政元年七月一四日条）

文政元年七月一四日、「三四百目程」と見込んでいた薬礼が「百目計」しか集まらず「大困り」し、「払方大口之分」を盆後に回してもらっており、支払に薬礼収入を見込んでいたことがうかがえる。また、文政一二年「日記」巻末には次のように記している。[18]

一当家勘定向ハ（中略）又薬納凢三百目計手当ニ而当節季相仕舞、且薬納ダケハ春払ノ手当ニ而一封も開封不致候事（中略）米弐拾石貯へ、薬納開封不致候事、近来無之候事也

同年は例外的に貯蓄が増した年で、「薬納」（薬礼）は「三百目」程の収入があり、「開封不致」に「春払ノ手当」とすることができたと記している。しかしそれは「近来無之」ことであり、逆に例年は家計の一部として薬礼も使用するということを意味していよう。

このように文政期には、薬礼による収入に期待している状況がみてとれ、往診活動の活発化により、薬礼収入が家計の一翼を担うものとなっていたことがわかる。

享和三年頃から始まった直良による往診活動は、「予、諸方回療後、湯浅氏へ参り申候」（文化六年八月一三日条）というように、文化六年に「回療」という表現に一時期変化している。「回療」とは、あまり見かけない用語であるが、地域の病家を回って診療するということを強調した表現であろう。それまでの活動とは異なることを示したかったのであろうか。その後、またもとの「病用」「療用」という用語に戻るが、やがて年最初の往診日には「員馬（直良）、療治恵方出初め」（文政一〇年一月二日条）などと記されることがあり、直珍の代にも「今晩療用始、半右衛門へ行」（弘化五年一月八日条）、「予（直珍）、療用上羽初参」（嘉永七年一月一七日）などと記され、年を追って村・地域での往診活動が大島家の日常的家業の一つとして定着している。

以上のように、近世後期になると、大島家は家伝薬の配布という恩恵的医療行為から、往診活動を主とする活動へと移行した。その目的の一つには、薬礼収入によって家計を向上させようという期待があった。事実その後薬礼収入は銀三〇〇匁前後という少なからぬ額となって、家計の一部として認識されるようになった。かくして直良による往診活動は、息子武幸・直珍にも継承され、家業の一つとして行われるようになったのである。

二　往診範囲の具体相

（一）　往診範囲

地域への往診は、「病用」「療用」「回療」という文言で表記されるが、通常「日記」は逐一往診先を書き留めてはいない。診療・配剤記録が別に存在していたようで、「日記」は往診について詳細な記録はせず、ただ往診の前後に用向きのあった場合に「予療用後……」「療用相勤候所……」等の形で記載されることがほとんどである。そのため「日記」から全ての往診や、その詳細な内容を知ることはできない。

しかし文化一二年（一八一五）の「日記」は、当時二五歳になった武幸が、「日記」を直良から引き継いで間もない時期とみられ、「父（直良）、病用行向候」「父、寺戸村病用行向」等と、直良の往診を逐一記録している。文化一二年の「日記」は八月一日以降が欠落しているため、七月までしか判明しないが、これをもとに大島家の往診範囲について考察を加えたい。

表1は、文化一二年の往診回数を示したものである。灰方村・寺戸村・小塩村がともに二〇回を超え、ほぼ均等の回数になっており、この三か村が主要な往診先であったことがわかる。なお「父、病用」とのみ記され、村名無記載の場合も二六回と多いが、これには上里村内への往診が多く含まれていると考えられる。

往診頻度は平均月一〇日間前後であるが、六月のように二二日間に及ぶこともあれば、七月のようにわずか二日間のこともある。定期的な往診というよりは、病家へ適宜出向いているとみられる。往診は通常直良が行うが、留守中には武幸が代診に赴いている。一日の往診範囲は「父、寺戸村病用行向」「父、大原野・寺戸へ病用行向」といったように一、二か村の場合が多いが、時には「小塩村・上羽・灰方、父病用行向」「父、小塩・灰方・石見・寺戸へ病用行向」「父、大原野村・灰方村・石見村病用行向候」など、三、四か村の往診を一日で行うこともあった。

同年往診へ出かけた村々は、灰方・寺戸・小塩・大原野・石見・長峰・「西山」・上羽・杉谷・物集女・岩倉（西岩倉）である（後掲図）。このように、文化一二年の往診範囲は、寺戸・物集女以外は、主に上里以西の西山の村々で、杉谷・岩倉のような、山中の小さな集落にまで足を運んでいる。なお、六月頃に往診先としてみえる「西山」は、こうした西山の村々という意味で使用していると思われる。

さらに往診範囲を検討するため、文化一二年以外の「日記」で往診先として記される村々をみると、岡村・長

4月	5月	6月	7月	計
回数〔日〕	回数〔日〕	回数〔日〕	回数〔日〕	回数
3〔16, 19, 26〕	11〔2, 9, 12, 19, 20, 22, 23, 24, 25, 26, 28〕	9〔1, 2, 4, 7, 9, 12, 20, 23, 28〕	1〔3〕	26
6〔12, 14, 15, 17, 28, 30〕	7〔4, 7, 8, 10, 15, 17, 18〕	2〔16, 26〕		23
5〔20, 23, 25, 28, 30〕		6〔3, 13, 21, 24, 25, 26〕		22
6〔17, 21, 23, 25, 28, 30〕	3〔13, 15, 17〕			21
	1〔8〕			7
3〔27, 28, 30〕	2〔6, 8〕	2〔13, 15〕		7
		3〔5, 14, 17〕		4
		4〔3, 16, 24, 29〕		3
2〔17, 23〕			1〔16〕	3
		3〔3, 10, 29〕		3
				1
		1〔3〕		1
14日	20日	22日	2日	

(21は武幸代診)

野新田村・岡新田村・蓼平村・坂本村等が挙げられる。これらあわせて考えると、大島家の往診範囲は上里村周辺、東は寺戸、西は「西山」、北は岡、南は石見という領域を推定できる。特に寺戸・物集女以外は西に向かう傾向がみられる。なお、向日町の懇意の人物や、実家のある上久世村の隣村下津林村で診察している例も見受けられるが、基本的には上里村とその周辺の西山の村々、および寺戸村・物集女村という範囲が、大島家の恒常的な往診範囲と考えられる。

(2) 周辺医師との関係

大島家が前項の往診範囲を超えることは、基本的にない。大島家の往診範囲の北限である岡村、特に山陰街道沿いの町場化している樫原宿には、医師荒木氏がいること、また山陰街道以北地域へは、

表1　文化12年の往診

	1月	2月	3月
往診先	回数〔日〕	回数〔日〕	回数〔日〕
村名無記載	1〔5〕		1〔25〕
灰方村	3〔21,23,25〕	2〔1,7〕	3〔7,10,28〕
寺戸村	5〔3,18,24,26,30〕	5〔5,8,20,22,24〕	1〔28〕
小塩村	4〔10,12,15,18〕	4〔21,25,27,29〕	4〔1,7,9,12〕
大原野村		4〔21,24,26,29〕	2〔7,10〕
石見村			
長峰村			
西山			
上羽村			
杉谷村			
物集女村		1〔16〕	
岩倉村			
(月あたり)日数	12日	13日	7日
		(22,26,27は武幸代診)	(7,9,10は武幸代診)

註：文化12年「日記」による。

「日記」でも全くと言ってよいほど行き来がみられず、同家の生活圏からもはずれた地域であるため、往診範囲としていないことは理解できる。しかし井ノ内村のように距離的に近く、また関係も浅くない地域へ往診に出向かないのは、なぜであろうか。そこには周辺地域の医師の分布とその往診範囲が関係していると考えられる。

そこで近世後期の乙訓地域における医師数を把握しておきたい。「日記」と「向日里人物志」[19]、医家の門人帳[20]等をもとに作成したのが表2である。各史料の性格や時代的な偏りもあって、当然網羅的なものではないが、近世後期における当該地域の医師について概観することはできよう。またこうした分布からは、大島家の往診範囲の意味もみえてくる。

この地域において、特に古くから医師

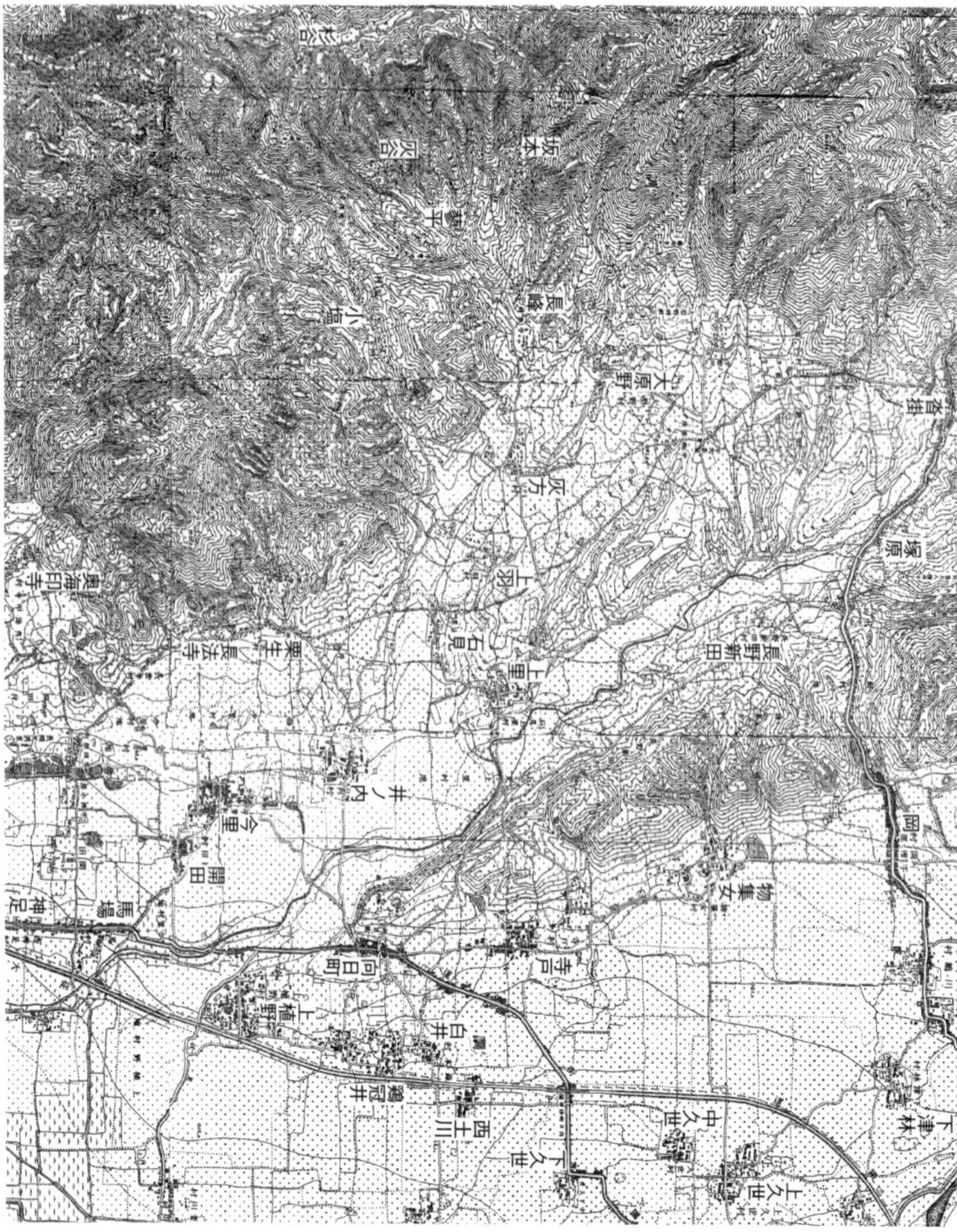

図　石見上里村の位置と周辺諸村
参謀本部陸軍部測量局作成「仮製図」(地図資料編纂会編『明治前期関西地誌図集成』、柏書房、1989) をもとに作成。

表2　近世後期石見上里村周辺地域の医師

居住地	医師名	年	史料	備考
上里村	大島家	天明5年	「日記」	大島直方、直良、武幸、直珍の三世代四名の活動が確認できる。
大原野村	桂巴	嘉永5年	「吉益家門人録」	吉益復軒門人。僧侶と思われる。
灰谷村	村上善治	文政12年	「日記」	文政12年、大島直良の西山での採薬を案内した「灰谷村医師」。
今里村	渋谷丹治	文政元年	「日本教育史資料」	文政元年～慶応2年まで寺子屋「落雷庵」を経営した医師。
	渋谷棕軒	嘉永5年	「広瀬元恭門人帳」	広瀬元恭門人。
	渋谷文平	慶応4年	「広瀬元恭門人帳」	広瀬元恭門人。
長法寺村	宇田周祐	文政8年	「向日里」	儒医の宇田一族。
	宇田雅楽	天保10年	「小森家門人帳」	小森桃塢門人。
	宇田退蔵	安政5年	「日記」	儒医宇田一族と思われる。ただし「日記」では医療行為記事なし。漢学を教授したという（『向日市史』）。
神足村	生駒大輔	寛政8年	「日記」	旧名福味大助、大島直良の紹介で生駒元禎へ養子。
	＿＿清吾	寛政8年	「日記」	生駒大輔代診、神足村住カ（「日記」では姓を失念したのか「＿＿清吾」と記している）
	宇田元吉	文政8年	「向日里」「小森家門人帳」	文政6年小森桃塢門人、しかし「向日里」には「医」の項には挙がらず、「発句師・詩・俳諧」の項に記載。
	宇田貞蔵	文政8年	「向日里」「海上随鷗門人帳」	文化5年海上随鷗門人、また本居大平門人。「向日里」では「和歌・連歌・儒・詩・蘭学・琵琶」の項に記載。
物集女村	土肥司馬	文政12年	「日記」	旧名市之進。直良の医書講釈を受ける。物集女村に借宅。直良の「能勢家ニ而同塾之弟子」であった丹波篠村の松井宗源への養子候補ともなる。
寺戸村	能勢元察	寛政7年	「日記」	大島直良とは謡・能をともに楽しむ友人。但し寛政期以降の「日記」には登場せず。
鶏冠井村	宇田源仲	文政8年	「日記」「向日里」	「日記」では「原中」・「原仲」と表記、「向日里」では「通和蘭究理之学」、「篤実・儒家・阿蘭陀学」の項にあがる。直良とは本の貸借をする友人。
向日町	上田玄順	寛政3年	「日記」	向日町医家上田氏。
	上田元林	寛政7年	「日記」	向日町医家上田氏。
	上田斎宮	文化12年	「日記」	向日町医家上田氏。正親町三条家諸大夫としては加田周防守と名乗る。
	上田隆吉	文政8年	「向日里」	「向日里」では「和歌・書・阿蘭陀学・文雅・琵琶」にも記載。

	嶌(吉田屋)周蔵	文政８年	「向日里」	「薬師ヲスル家」、「向日里」では「発句師・金原近流・儒家・詩・琵琶・俳諧」にも記載。
	並河氏	嘉永７年	「日記」	大島直勢の怪我を治療。
上植野村	村井養源	文政８年	「向日里」	「通五行配当之学」という。
	村井泰純	文政８年	「向日里」	養源の男、父同様「通五行配当之学」、「筆法家・粟田様・詩」の項にも記載。
	上田玄徳	慶応元年	上植野区有文書	向日町医家上田氏。小森典薬頭門人。また「水原三折門人帳」にも同名の人物がみえる。慶応元年、向日町から上植野村へ移る。
上久世村	岡本左内	天明５年	「日記」	大島直良の実父、湯浅家の人物。
	湯浅兵庫	享和３年	「日記」	大島家親類、直良の実兄弟カ。
	湯浅左内	嘉永７年	「日記」	大島家親類、大島家へ「蘭引使用之事頼」に来る。
	村岡主一郎	文政９年	「日記」	「上久世村ニ借宅相構医業渡世」、もとは「鳥羽村（ママ）」住だが大借りの為に移住。
	与次兵衛	万延２年	「日記」	「植疱瘡之医」、大島家は彼から種痘を受ける。
下久世村	河奈辺恒斎	天明５年	「日記」	天明期における大島家の家庭医的存在。
塚原村	岡本良造	慶応３年	「日本教育史資料」	慶応３～４年まで寺子屋も経営した医師。
岡村（樫原）	岡田才造	文化５年	「海上随鷗門人帳」	
	小嶋喜内	文政12年	「日記」	樫原宇治井に住。柳原家出入。土肥司馬と知己、「医にも志し、医家へ養子被行度由」。
	荒木貫介	文政12年	「日記」	小嶋喜内の養子先として名があがる医師。
上鳥羽村	村岡良輔	寛政９年	「日記」	親類、もと村若と称したが、寛政８年７月に村岡と改姓。
竹田村	小児医者	寛政９年	「日記」	大島亀五郎が診察を受ける。
西岡	大橋大進	文化５年	「海上随鷗門人帳」	海上随鷗門人。
	大橋済司	天保３年	「小森家門人帳」	小森桃塢門人。
	宇田隆次郎	文化11年	「小森家門人帳」	小森桃塢門人。

註：「日記」＝「大島家日記」、「向日里」＝「向日里人物志」。「日記」の場合初出年を記した。なお、「西岡」は広域地名「西岡郷」。

として活動していたのは、向日町の上田氏である。上田氏は元和年間には向日町に居住しており、「医師幷家伝薬諸国へ売弘」ることを家業としていた。[21]「日記」にも上田氏が数名登場し、うち上田元林は寛政期における大島家の家庭医的存在であったし、上田斎宮は正親町三条家で「加田周防守」の名で諸大夫を勤め、大島直良とは同じ正親町三条家の家来という関係にあった。もっとも、諸大夫・加田周防守となってからも薬の調合は行い、大島家は何度もその薬を受け取っている。[22]向日町周辺は、この上田一族の往診範囲であったと思われる。

また元禄期に鶏冠井村に来住した宇田氏も、医師として活動した一族であった。[23]分家が神足村・長法寺村にあり、井ノ内以南の地域では、この宇田氏が医師として活動していたと思われる。なお、直良は鶏冠井村の宇田源仲（「日記」では「原仲」・「原中」と表記）とは本の貸し借りなどを行う友人でもあった。今里村には手習師匠としても活動した医師渋谷氏がおり、神足村には大島氏と関係の深かった生駒氏があった。「日記」に登場する生駒大輔はもと福味大助といい、直良の仲介で生駒元禎の養子となった人物である。上植野村では村井氏も医業を行っていたとみられる。また北西の上久世村の湯浅氏も、すでに述べたとおり直良の実家であり、大島家同様医師活動も行っていたとみられる。このように、向日町やその周辺、および井ノ内村以南の地域では、大島家の活動以前から多くの医師が存在し、活動していた。

このような医師たちが、それぞれ自身の居住地を中心にして往診活動を行っていたとすれば、享和頃から本格的な往診活動を始める大島家が、彼らの往診範囲を浸食して競合するような方向に進まず、従来医師のいない地域へと向かうのは当然であろう。

また寺戸村には、寛政期まで直良と謡を共に楽しみ、特に懇意であった医師の能勢元察がいた（第五章・付論）。能勢は大島家へも往診に訪れており、寺戸村周辺を往診範囲として活動していたと推測されるが、享和三年の「日記」以降には登場しなくなる。死去したか、他所へ移ったと考えられる。直良が寺戸村や物集女村を往診先としているのは、能勢がいなくなったあと、その往診先を引き継いだ可能性も十分に考えられよう。

このような事情もあって、寺戸・物集女以外の大島家の往診範囲は、あまり医師のいない西山諸村へと向かっていったと思われるが、西山方面にも少ないながら医師は存在していた。灰谷村には、文政一二年（一八二九）に直良が西山へ採薬に出かけた時、周辺の案内を依頼した灰谷村医師・村上善治がいる。直良が案内を依頼していることからすれば、新参の医師ではなく、西山の地理に通じた人物と思われる。なお、彼の存在のためか、大島家の灰谷村への往診は確認できないが、採薬の案内を依頼していることからも、往診範囲が重なるといって特に競合した様子はない。

このように周辺地域では、大島家以外にも医師が多く存在しており、それぞれが居住地周辺を中心にしてある程度決まった往診範囲をもっていたと考えられる。しかしこの地域では公儀による医師への規制も、医師たちの組織化(24)といった動向もみられないことから、往診範囲は医師仲間のような組織的決定や合意によって設定されたものではなく、各医師が自村を中心とした周辺地域で往診範囲を形成していたと考えられる。

大島家の場合をみても、表2に挙げた医師たちすべてと関係を有していたわけではない。たとえば、宇田源仲との付き合いはあっても、同時代の宇田貞蔵との交流は「日記」にはみられず、上田一族も表2に挙げた以外にも存在するようであるが、「日記」から交際が確認できるのは玄順・元林・斎宮の三名だけである。しかし「日記」からはあまり医師同士の交流が確認できないとはいえ、養子の仲介等を行っていることなどから、一定の関係を有していたとみられ、往診範囲にも医師間で暗黙の了解があったものと考えられよう。

三　「療用」と「療用之序」の交流

（一）往診活動の状況

往診活動の具体的状況を、享和三年（一八〇三）の「日記」からみてみたい。

享和三年時の大島家は、直良四二歳、父直方七二歳、息子武幸一三歳であった。この年も月一、二回程度の正親町三条家への出勤、家作地の耕作、手習師匠等の諸活動を例年通り行っている。そうした状況の下、同年は京都周辺で麻疹が大流行し、直良はその治療に奔走することになった。

麻疹の流行は「日記」の四月一〇日に「去月下旬ゟ療用閙シ、此節麻疹流行大ニ繁多也」とはじめて記され、三月下旬から始まった。四月一五日には「予終日療用相勤、尤当村麻疹大ニ流行、其外村々瘟疫麻疹流行候也」と、村内のみならず周辺地域で麻疹が猛威を奮い、直良は終日往診に奔走した。同月二八日には「岩三郎（武幸）今日ゟ麻疹発熱」、五月一〇日には「於久・小十郎麻疹発熱」と、直良の息子と娘も麻疹に罹っている。流行は六月中旬頃まで続き、薬礼納の七月一四日には次のように記されている。

> 当春ゟ療用閙敷、薬数弐千八百計調合候故、当季謝礼之人々大ニ多シ、先以重畳之至、坂本・長峯・灰方辺ハいつニ而も盆後ニ而未来候、尤当季春比ゟ麻疹大ニ流行、此度之麻（〔疹〕脱カ）ハ京都近国ハ遁るゝ者一人も無之候由、当村ニ而一両人免レ候由也、未聞之流行ト承候、予四月中旬ゟ六月中旬迠ハ大ニ世話敷、夫故野辺之働等ハ見廻りも出来不申候故、吉兵衛ニあてかい与介等助力いたし植付等も仕舞申候事也

この麻疹流行に当たって、自村と地域の村々で「薬数弐千八百計」もの薬を調合し、それだけに「謝礼之人々大ニ多」かった。薬礼はその後、九月九日に「諸方薬礼少々集る」、年末にも「（一二月）廿六七日比ゟ薬礼持参之旁、今日（二十九日）迠連々と入来」している。また同年八月には息子子十郎が病死しており、その治療も行わねばならず、

さらに多忙を極めた。八月八日には親類村岡氏の頼母子講を「予療用ニ差支、且又小十郎所労故」として、往診と息子の病を理由にして断っている。さらに往診で多忙となると、自家の耕作へその皺寄せが行くことになり、「四月中旬ゟ六月中旬迠ハ大ニ世話敷、夫故野辺之働等ハ見廻りも出来不申」という状況になっている。麻疹流行が収まった後も「与介頼ミ内木戸坪町刈始、其外わら揚ケ諸事、予療用ゟ罷帰り手伝候也」など、往診後農耕に従事している。もっとも、このように往診活動で多忙となった大島家へ、「清右衛門子園田を犂申候、是ハ所労之砌世話ニ成候恩謝之由也」（九月一九日条、「子園」は村内の字名）と、「所労之砌世話ニ成候恩謝」として耕作の手伝いにやってくるものもあった。

往診は、麻疹流行の時にとどまらず、常にさまざまな家業や用事のなかで行われている。「予病用仕廻、午より上京」（文化六年三月二八日条）、「予寺戸・物集女廻療、夫ゟ京都へ罷出、先清水氏へ参り夫ゟ出勤」（同年一二月二六日条）というように、往診後に上京、出勤前に往診することもあり、「予回療後、申刻比ゟ与介方へ頼母子手伝へ行」（同年一一月二五日条）、「当家孫兵衛ニ而俄ニ年忘レ興行餅搗、予回療黄昏ニ帰り候而出席」（同年一二月一日条）など、往診の前後に村での行事に出席するほか様々な用事をこなしており、医師としての活動が、村・地域での日常生活の付き合いの中で行われている。

特に直良の場合は、往診活動を優先している場合が多い。文政一二年五月頃に「疫症流行」した際、「員馬、療用繁也」と多忙となると、六月一日の村の伊勢講も「療用繁多之故」不参とし、文化六年（一八〇九）には正親町三条家が光明寺参詣の際、大島家に立ち寄っているが、「予（直良）、岡村へ病用ニ付、御断申上未前刻ゟ罷出候事」（文化六年三月二二日条）と、主人の接待より地域の往診を優先している。また武幸が成長して出勤もできるようになると、「父、病用有之難致出京候故、予参（武幸）殿候」（文政元年八月一七日条）と、出勤を武幸にまかせて医師としての活動を優先する事例もみられるようにもなる。

このような往診活動は、人々に医師による医療を日常的に受けるという意識を生じさせたと思われる。たとえば「今晩灰方村病家ゟ二遍起され終夜寝す」（文化六年六月一四日条）という記述からは、地域における身近な医師として周囲から認識されていることを示している。これは大島家が旧家であり村役人層として、施薬を主とする恩恵的な医療を行っていた時代には、考えられなかった状況であろう。大島家による往診活動の活発化は、村・地域における医師への需要をも創出したといえよう。

さらに患者が自身の手に負えない場合には、京都の医師を紹介していることもある。たとえば「西町（上里村）嘉兵衛義所労ニ付、父（直良）療治候得共不宜候故、予（武幸）之師家ニ而候和田八郎方へ頼度由被為申、則予ゟ書面付候事」（文政二年一〇月二六日条）とあり、村内西町の嘉兵衛に療治を行っていたが、「不宜」ということで、武幸は師家である京都の和田八郎への診察依頼の紹介状を認め、京都の医師による診察の仲介も行っている。

こうした往診活動は、村・地域にとっては、医療環境の充実という効果をもたらし、同時に大島家にとっては村・地域での医師として存在感を示すことにもなったものと思われる。

（2）「療用之序」の交流

「療用之序」として記される、往診先や往復途次での行動にも注目してみたい。

往診の行き帰りでは、上久世村の親類湯浅氏へ立ち寄る記事が特に多いが、他にも「員馬（直良）、療用之序ニ大原野中沢丹後守へ尋問申候」（文政九年一一月一三日条）など知己への訪問、「員馬、大原野療用之序、読史余論三冊、丸屋伊兵衛方へ返却候事」（同一〇年一一月八日条）と借用した本の返却などを行っている。「日記」の記事にみえる以上に、往診の際の村・地域の人々と様々な交流をもったものと思われる。

たとえば、次のような事例も見受けられる。

一当家此度宜敷小児有之候ハヽ、相談も致度存心之処、先達父（直良）療用ニ寺戸村へ行向ひ候処、療事先ニて噂有之候故、帰り予（直珍）へ相談もいたし候処、皆々打寄大躰宜敷事故及相談ニ候積りニ相極、又々療用之序ニ先方被頼候処、世話人寺戸村藤右衛門、肥トクイゟ被頼居候故、先々其方へ可尋旨被申候、尤里元ハ御池屋敷ノ同心ナリ、且又小児ハ女子ニて昨春出生致し候由也、先方も田舎之郷士カ又ハ■（堅キ）百性カ、右様之シカリトシタ処ヲ臨（望）居候趣也、夫故世話人被申候ニハ、当家ナドハ先方之臨（望）処故、早速熟談ニ相成候ト被申候、夫より段々父療用序ニハ藤右衛門方セリ込被頼候（下略）
（「日記」天保五年六月二三日条）

天保五年（一八三四）六月、当時大島家では、「兼而大嶋より別レ之家壱軒拵度」（同月二四日条）という考えがあり、養子を探していた。直良が寺戸へ往診に行ったところ、療事先で偶然候補となりうる養子の情報を得た。それは寺戸村の藤右衛門が、京都の「肥トクイ」から頼まれていた話で、「小児」の里元は「御池屋敷ノ同心」であった。直良はこの情報を持ち帰り、直珍と相談したところ、この養子縁組を成立させる考えに決まり、直良は「又々療用序ニ」話を進めてくれるよう依頼、その後も「段々父療用序ニハ藤右衛門方セリ込」んで頼んだという。縁談話は順調に進んだかにみえたが、二四日に「今四五日之内ニハ、先方より当村へ聞合ニ来候由也」とあるのを最後に、以後何らの関連記事を見いだせない。当初喜んでいた大島家でも、「与力ナレハ拾分ニ候へ共、同心タケ不足ニ候」（同日条）などと不満も記しているので、結果的にこの養子縁組は不首尾に終わったとみられる。しかし往診を通じて様々な情報を得、交流の機会を創出したことを示す一つの事例ではあろう。

さらに往診先では、様々な村・地域の問題について談じることもあった。「一、父（直良）今朝病用ニ罷出候、庄屋仲ま与兵衛方罷居候而招キ候故、父立寄候、李兵衛申ニ者、六右衛門義（以下略）」（文政五年九月二〇日条）は、当時の村方騒動「六右衛門一件」について談じた記事、「員馬（直良）、村役伊介方へ療用ニ行候所、伊介はなし被申候ニハ、姨田川筋之事（以下略）」（文政九年三月二五日条）、「員馬、林右衛門方へ病用ニ行候所、林右衛門演説ニハ、明日杭木買ニ各被参候由（以下略）」（同年八月一〇日条）などと、村役人の伊介や林右衛門のもとへ往診に行った際、当時洪水で破損した小畑（姨田）川側沿の堤防普請について談じ、情報を得ている。こうしたやりとりからは、大島家が医師である以前に村の構成員、百姓であるという立場を示すものであろう。

その他、往診は村・地域にとっての重要な情報を得る機会ともなった。雨が少なかった文政一二年五月一四日には、「療用罷出候而承候所、仄方・上羽辺も植付も難出来由噂ニ候也」という他村の情報を得、天保の上知令の際には「予（直診）、新田村療用、伝聞、小堀支配之天領者、此度取上、大坂支配ニ相成候由也、今日長（野）の新田村抔天領之処弥相違無之、則倹（検）地改見分有之候（中略）予、今日療用則庄屋善蔵方（長野新田村木屋善蔵）へ立寄候処、右之由被噂大ニ困リ被居候、此辺も禁仙御料如何、小堀支配故右之様来候哉、其程も知レ不申（下略）」（天保一四年八月晦日条）といった、周辺地域や自村に関わる上知令についての情報を往診先の立寄先で得ている。

このように往診は地域における情報の獲得・交換の機会ともなっていた。それは大島家の交流範囲や人脈をも拡大させたと思われる。「日記」には伝聞・噂の記事を多く散見できるが、こうした情報は京都への出勤時のほか、往診先で得た情報も少なくないであろう。安政五年のコレラ流行に際しては「此辺ニ者、上羽村之人大坂親類へ葬式ニ参り一昨日帰り、其晩より発シ昨朝死去候由」（安政五年九月二日条）、「近村ニも両三人有之候」（同月一四日条）とあり、こうした村やその周辺地域の情報などは、往診の途次で入手した情報も多かったと思われる。また知りえた情報を他の往診先で話すことで、結果的にそれを伝播する役割も担うことになったであろう。そうした意味で、往診活動は情報の獲得・伝播という側面をも果たしていたと考えられる。

以上、大島家による医師としての活動の展開と具体的様相から、村・地域の人々との関わりについて分析し、京都近郊村落における医師の活動実態の一端を明らかにした。

近世後期、大島家は施薬中心の活動から、往診活動へと進展させた。それは薬礼収入という経済的利益をもたらし、やがて家計の一部として認識されるまでになった。村・地域にとっては医療的充実をもたらし、大島家にとっては村・地域における医師としての存在感を示すことにもなった。

また、大島家の往診範囲について分析し、それが周辺他医との関係の中で形成されていたことをみた。往診活動の状況からは、大島家が出勤や村の様々な活動の中で往診活動を成立させており、「療用之序」の往診先・往診途次での交流は、情報の獲得・伝播の機会ともなっていた。その医師の活動は、同家が医師である前に、村の構成員たる百姓としての立場が色濃く反映されていたのである。

（1）　横田冬彦「近世村落社会における〈知〉の問題」（『ヒストリア』一五九、一九九八年）など。

（2）　田﨑哲郎『在村の蘭学』（名著出版、一九八五年）、青木歳幸『在村蘭学の研究』（思文閣出版、一九九八年）。なお、在村蘭学（地域蘭学）の研究史は、青木歳幸「地域蘭学の構想と展開」（『国立歴史民俗博物館研究報告』第一一六集　地域蘭学の総合的研究、二〇〇四年）に詳しい。

（3）　海原亮『近世医療の社会史』（吉川弘文館、二〇〇七年）、シンポジウム特集「生命維持と『知』――医療文化をめぐって――」（『関東近世史研究』第六二号、二〇〇七年）、菅野則子『江戸の村医者』（新日本出版社、二〇〇三年）、井上淳「幕末期在村蘭方医の医療と社会活動」（前掲『国立歴史民俗博物館研究報告』第一一六集）、佐藤敬子「矢嶋村医師玄寿と上海瀬村の天保飢饉」（『水と村の歴史――信州農村開発史研究所紀要――』第一四号、一九九九年）、天野彩「地方知識人窪田次郎の活動と地域の社会・文化についての一考察――明六社員阪谷朗盧との関係を中心に――」（渡辺尚志編著『近代移行期の名望家と地域・国家』、名著出版、二〇〇六年）、内田鉄平「近世村社会における村医者の活動――島原藩豊州御領の事例について――」（『大分県地方史』第一九八号、二〇〇七年）など。

（4）　塚本学『都会と田舎』（平凡社、一九九一年）、前掲『在村蘭学の研究』など。なお、藩によっては百姓・町人による医師兼業自体が「片手医者」などとして禁止されている場合もある（前掲『近世医療の社会史』）。

（5）村役人層の医師としての活動を具体的に扱った研究としては、菅野則子『江戸の村医者』（新日本出版社、二〇〇三年）、同「地域文化のあり方――谷保の本田家を中心に――」（日本海地域史研究会『日本海地域史研究』第一三集、一九九六年）等がある。

（6）往診範囲やその配剤については、土井作治「近世後期における医療思想の基盤（Ⅰ）（Ⅱ）――安芸国山県郡大朝村保生堂の場合――」（『実学史研究』Ⅵ・Ⅶ、思文閣出版、一九九〇・九一年）が特に精緻な研究としてあげられるほか、細野健太郎「近世後期の地域医療と蘭学――在村医小室家の医業を中心に――」（『埼玉地方史』第四三号、二〇〇〇年）も武蔵国の小室家を取り上げて、その往診範囲について明らかにしているが、従来往診範囲や地域での活動実態についての研究は必ずしも豊富ではない。

（7）天保三年「大嶋氏家記」（大島家文書K1）。なお、近江矢守氏とはその後も交際が続いていたようで、「日記」天明五年九月五日条に、「矢守忠蔵来臨、右ハ京都ニ嫁せられ候娘死去ニ付、江州ゟ上京被致候ニ付被尋候」との記事もみえる。

（8）前註「大嶋氏家記」。

（9）『施薬院解男體図巻』は、寛政一〇年（一七九八）二月一三日、施薬院三雲環善と山脇東海が主催した解剖の記録で、京都府医師会医学史編纂室編『京都の医学史　本文編』（思文閣出版、一九八〇年）は、伝本の所在を六か所掲載し、「大島直良氏蔵」は第六番目として挙げている。ただし同書は「画は湯浅良臍」としているが、「湯浅良勝」の誤り、さらに「大島家では医師になったのはこの人（直良、引用者註）のみであった」と記すが、これも本章で述べた通り、父直方、子の武幸・直珍も医療活動を行っており、正しくない。

（10）「日記」嘉永七年三月九日条には「湯浅左内来臨、蘭引借用之事頼ニ付遣し候事」とみえ、親類湯浅氏に蘭引を貸している記事も見える。

（11）遠藤正治「読書会物産会について」（実学資料研究会編『実学史研究』Ⅱ、思文閣出版、一九八五年）。

（12）「日記」文政一二年四月一〇日条。兵庫は註（9）の「湯浅良勝」と同一人物と見られる。

（13）「日記」天保五年正月九日条、同月一一日条。この記事内容については第七章参照。

(14) 文化一二年「日記」では、「和田能登介」「和田先生」と記されているが、「日記」文政二年一〇月二六日条に「予（武幸）之師家ニ而候和田八郎」とある。和田八郎は文政五年版『平安人物志』医家の項に「和田鉉　字士貫号謙所、烏丸三条北　和田八郎」とみえている。同書文化一〇年版には「和田哲　字哲郎号握虎、烏丸三条北和田泰仲」とあり、典薬寮医師従六位上和田能登介泰仲（中）は文化一二年一二月に没しているので（『地下家伝』、自治日報社、一九六八年）、八郎はその次代であろう。

(15) 天保一三年・弘化五年「日記」。付論参照。

(16) 前掲『在村の蘭学』、『近世医療の社会史』等。

(17) なお、「日記」や大島家文書の帳面類は、包紙の紙背を一部使用しており、その中には「御薬礼　利右衛門」、「御薬礼　寺戸藤右衛門」「御薬料御祝儀」などと記された、薬礼の包紙が多く含まれている。多くの人々からこうした形で薬礼を受け取っていたことが確認できる。活用は難しいが、付記しておきたい。

(18) 文政一二年「日記」巻末「当年諸物直段弁ニ当家勘定向手当テ、又諸方之変事等余紙任有之是を誌し置候事」。

(19) 向日市文化資料館所蔵鳥羽屋文書。文政八年成立。文政期の向日町周辺における学芸人名簿で、『平安人物誌』の体裁を真似て、仲間内での遊び心から作られたものといわれる。なお、『向日市史』史料編（一九八八年）に翻刻が掲載されている。

(20) 調査対象とした医家門人帳とその出典は以下の通り。「第二世芸叟先生門人藉」（竹下喜久男『近世の学びと遊び』思文閣出版、二〇〇四年）、「山脇東洋門人帳」「山脇門人帳」「養寿院玄沖門人録（山脇家門人帳）」「伊良子家門人帳」「荻野元凱門下姓名録」「賀川門籍」「社盟録（海上随鷗門人帳）」「小森家門人帳」「受業生姓名籍（百々家門人帳）」「探頷術伝授姓名録（水原三折門人帳）」「時習堂弟子籍（広瀬元恭門人帳）」「檉園先生門籍（小石元瑞門人帳）」（以上、京都府医師会医学史編纂室編『京都の医学史資料篇』、一九八〇年）、平野満「吉田長淑　蘭馨堂門人の拡がり」（愛知大学綜合郷土研究所『近世の地方文化』、名著出版、一九九一年）、高橋克伸校訂「華岡家所蔵「門人録」翻刻資料」（前掲『国立歴史民俗博物館研究報告』第一一六集）、町泉寿郎「吉益家門人録（一）～（四）」（『日本医史学雑誌』第四七巻第一・二・四号、第四八巻第二号、二〇〇一～〇三年）、梶谷光弘「達生園門生録　附醇生庵探頷伝授録」（『日本医史学雑誌』第四八巻第二号、二〇〇二年）、「適々斎塾姓名録」（緒方富雄『緒方洪庵伝』、岩波書店、一九四二年）、古西義麿「緒方郁蔵と独笑軒塾」（有坂隆道『日本洋学史の研究Ⅳ』創元社、一九七七年）、田崎哲郎「曲直瀬家門人帳」（『啓迪』第一九号、二〇〇一年）、森納「藤林普山とその子孫、門人録」（『日本医史学雑誌』第三八巻第四号、一九九二年）、八木淳夫「初代養寿院山脇玄心とその門人達の伝記に関する新知見」（『啓迪』第一七号、一九九九年）。

(21) 元和二年「向日町上之町銘々渡世帳」（『向日市史』史料編、一九八八年）。

(22) 「日記」文政五年二月二〇条「加田防州ゟ散薬三ふく・丸壱廻り分来り候事」など。加田周防守（上田斎宮）については、第四章註(64)参照。

(23) 『長岡京市史　本文編二』（一九九七）、第二章第三節。

(24) 岩本伸二「幕末期「在村医」の組織化への動向——美作津山の場合——」（『岡山県史研究』四号、一九八二年）、註(4)塚本著書、大藤修『近世の村と生活文化』（吉川弘文館、二〇〇一年）。

第七章　在方医師と村——変死隠蔽事件を事例として——

本章では、大島家の在方医師としての側面と村との関係について、文政期に石見上里村で発生した変死隠蔽事件から考察する。変死隠蔽事件を詳細に分析することにより、大島家の在方医師として側面が、村や地域においてどのように認識され、またいかなる役割を期待され果たしていたのか、具体的に明らかにしたい。

一　村による変死隠蔽

（一）事件の発生と隠蔽措置

まず、文政九年（一八二六）に発生した変死隠蔽の事例を検討していきたい。

今夕甚右衛門・弥介入来候而、久四郎妻おやす事、痫症之様子ニ而昨朝何方へか家出いたし申候、町内ゟ内々諸方尋候所相知レ不申候、然所今日七ツ過、利八西山へ行候所、（尻り谷ノ）[redacted]ゝ池へ溺死候趣知らセ申候、何卒穏便ニ取計度候故、其元様療用相加へ候様ニ御含ミ可被下候様わけて相頼候、員馬（大島直良）返答ニ、鈎争之事ならハ其振合も可有之なれ共、痫正（症）之事ニ候へハ随分含可遣由申候、甚右衛門申候ニハ、阿ミた寺・地蔵寺へも源右衛門・五郎右衛門今晩応対ニ及候、此義ハ此節光明寺出勤中故、粟生沾被行候故、何共未た相分り不申候よし也

（「日記」文政九年四月一日条）

文政九年四月一日、「痫症之様子ニ而、昨朝何方へか家出」をしていた上里村久四郎の妻おやすが、同村「尻

り谷ノ池」から溺死体で発見された。昨日から内々に捜索を行っていた町内から、甚右衛門と弥介が大島直良（大島員馬）のもとを訪れ、「何卒穏便ニ取計度」ので、「其元様療用相加へ候様ニ御含ミ可被下候」と、医師としておやすの診察・治療に当たったことにして欲しいと依頼する。これは変死を病死として処理するための隠蔽工作であり、違法性は明白であるが、直良はこれに対し、「釵争之事ならハ其振合」もあろうが、おやすの死が「痼正（症）」によるものであり、状況からして差し支えないとする見解を述べた上で、「随分含可遣」と快諾した。同時に甚右衛門は、村内の寺院である「阿ミた寺・地蔵寺」へも、村内の源右衛門・五郎右衛門が今晩応対に向かったものの、両寺の住持が本山である粟生光明寺に出勤中であり、寺側協力の可否は「何共未た相分り不申」との状況を伝えている。

　今朝早天、久四郎方へ悔申入候所、町内甚右衛門・源右衛門其外集会、寺も内々含ミ被呉候由噂有之候、送りハ夕方過と云々、門迠見立候事　（「日記」同二日条）

　翌二日、直良が久四郎の元へ悔やみに訪れると、甚右衛門・源右衛門らが集会しており、「寺も内々含ミ被呉」と、寺院の協力も得られたとの情報を得た。葬送も「夕方過」には無事済んだとみられ、この事件に関する記事は以後見出せないことから、隠蔽は露見することなく終わったとみられる。

　この隠蔽工作上で留意すべきは、これらが当事者である久四郎による個人的依頼ではないという点である。久四郎は変死の処理に関して、直良に依頼はもとより面会すらしていない。久四郎は以前に大島家と特に交際があった様子もなく、村役人を務める人物でもないことから、隠蔽を主導できるような立場にもなかった。

　では、この隠蔽を主導したのは誰であろうか。隠蔽のため直良のもとへ依頼に訪れたのは、おやすの家出直後から捜索に当たっていた久四郎の所属する「町内」の甚右衛門、そして弥介であった。甚右衛門は同年六月の時点で禁裏御料・仙洞御料・二釆女領三か所兼帯株庄屋である。(1) 弥介は毎年年始に大島家に招かれる「出入者三人」[2]と呼ばれる家の人物として「日記」にその名前がみえるが、村役人層ではない。四月一日の記事をみると、甚右衛門が直良に対して状況説明を行っており、直良への依頼は甚右衛門が主導的な役割を果たしたものとみられる。弥介がこの依頼に際して登場する理由は判然としないが、久四郎との血縁関係、ないし従来からの大島家との関係により、甚右衛門に同伴したものと考えられる。

また直良への依頼と平行して、「源右衛門・五郎右衛門」が寺院への依頼に向かっている。源右衛門は以前株庄屋なども勤めた村役人層であり[3]、五郎右衛門は大島家の隣家で、当時甘露寺家領の年寄であった[4]。つまり医師へは甚右衛門、両寺院へは源右衛門・五郎右衛門という村役人ないし村役人層が同時に向かっており、二日の「町内甚右衛門・源右衛門其外集会」という記載の仕方からも、この二人が隠蔽上主導的役割を果たしたとみることができよう。

この事件は、おやすの家出直後から「町内ゟ内々諸方尋」ており、事件発生当初は町[5]が捜索・処理の上で中心的役割を果たし、町内の問題として対処されている。しかし上里村に「町年寄」が置かれるのは文政一〇年正月二五日であり、それ以前には「町年寄」が存在しないことも踏まえなければならない[6]。つまり甚右衛門は事実上町を代表していたとしても、あくまで村の株庄屋の一人という立場である。さらに甚右衛門と五郎右衛門は異なる領地の村役人であるから、特定の領主の株百姓のみで対処しているわけでもない。また少なくとも、源右衛門は西町の人物で[7]、南ノ町の大島家とは別の町であることは確実であるから、一町のみによる対処ともいえない。結果的に寺院にまで「含」ませていることを踏まえれば、当初「家出」したおやすの捜索は久四郎の所属する「町内」を主体として対処されたものの、「溺死」後は村全体の問題として、その隠蔽処理が行われたのである。

このようにおやす変死の隠蔽工作は、久四郎の個人的問題ではなく、村全体の利害にかかわる問題として村ぐるみで「穏便」に処理された。直良はこれに「医師」として、変死を病死と偽装するという重要な役割を担ったのである。

（２）　直良の立場

その直良の意識を、「釼争之事ならハ其振合も可有之なれ共、痫正(症)之事ニ候へハ随分含可遣」という返答から分析したい。ここで直良は「釼争之事」、つまり傷害事件の場合であれば、「其振合も可有之」といい、その状況次第では、隠蔽に必ずしも協力しない姿勢をうかがわせている。これは「釼争之事」に該当する次の事例とあわせて考察してみたい。

一新兵衛悴与四郎今家主、今日未刻比、市左衛門娘顔ヲかみそりニ而切附、凢ソ三四寸計長ク切候、其間々ニ而行去り候、尤両親兄弟居候前ニ而致し候事也、今夜両町共惣談有之候様子也、親共為招行向候得共、両方ゟ受合人無故、不致寮(ママ)事断申帰り候事　（「日記」文政五年七月九日条）

文政五年（一八二二）七月九日、上里村新兵衛の悴与四郎が、市左衛門娘の顔を剃刀で切りつけるという傷害事件が発生した。しかしこれに出向いた大島武幸[8]は、「両方ゟ受合人無故」との理由で、「不致寮(ママ)事断」って帰っている。大島側はここで「受合人」、つまり保証人を必要とみなしていることがわかる。

このような傷害事件における治療の場合、後日負傷者の死亡、また検使の取調べ等に際して、医師側が事件に巻き込まれることが危惧される。そのため関東地方の事例だが、このような傷害事件においては、後日問題となることを避ける目的で、医師に治療を依頼する頼み証文が作成されたことが指摘されている[9]。細野健太郎はこうした医師の頼み証文を分析し、医師への頼み証文は、傷害事件による傷の治療を頼むもので、公儀沙汰となっても検使等の経費は依頼側が負担し、医師に迷惑をかけないこと等を約束するものであったこと、その差出人は手負人親類・五人組・組頭・名主であることからも、医師への頼み証文がいかなる場合でも作成されるものではなく、村社会の公の問題として取り扱われる障害事件においてのみ作成されたとしている。[10]

この与四郎の事例における「受合人」がなければ療治もしないとの大島側の態度は、関東の事例と同様、後日公儀沙汰となった場合に、自身が事件へ巻き込まれることへの危惧であったとみられる。つまり、証文の作成までは求めなくとも、久四郎妻おやすの事例における「甚右衛門・弥介」や「源右衛門・五郎右衛門」のような「受合人」の保証によって、村の問題とすることを必要とみなしているのであり、また「受合人」不在の公共性の欠如した個人的事件には、協力しない姿勢を示したものといえよう。

おやす変死隠蔽の依頼に、「釼争之事ならハ其振合も可有之なれ共、痛(症)正之事ニ候へハ随分含可遣」と断りながらも協力を表明したのは、「甚右衛門・弥介」「源右衛門・五郎右衛門」という「受合人」というべき他者、とりわけ村役人たちの介在によって、事件の隠蔽に公共性が付与・保証され、自身の所属する村全体の利害にかかわる問題と判断しているからである。直良が隠蔽依頼を承諾するのは、村の問題として村全体がこれに対処している中、その一員という立場から協力したものだったのである。

（3）　村役人の立場

では、村役人たちがおやすの変死を村の問題とし、隠蔽する理由は何であろうか。変死人や手負人が発生した場合、現場居住者・管理者・発見者は検使願を支配領主に提出し、その検使を受ける必要があった。石見上里村の場合は個別の領主ではなく、京都町奉行所へ届け出て、その検使を受けることになる。

『公事方御定書』では、「変死幷手負候ものを隠置不訴出」ものは、店借地借家主過料五貫文、五人組過料三貫文、名主役儀取上過料五貫文、[11]また「変死之ものを内証ニ而葬候寺院」は五〇日の逼塞との規定がみられる。[12]他地域では、こうした変死隠蔽が発覚し、処罰された事例もあり、おおむねこの規定通りの処罰がなされている。[13]

このような禁を犯してまで隠蔽を行うことを「穏便ニ取計」うこととする具体的理由を、実際に検使を受けた事例から検討してみたい。

①卅日上ノ池ノ南、上羽海道之北ニテ、岩見嘉兵衛之所持之杢山ニ、三十五六ト見へ候男、破レ襦袢ニ縄帯いたし下帯もなく苧ノ染たる縄ニ而首くゝり居申候、無証拠非人之様ニ相見申候、員馬(直良)一覧いたし候也、伝聞、岩見杢兵衛非人之届ニ而心安く取計度存心ニ候所、西岡番人共、仲間ゟ非人之自縊ハ無之事ニ候へハ、矢張り平人之願と申事ニ而、無余義平人届ニ相成候、昨日昼時分見付、直様杢兵衛役所へ罷出、今日同心二組・筆工三人同心芝嘉左衛門・吉田龍左衛門ト云、中座二人、方内一人供共ニ十壱人福楽寺へ着、夫ゟ見分相済、岩見村源左衛門ニ而座敷上中下ニ仕切、万事取調申候由、壱人前南(鐐)一片之料理之由、帰路駕籠ニ而送る、当村ゟも役方人足等出申候事也、尤駕籠借用申来り乗レカゴかし遣候

（「日記」文政一二年七月七日条）

①は変死隠蔽事件と時期的に近い文政一二年六月三〇日、石見村嘉兵衛の持山で、非人と思しき「三十五六ト見へ候男」の縊死体が発見された事件の記事である。石見村村役の杢兵衛は、これを非人として「心安く取計度」という考えであったが、非人側が「非人之自縊ハ無之」と主張したために「無余義平人届ニ相成」、検使を受けることになった。検使役人の構成は京都町奉行所同心二組・雑色（方内）一人・筆工三人・中座一人をはじめとする一一人で、見分後、甘露寺家領株庄屋である源左衛門[14]宅で「座敷上中下ニ仕切」、取調べと接待が行われた。接待には「壱人前南(鐐)一片之料理」を出し、さらに検使役人の帰路には村が人足等を出し、大島家から駕籠を借用して送っている。

②今日村方小役参会、弥明日倹(検)使有之候趣京都より幸便有之、夫ニ付金子四五両積り候義相談、又当家宅借シ呉候様被頼承知之事、先日より両村夜昼八人ツヽ之番致、夫ニ付雑用大ニ沢山ニ入用也

（「日記」天保五年正月一二日条）

今日弥御公儀相済、大原野へも掛り物七分三分之割合ニ相成候事、扨又月番西掛り也、西同心吉田勘次郎・東同心井上良右衛門、松村不快ニ付小嶋甚之助名代也、外ニ筆工弐人・中座壱人・下僕四人、七ツ時倹(検)使相済候事、尤早朝より小役之面々両村一統当家へ来候事、又料理人者大宮之三条近孫請取早々来、尤酒米無之候て料理組物・猪歩(ママ)・肴物一切ニて百目ニて請取、外ニ手間拾匁也、初更之比漸無滞相済候、村方人足ニて朱雀迠籠ニて送り候事

（「日記」同月一三日条）

②は天保五年（一八三四）正月に発生した行路病死人の処置に関する記事である。正月九日に石見村の西、淀街道で倒れ者が発見され、「村方頼ミ」によって直良（当時は隠居して「省斎」と号していた）が治療にあたったものの一一日に死去した。[15]一二日、「村夜昼八人ツ、之番致、夫ニ付雑用大ニ沢山ニ入用也」と記し、諸費用を「金子四五両」と見積もっている。街道で倒れていたこともあり、境を接する大原野村と費用の折半を巡って掛合となり、結局「七分三分之割合」（石見上里村七、大原野村三）で費用を負担することになった。検使役人は①の事例とほぼ同様の構成で、京都町奉行所東西の同心二人・雑色一人（ただし上雑色の松村が不快のため、下雑色の小嶋甚之助が名代）・筆工二人・中座一人・下僕四人の都合一〇人である。早朝より村役一統が大島家の屋敷に集まり、七つ時に検使が済んだ後、初更の頃まで接待が行われた。料理は「大宮三条近孫」から取り寄せ、「百目」および「手間拾匁」の費用を要している。また①の事例同様、村方から人足を出し、検使役人を京都まで駕籠で送っている。この行路病死人の処理に要した費用は都合「六百七拾匁計」で、「岩見村三分・大原野村三分」の残り四分が上里村の負担となり、「壱軒ニ付四匁弐分六厘」[16]の割合で賦課されることになっている。これは処理全体の費用であり、検使のみの費用ではないが、接待の料理代だけでも多額であり、検使がいかに多くの費用を要するものであったかがわかる。

このように検使は多くの役人を接待せねばならず、村にとって臨時の負担を強いられるものであった。これを

回避して「穏便」に処理しようという村役人らの態度は、妥当なものと理解できよう。

なお、久四郎の妻の事例のように隠蔽する場合と、①②の事例のように検使を受ける場合があるが、その違いについて、検使を受けた事例をもう一つ挙げて述べておきたい。

③当月七日、当村阿ミ陀寺住持、新田山ニ而自謚(縊)仕候、七日之黄昏時分見附、新田村当村立合ニ而、八日七ツ時分倹(検)使を受申候、尤新田村ニ而万端仕舞申候、当村ゟハ庄役其外人足大勢参り申候、見分相済夜ニ入役人衆京都へ送る、昨日庄や弐人公儀へ出、無滞相済候由也、大騒動なり　（「日記」寛政七年一二月一〇日条）

③は寛政七年（一七九五）一二月七日、上里村阿弥陀寺住持の縊死体が、隣村長野新田村の山中で発見された事件である。発見場所である長野新田村が検使の接待等に当たったようであるが、上里村も「庄役其外人足大勢参」ている。この場合、変死人は上里村の住持であるが、検使への対応は主に発見場所である長野新田村が行っている。

このように検使を受けた事例をみると、いずれも何らかの形で他村や他の集団との交渉を要する状況となっている。至極当然のようでもあるが、隠蔽を行える条件は、あくまで村内のみで処理できる環境が必要であったことを示していよう。

二　株庄屋家の変死隠蔽

（一）　事件の発生と隠蔽措置

翌文政一〇年（一八二七）にも、次のような変死隠蔽の事例を見出すことができる。

九郎左衛門入来、員馬(直良)へ内々ニ而一寸彼方へ行向ふへき由故、何事歟とそんし早速行申候所、舎弟多四郎事、如何之事ニ候哉、井中へ身ヲ投シ候、九巳ノ刻比ニ而午半刻比見付、早速人知れす上ケ候て部屋へ入置候由故、員馬一覧候所、頓与事切レ有之候、然レトモ臍（ママ）中（下カ）丹田ニ大灸をすへ申候所、少も廻場無之候、仍而与兵衛父子と入魂申、病気之躰ニいたし、今晩胗（診）察候やう之仕義ニはからい置候

（「日記」文政一〇年一二月一五日条）

文政一〇年一二月一五日、善峯寺の株庄屋与兵衛の嫡子九郎左衛門が大島直良のもとを訪れ、「内々ニ而一寸」来て欲しいという。「何事歟」と直良が出向いてみると、九郎左衛門弟の多四郎が井戸に身を投じ、九郎左衛門がそれを「人知れす上ケ候て部屋へ入置」ていた。多四郎は既に「事切レ」ており、直良は丹田に灸を据えるなどして蘇生の処置を試みたが効果はなかった。そこで「与兵衛父子と入魂」の上、「病気之躰ニいたし、今晩胗（診）察候やう之仕儀ニはから」うことにしたのである。

今朝員馬、九郎左衛門へ病用ニ行候所、朝飯前多四郎死去、暫して三右衛門呼ニ遣諸相談、明日送り之積りニ而近所相たのミ知らセ買物等ニ遣候事

（「日記」同月一六日条）

翌一六日の記事は「今朝員馬、九郎左衛門へ病用ニ行候所、朝飯前多四郎死去」と、一五日の事実と反した記述から始まり、以降は一五日の事実をなかったこととして記述されていく。すなわち一五日に多四郎の診察を行ったことにして、一六日朝、直良が九郎左衛門のもとへ診察に訪れたところ、「朝飯前多四郎死去」ということにしたのである。また、「三右衛門呼ニ遣諸相談」とある。三右衛門は上里村に居住し、九郎左衛門と同じ善峯寺領の株百姓であるが[17]、村役は務めていない。しかし九郎左衛門の親類であり、当時三五歳の九郎左衛門[18]より年長者であったとみられる[19]。ここで三右衛門に真相が伝えられた可能性はあるものの、隠蔽上特に「受合人」的役割を果たしたようには見受けられない。

員馬、昨夜九郎左衛門へ行伽いたし候、夜食過八ツ半比入魂帰宅、今日早朝ゟ彼方へ行諸事手伝候、京都親類と出会八ツ時出棺、尤光明寺方丈宅へ迎へ廻向有之候て退席、直ニ墓所へ参候、直様出棺候事、員馬麻上

下ニ而棺後ニ従ヒ行、墓所ニ而焼香相済早出候、余ハ皆跡ニ残り有之候事、夜ニ入見舞申入候事、今日香儀として一朱金一片贈り候也

（「日記」同一七日条）

一七日、昨夜から九郎左衛門のもとで「伽」をしていた直良は「八ツ半比入魂」の上で帰宅した。同日には葬儀にも「諸事手伝」として参列し、夜になって再び九郎左衛門のもとを訪れている。その後、この隠蔽に関する記事はみられない。

（2）　隠蔽の理由

この変死隠蔽は、先の久四郎妻おやすの場合と異なり、村や「受合人」の関与がないばかりか、極めて秘密裏に行われている。さらに九郎左衛門が死体を「人知れす上ケ候て部屋へ入置」、直良を「内々ニ而一寸」と密かに呼んでいることからしても、当初より秘密裏に処理する意図があり、「井中へ身ヲ投シ」たという多四郎の死が、何らかの事件性を有するのは確実であろう。また直良もこれをすぐには処理せず、死亡日を翌一六日と偽装し、死亡後も「九郎左衛門へ行伽いたし」、葬儀に「麻上下ニ而棺後ニ従ヒ行」など、聊か不自然にさえ映る行動は、隠蔽の露見を危惧してのものとみなし得よう。

しかしこれを単なる個人的変死隠蔽への加担とみなしてよいのであろうか。当時の上里村の状況と合わせて考察し、多四郎の変死を隠蔽した理由を探りたい。

石見上里村は天明七年（一七八七）、元右衛門一件と呼ばれる騒動により、数代に亘り村庄屋を世襲していた小野元右衛門が出奔、闕所となると、かわって富小路家株百姓一派が我意を振るうようになり、村と富小路家株百姓一派の対立が年々深刻化した。村や大島家が「泣ねいりになり」「無言に忍び居」[20]という水面下での軋轢を経て、村は文化一五年（一八一八）に領主、ついで京都町奉行所への出訴に及んだ。六右衛門一件と呼ばれた一

連の村方騒動は、約八年間に亘って度々繰り返され、文政九年六月付で正親町三条家へ済書[21]が提出され、一応の解決をみた（第二章・第三章）。しかし対決相手であった富小路家株百姓一派は依然として村内におり、彼らは過去にも誤り証文を差し出しながらも、間歇的に村方と争論を繰り返している。右の済書以降、富小路株百姓一派による騒動は発生しなかったが、当時はなお再燃への危惧があったように思われる。九郎左衛門の父与兵衛は善峯寺の株庄屋を務め、九郎左衛門共々村方側として、六右衛門一件の訴訟には一定の役割を果たしており、文政一二年頃には、九郎左衛門が父の跡を受けて善峯寺の株庄屋となっている。多四郎の変死が表面化した場合、株庄屋の交替はもちろん、九郎左衛門家の相続にも支障が生じる事態が憂慮される。ようやく騒動が落着した状況下で、この事件が新たな騒動の火種となることが危惧されたのではなかろうか。

領主である善峯寺は、この隠蔽について承知していた節がある。なお、善峯寺は西山山地に位置することから、村や大島家とも縁が深い寺院であった。

文政一二年一月二一日、善峯寺の株庄屋となっていた九郎左衛門は、「何分父（与兵衛）ハ眼悪敷、弟（多四郎）ハ死去いたし候へハ、万端不行届ニも御さ候故、万一も御差支等も有之候てハ」という理由で庄屋役の退役を願った。善峯寺はこの件について密に大島直良を呼び出し、「九郎左衛門義、表通ハ病気願なれ共、実ハ何そ別段ニ趣意有之候事ヤ」と尋ね、その退役に不審を抱いている節が見受けられる。さらに同寺は「最初ゟ与兵衛永々相務候上ニ而、不相替嫡子九郎左衛門へ申付候、たとへ不行届之義有之候共、如何様ニも取成し致し可遣候様取計置候所、たつて退役候事ニ候故内々尋申候」（傍点引用者）と、極めて婉曲な表現で意味深長なことを述べている。この婉曲的に述べられた「取計置候」ことが、多四郎変死の件である確証はないが、退役の理由に「弟ハ死去いたし候へハ」と、家や株庄屋の相続とは無関係な多四郎の死に、あえて言及していることを考えると、善峯寺側が多四郎の死の事情を認知していたとしても、強ち附会ではないであろう。なおも善峯寺側は、「いよ／＼杢兵衛御役ニ成候へハ、再度相望候共取計ハ難出来候」と、株庄屋役を杢兵衛に交替したならば、その後再度望んでも株庄屋にはできなくなると念を押している。推測の域を出ないものの、この発言は九郎左衛門弟多四郎の死の事情、およびその隠蔽ついても善峯寺側が認知していた可能性がうかがえ、株庄屋の交代による混乱や自領の百姓相続を領主として懸念していると考えられる。

こうした善峯寺の尋問に対し、直良は「他意ハ存不申候」と返答している。しかし同年四月八日、直良は与兵衛に対し、「此度ハ御領向頓与沙汰なしニ候へハ、若哉相知レ候てハ甚以差支候」などと発言しており、詳細は不明だが、九郎左衛門退役の背景に「相知レ候てハ甚以差支」ることがあると見受けられ、「他意ハ存不申」という返答は事実ではないとみられる。

こうした事情まで「日記」には記されていないが、九郎左衛門家には種々の問題を有していたとみられる。たとえば「日記」文政九年月三月一三日条に、「今晩九郎左衛門兄弟、仲間破断ニ候処和熟ニ成候、酒五升買候由也、尤兄弟何も仕落之義ハ無之候へ共、父与兵衛、昨年破断ゟ倶ニ破断ニ候へハ、父相済候ハヽ、子も同様之事ニ候、然ニ只今迄打捨置候段、甚以不行届之事ニ候（下略）」、との記事がみえる。具体的なことはわからないが、この場合の「破断」は一時的な村八分を意味するものであり、与兵衛は文政八年頃に村方と何らかの問題を起こし「破断」となったこと、それに伴い「九郎左衛門兄弟」（九郎左衛門と多四郎であろう）も、若者仲間から一時「破断」となっていたことがうかがえる。大島家は九郎左衛門家とは懇意でもあり[22]、「日記」にもしばしば九郎左衛門家の記事が散見できることから、同家の事情をよく承知しており、多四郎が「井中へ身ヲ投シ」た事情も、理解するところがあったのであろう。

このようにすでに村内で問題を抱えていた九郎左衛門家において、新たに多四郎の変死という事件が発覚すれば、同家の相続はもちろん、株庄屋役の交替など、村に混乱を生じさせる危険性がある。直良はこうした発覚時に発生する事態を危惧し、多四郎の変死を隠蔽する選択をとったものと思われる。もっともそこには、大島家にとって、九郎左衛門家が村内における自家の味方であり、これを失うことが自家にとっての不利益であるという利害意識も働いていると思われる。また、『御仕置例類集』にみえる事例では、隠蔽理由として、検使の諸入用を忌避する姿勢[23]のほかに、「世間之外聞而已を気之毒ニ存」「外聞を厭ひ、病死と偽」ったという理由が述べられているものがある。[24]九郎左衛門家のような株庄屋家の場合、特に「外聞」を気にする姿勢は強かったものと思われ、同じ村役人層である大島家が、同家の「外聞」を憚る姿勢に理解を示したことも、隠蔽が当然のように行われた理由の一つであろう。

この変死隠蔽は、大島家が村の一員、かつ村役人層としての立場・意識の中で、自家の安定にも関わる村の安定のために、医師の側面を利用した行為であるといえよう。

三　医師の役割

(一)　医師という一側面

以上の二つの変死隠蔽事件から、村や村人たちにとって、大島家の医師の側面への意識はどのようなものであったのか、大島家にとって医師の側面とは何であったのか、考察してみたい。

おやす変死の隠蔽事例において、甚右衛門らは「其元様療用相加へ候様ニ御含ミ可被下候」という、発覚すれば処罰の対象となる行為を躊躇なく依頼したが、そこには大島家が同じ村の百姓であり、この依頼が承諾されるとの観測をもっていたとみられる。またこれに対し、大島直良も「随分含可遣」という積極的協力を表明した。この両者の姿勢は、同じ村の百姓として利害を共にする存在でなければ、成立しえないものであろう。

変死隠蔽のために、「療用相加」、また「病気之躰ニいたし今晩胗(診)察候やう之仕義ニはからい置」といった行為は、「医師」にしかなしえない行為である。大島家が医師の側面を有していなければ、村役人らは大島家に依頼する必要はない。隠蔽への協力を求める村は、単なる医師への依頼ではなく、同じ村の百姓である大島家に「医師」の側面を利用して、村に貢献する役割を期待しているのである。

九郎左衛門の事例においても、弟多四郎の変死に直面した九郎左衛門が、村役人ではなく大島直良を呼んだのは、直良による医師としての処置を施しうるとの期待からであり、さらにいえば、「外聞」を憚る九郎左衛門が暗に期待した処置は、これを公に処理することではなく、「病気之躰ニいたし今晩胗(診)察」したように偽装し、隠蔽処理することであったであろう。

変死人の発生という重大事件に直面した時、検使を回避するため、隠蔽を依頼する村や人物は、「医師」の側面を有する大島直良を、村の安定にとって、重要な存在と認識することになる。それは大島家が村や地域で存在感を増す上で効果的に作用するであろうし、また自家の所属する村の不安定化は、その一員である大島家の相続にも直結する問題であった。ここにおいて、依頼する村や人物と大島家との利害が一致し、変死は「穏便」に処理されるのである。大島家が医師である以前に、同じ村の百姓であるということが、変死隠蔽を承諾する大きな前提となっていよう。

もちろん、こうした意識は地域によって異なっている。たとえば、岩淵令治は、庄内川北地域における村の医師が、百姓一揆へ参加を試み、拒否される事例を取り上げている[25]。拒否の理由として、医師は「御百姓」とは異なる「法体」をとる異形のもの[26]とみなされていたこと等が指摘されている。この事例では、参加しようとする医師たちは医師仲間を形成しており、一揆への参加の表明も医師仲間として行っていた。この点も、村が医師たちの参加を拒否した大きな理由ではなかろうか。医師仲間を形成した時点で、村の構成員というよりは、医師仲間に所属する専業の医師として立場となり、村からは別の集団に所属するものとみなされていたと理解できる。

その点で、大島家の場合はこれとは大きく異なっている。石見上里村周辺地域では、特に医師仲間の形成は確認できず、少なくとも、大島家が医師仲間等に加入していた形跡はない。病家からの薬礼は、大島家にとって一定の収入源となっていたが、大島家はあくまで石見上里村の百姓であって、医師や公家家来という側面は、自家が村の中で特異性ないし優位性を保つ一側面なのである。

大島家のもつ石見上里村の百姓として意識は、往診の途次や往診先で、村役人らと村の様々な問題を談じたり、周辺地域の情報に関心をもっている点からもうかがえる。たとえば、旱魃であった文政九年には「扨当年旱魃ニ而大ニ心配（中略）此節岩見へ療用ニ罷出候て噂承処、未た拾三四町も其儘ニ而有之よし（後略）」[27]等と、往診の途次に隣村石見村の植付に関する「噂」を書きとめているほか、その他周辺地域での「噂」に関心を示す記事が多く散見でき、直良が自身も耕作をする百姓としての関心のもと、往診時に村・地域の状況を具に知り、情報収集・交換を行っていたことが確認できる（第六章）。このように百姓としての側面と、医師としての側面は不可分のものであり、大島家の事例からは、医師＝医療行為、という単純な理解で捉えることはできないであろう。

（2）　村の中の医師

在方で医師が必要とされる場面は、村や地域の住人に対する医療行為以外に、次のような事例も確認できる。

> 野夫（直良）、上羽村次郎右衛門疫症ニ付療治仕候処相果申候、此人名目銀之事ニ付手錠之戒に掛り居申候ニ仍而、此度倹（検）使相立申候、則松村三郎左衛門来臨ニ而、医師之口書差出候趣被申候ニ付、和文ニ而相認差出申候、尤文中ニ、時疫之症と相見申候ニ付療治之儀村方ゟ拙者相頼候故、小柴胡湯・加黄連相用申候所、昨夜九ツ時相果申候、尤病死ニ相違無御座候ナド、申事書加へ申候、終りニ大嶋丹治（直良）と書付申候也
>
> （天明八年五月三日条）

天明八年（一七八八）五月三日、手鎖に処せられていた隣村上羽村の次郎右衛門が疫症のため死亡すると、検使を受けることとなり、療治に当たっていた直良（「丹治」は家督相続前の通称）は、雑色松村三郎左衛門より「医師之口書」を差し出すよう求められて、これを提出している。「時疫」以下は口書の文面であるが、その中に「療治之儀村方ゟ拙者相頼」とあるように、村からの依頼によって、「病死ニ相違無御座候」と保証する証文を記している。

もう一つ、第二章で引用した天保五年の行路病死人の事例をみよう。

省斎、村方ゟ頼ミニ付倒物療治、岩見村ノ西淀街道傍ニ居申候、岩見村役杢兵衛へ応対ニ及ひ候て薬与へ申候

（天保五年一月九日条）

天保五年（一八三四）一月九日、隠居して省斎と号していた直良は「村方ゟ頼ミ」によって倒れ者の療治を行っている。このような村や周辺地域で行路病死人の発生した際、村の要請に応えて対処するのも、医師の役割の一つであった。

二つの事例はいずれも「村方ゟ拙者相頼」「村方ゟ頼ミ」という文言の通り、村（ただし前者は上羽村）による依頼であるが、こうした場面において、医師が同じ村の構成員であれば、「医師之口書」も村にとって有利に認められようし、従来ならば検使を受けるべき変死の場合も、病死として隠蔽することもできた。村安定のために医師ができることは、ただに医療行為のみに限定されるわけではなく、このような不慮の場面で、村にとって有利な対応を行う役割を、村側は期待していたといえよう。

大島家の医師の側面は、百姓の一側面であることを、自他共に認識していた。ゆえに村は村にとって有利な措置をとることを期待し、大島家も自家の安定に直結する村の安定のため、この期待に応えた。もっとも、医師の側面を利用することは、大島家が村内部での自家の存在感を増す上で、効果的に作用したと考えられ、こうした

医師や村の両者の利害の一致から、変死の隠蔽が行われたのである。

以上、文政期に発生した二つの変死隠蔽の事例から、大島家の医師としての側面と、村との関係について考察し、その意識・役割について明らかにした。大島家はあくまで石見上里村の百姓として立場や利害のなかで、医師としての側面を利用し、「穏便」に処理する役割を果たし、村側もその役割を期待していた。

大島家の事例は、医師である以前に、石見上里村の百姓であることによる特異性であり、在方の医師全体の性格として、直ちに普遍化しえるものではない。しかし大島家のような村役人層から医師となる事例が多いことを踏まえれば、同様の出自を有する医師たちも、帰属する村・地域の医療的充実といった、医療面の活動のみならず、村で医師が必要とされるこうした事態に遭遇した際、その村の構成員としての立場・利害から、村にとって有利な対応をし、それを村側も期待するという関係がみられたものと考えられる。

（1）第二章参照。六右衛門一件では、文政元年五月、町奉行所の召喚を無視して出頭しない六右衛門の元へ、催促に遣わされる村役人として登場（第二章）。ただしその時は逆に六右衛門や仲間から「嘲り言葉」をぶつけられ、「致方なくすご〳〵立帰」る羽目になっている。なお、文政一二年には村役も務めている。（「日記」文政一二年）。

（2）古くは大島家の家来筋であった家とされるが、この時期には主従関係を有しているわけではない。

（3）源右衛門は、甘露寺家株百姓でこの時期の役は判明しないものの、文化一二年・文政五年に村庄屋を勤めている（「日記」文化一二年・文政五年）ほか、天明七年にも株庄屋として名前が見えており（大島家文書C14）、村役人の家筋であり、この時期も何らかの村役を勤めていた可能性があろう。なお、文政一〇年には西町の町年寄も勤めている（「日記」文政一〇年正月二五日条）。

（4）五郎右衛門は、文政四年に甘露寺領の年寄役となり、その後天保期までこれを勤めている。（文政四年「乍恐奉御願上候」、文政一二年「甘露寺様御勘定目録」（池田家文書）等、池田家は甘露寺・因幡堂両株庄屋を務めた石見村源左衛門家）。なお、天明期やそれ以前には甘露寺領庄屋役も勤めていたことが確認でき（天明七年「甘露寺様御領御勘定目録」等、同文書）、古くからの村役人層であると思われる。

（5）上里村には文政一〇年の時点で六つの町組織、西町・上町・北ノ町・下町・八幡町、そして大島家の所属する「当町」（南ノ町）があった（「日記」文政一〇年正月二五日条）。

（6）町年寄の設置は文政九年一二月九日の村参会で提案され、翌年正月二五日に町歩行とともに設置された（「日記」文政一〇年正月二五日条）。もっとも、町組織自体は以前から存在している。上里村には株庄屋・株年寄が多く存在していることから、「町年寄」という役こそないものの、町内の村役人層が、町の代表者としての役割も担っていたと推測される。

（7）「日記」文政一〇年正月二五日条。前註参照。

（8）大島武幸は父・直良の代診を勤めている。第六章参照。

（9）白川部達夫「頼み証文と民衆社会」（『歴史評論』第六五三号、二〇〇四年）、細野健太郎「十九世紀における頼み証文と地域医療」（『立正史学』第九七号、二〇〇五年）。

（10）前註細野論文。なお、この与四郎の事例からは、この地域で傷害事件における怪我人の治療に際しては、「受合人」が必要であったことを示唆していよう。

（11）『徳川禁令考　別巻』「公事方御定書下巻」五十九。

（12）『徳川禁令考　別巻』「公事方御定書下巻」五十四。

（13）『御仕置例類集』には「等閑又は麁忽之部　変死怪我人有之を不訴出類」の項目でその事例が多くあげられており、先述の『公事方御定書』に基づいて、庄屋・年寄らに過料等の処罰がなされている。このうち、おやすの変死隠蔽と類似の事件としては、寛政五年大坂町奉行伺の「継母変死を押隠し、火葬ニ取片付候一件」（『御仕置例類集　古類集三』等閑又は麁忽之部　変死怪我人有之を不訴出類、一〇七二）が挙げられる。播州揖西郡那波野村で発生したこの事件では、『公事方御定書』の条文を適用しながらも、庄屋は「人ニ被殺候ものを隠置候とも、品違、自滅之ものを、不訴出ものニ御座候間、右御定より軽く、伺之通、過料銭三貫文」となった。また同郡二塚村の医師元良が変死隠蔽に協力し、「病死と申偽、取片付候世話、仕候段、不筋之取計、不埒」として罪に問われ、「三十日押込」とする伺が大坂町奉行所から出されたが、評定所は「急度叱り」の処罰を下している。

(14)　文政一二年「甘露寺様御勘定目録」等、池田家文書により確認できる。なお、因幡堂株庄屋も兼帯する。

(15)　「日記」天保五年正月九日条、同月一一日条。

(16)　「日記」天保五年正月二七日条。

(17)　善峯寺領石見上里村分の宗旨人別帳は天保一五年〜元治元年分しか現存していないため、文政期の状況は不明であるが、現存する右記の期間すべての人別帳に三右衛門の名前が確認でき（善峯寺文書）、文政一〇年時も善峯寺の株百姓であったとみられる。もっとも、天保一五年の人別帳にみえる三右衛門は三一歳であり、多四郎の死後「諸相談」された三右衛門は、これより前代の三右衛門であろう。

(18)　善峯寺文書、宗旨人別帳から逆算（前註(21)参照）。

(19)　後述するように、九郎左衛門の父与兵衛は文政八年に村方と「破断」（ここでは一時的村八分を意味する）になり、これに関して村方に詫びを入れる際、対応を相談するために九郎左衛門は三右衛門を呼んでおり、「日記」には、「三右衛門呼寄セ、親類ゟ詫ヲ述させ候由ニ而呼ニ遣候得共、腹痛ニ而不来候」（文政九年一二月四日条）等とあることから、九郎左衛門の親類であるとわかる。なおこの時九郎左衛門は、三右衛門が「腹痛」で来なかったため、大島直良に相談するという選択をとっている。

(20)　文政七年成立「略誌」（大島家文書Ｄ２―４）。

(21)　大島家文書Ｃ21。

(22)　現大島家当主の大島直良氏によると、詳しい関係は不明ながら、九郎左衛門家は遠い親戚であったという。「大島氏家記」には、大島直良の娘が「上田九郎左エ門妻」と記されており、これが同村の九郎左衛門ならば、彼は直良の女婿ということになろう。なお、九郎左衛門が文久元年八月一六日に死去した際も死亡の経緯を記し、葬式の手伝いに出向いている（「日記」文久元年八月一六日条）。

(23)　文化九年大坂町奉行伺、「摂州西之宮浜東町平町・平六女房・もん儀、夫之変死を内証ニて取計候一件」（『御仕置例類集　新類集二』等閑又は麁忽之部　変死怪我人有之を不訴出類、六〇五）では、隠蔽理由を「訴出候ては、諸入用相掛、才覚難相成故」としている。

（24）註(17)「継母変死を押隠し、火葬ニ取片付候一件」。

（25）岩淵令治「幕末・明治初年の庄内川北地域における医者」（前掲『国立歴史民俗博物館研究報告』第一一六集）。

（26）なお、大島直良は正親町三条家家来として定期的に出勤していることからも、剃髪していないのは確実である。ただし弘化二年（一八四五）大炊道場分の「人別改帳」（大島家文書Ｊ４）には、「禅門　省斎　巳八十四才」と記されており、隠居後は剃髪していた可能性がある。

（27）「日記」文政九年五月二一日条。

終章　まとめと課題

本書は七章に亘り、京都近郊相給村落である山城国乙訓郡石見上里村と、同村大島家という一つの村と家を分析対象として、近世百姓の変容と実態を多面的に考察する方法を取った。各章で確認された事実を整理し、本書のむすびとしたい。

第Ⅰ部（第一章〜第三章）は、近世初期から後期までの石見上里村と株百姓の変容と実態を取り扱った。

第一章では、京都近郊相給村落である石見上里村と株百姓の実態について、時期的変化の中で具体的に考察した。近世初頭より、同村の村高と村内各領の高、および相給支配による村落内の重層的構造は、表面上ほとんど変化なく推移したが、各領の土地・百姓の帰属状況は、時代とともに当初の設定から次第に著しく変容し、支配側の把握する表面上の数値と乖離する状況が生じていった。

それは百姓側の都合による土地の売買等によって、その帰属移動が行われたことによるものであったが、百姓側は水帳や宗門帳に虚構的処理を加えることによって、従来通りの建前的な各領の高や百姓数に調整し、表面上の無変化を実現していた。かかる調整は、序章で述べた百姓・領主間における、治者と被治者の建前を維持・遵守して「穏便」を希求する意識に基づくものと考えられる。

また石見上里村の百姓は明らかに公家・寺院領主に対し侮蔑意識を抱いているが、これは公家・寺院領主の領主権力としての脆弱性に起因していると考えられ、対照的に厳格な「武辺」に対しては、その支配・介入を忌避いえる。

する姿勢がみられた。そうした意識と行動は、公家・寺院領を中心とする相給村落の特質が明瞭に表れたものといえる。

百姓と領主の関係は、「百姓成立」を根拠とする一種の社会的約定関係・相互依存の関係であるが、あくまで領主が治者であり、百姓が被治者であるという、治者と被治者の建前は逸脱されない。百姓はいかに内心領主を侮蔑し、村落実態の変更や把握における実権を握っていても、その庇護を受ける「愚昧」な被治者としての建前を崩すことはなかった。この建前が媒介として存在することで、領主側は恣意的な搾取を行うことはできず、百姓は従来通りの石高や株百姓数を維持するために精力を傾ける必要があった。ゆえに石見上里村の百姓は、従来と変わらない状態を建前として維持するための諸調整を行ったのである。つまり実態に種々の調整を加え、従来の建前通りの状態を維持することにより、社会秩序の「穏便」な状態を作り出していたのである。

第二章では、文政期に石見上里村で発生した村方騒動「六右衛門一件」の分析を通じて、同村で慣例的に行なわれていた百姓の「壱人両名」について分析した。

一人の百姓が支配を跨ぎ、二人分の百姓役を二つの名前で保有して使い分ける壱人両名は、村内が複数の領主によって支配される相給村落である関係上、各領に設定されている各株百姓数を維持する必要から生じたものであった。この壱人両名は、通常暗黙の了承のうちに行なわれていたが、六右衛門一件では、村が富小路家領株庄屋忠右衛門の弾劾材料として、その壱人両名を取り上げたために、事態は富小路家と正親町三条家による、株百姓帰属をめぐる争論へと発展した。しかしその決着は、百姓の壱人両名の糾明ではなく、六右衛門と忠右衛門、それぞれに相続者を設定することによって処理された。領主側は壱人両名の存在を固より承知しており、設定された自身の領民（株百姓）が維持され、滞りなくその年貢夫役の負担が果たされることを重要視したのである。

相給村落における百姓の壱人両名は、複雑な相給支配構造とその状況の変化の中で、実際には一人の人間が、支配上別名義の別人として取り扱われることにより、各株百姓数を維持安定させる目的から生起した方法であった。これもまた、領主・百姓側の両者が建前上株百姓数を維持安定させる調整を行うことで、各支配が従来どおり行われる「穏便」を希求する志向によって生じた方法であったといえよう。

第三章では、同村村役人層である小野氏・安田（のち大島）氏の動向を焦点に、その村落運営体制の変容を分析した。

当初は小野氏、一時は安田氏によって村庄屋役と「八御本所様庄や役」が掌握されたが、宝永期に安田氏は村政から退き、次第に小野氏が村庄屋と八株庄屋役を世襲して、村政を主導する状態が天明期まで続いた。しかし天明七年（一七八七）の元右衛門一件によって小野氏が出奔し、村政を統御する存在が不在となる。その結果、村役人の数が急激に増加し、村落運営をめぐって村内多数の株庄屋たちの利害が交錯していく事態が生じた。それは六右衛門一件を引き起こす遠因ともなり、一件終結後も、利害の異なる数多の株庄屋による村落運営は、村役人層間での意見不一致が常に問題となった。

元右衛門一件以降の村落変容の中、村内での地位向上を理想として抱いていた大島直良は、自家の村役人復帰による主導・統制の実現を企図したものの、ついにそれをなしえなかった。その理想と現実の矛盾を痛感しつつも、自家の正当性を主張すべく「大嶋氏家記」を編纂した。天保期に大島家は一株庄屋ながら村政へ復帰したが、みずからの地位保全のために村庄屋を忌避するという、他の株庄屋と同様の現実的妥協的行動をとることになった。

第Ⅱ部（第四章〜第七章）では、この村役人層であった大島家の存在形態と、その学芸の活用と医師活動に焦点をあて、百姓の多面的活動や存在形態について詳細に分析した。

第四章では、石見上里村大炊道場聞名寺領株百姓利左衛門が、正親町三条家家来大島数馬でもあるという百姓と公家家来の壱人両名について考察し、その形成過程と実態について具体的に明らかにした。大島家の壱人両名は、宝永期に大島直武が百姓身分を離れて正親町三条家の常勤家来となったことを発端とし、当初は直武が公家家来となっても、息子直恒が従来の百姓株を相続しており、父子二名により二つの身分が分割して維持されていた。しかし父子による身分分割保持が不可能になった直方の代以降、「大島数馬」と「利左衛門」の両身分を保持し続ける必要から、一人の当主が二人分の役を果す壱人両名が形成されるに至った。近世後期の大島家当主は状況に応じて「百姓名前」の「利左衛門」と「帯刀名前」の「大島数馬」を適宜使い分け、周囲もこれを認知していたが、公家家来と百姓の両者が必要とされたために、建前上別人として把握され、この状況は、明治期まで解消されることはなかった。相給村落における複層的支配状況と、近世身分や近世社会における、建前重視の姿勢が、このような状況を作り出した理由であった。

大島家の壱人両名は、正親町三条家家来大島数馬、大炊道場聞名寺領株百姓利左衛門、それぞれに対する正親町三条家・大炊道場の各支配が、建前上「穏便」に行われることが優先された結果であり、また大島家も、正親町三条家家来としては大島数馬と名乗って、その身分格式をまとい活動したものの、聞名寺領の百姓としては、百姓利左衛門の名前で活動しており、被治者側も演じ分けを行っていた。百姓と公家家来の壱人両名という二重身分は、領主ら治者側と、壱人両名となる被治者側の両者が必要することで作り出され、維持されたものであった。それは身分集団ごとの支配が行われる、近世社会の支配・把握の特質を示すものでもあったのである。

第五章では、大島家の学芸について、概要ながらこれを具体的に明らかにした。

特に手習師匠としての活動については、その経営形態や入学者を中心に分析し、それが夜学へと形態を変化させながらも、村落の子弟を対象とした教育が行われ、彼らの謡や読書能力の習得にも役割を果たしていたことを明らかにした。大島家は京都へ行く機会も多く、詩歌や横笛などの学芸も習得し、より上級や同程度の人々とも、これらを通じて交流した。

しかし向日町における一種の遊芸集団には関与しないなど、学芸の活用対象は、村落内部へ重点が置かれていた。また京都の流行をうけたと考えられる寛政期における直良の乗馬趣味の具体像についても明らかにした。これら大島家の事例から、在方における学芸活用の一つのあり方を示した。

第六章では、大島家による医師活動を分析し、京都近郊における医師の活動実態の一端を明らかにした。大島家は施薬中心の活動から往診活動へと進展させ、それは同家に薬礼収入という経済的利益をもたらすとともに、村・地域にとっては医療的充実をもたらした。また大島家にとって、村・地域において医師としての自家の存在感を示すことにもなった。その往診活動の分析からは、大島家の往診範囲が周辺他医との関係において形成されていたこと、往診活動が正親町三条家への出勤や、村落の様々な活動と並行して行われていること、往診先・往診途次での交流は、情報の獲得・伝播の機会ともなっていたこと等を明らかにした。その医師の活動は、同家が医師である前に、村落の構成員であるとの立場が色濃く表れたものであった。

第七章では、大島家の医師としての側面と石見上里村との関係について、文政期に同村内で発生した二つの変死隠蔽事件を事例として考察した。

変死人発生という村の重大事件をうけて、村はこれを隠蔽すべく種々の工作を行い、大島家にも、医師として隠蔽工作に協力するよう依頼した。その隠蔽理由は、変死による京都町奉行所の検使を回避し、「穏便」に済ませたいという村の意向によるものであったため、大島直良はこれを受諾して隠蔽に協力した。それは村落の構成員として立場や利害の中で、医師としての側面を利用し、「穏便」に処理する役割を果たしたといえ、村側も大島家の医師の側面に、そのような役割を期待していた。また大島直良は、株庄屋の家で変死人が発生した際、村の依頼なしでも隠蔽を行ったが、これも六右衛門一件後の不安定な村落状況を鑑みて、株庄屋家の変死事件を

「穏便」に済ませたものであった。大島家の医師としての変死隠蔽は、医師である以前に、村落の構成員であるという性格によるものであり、村や百姓たちの「穏便」を希求する意識がその根底にあったのである。

以上のような多様な変容をみせた石見上里村も、表面上、つまり建前としては、近世を通じて、村高も支配領主もほとんど変化のない一村落となっている。また大島家についても、利左衛門という百姓名前で、元禄期から幕末期までおおむね同名で存在し続けており、支配側からみれば、何も変わることがなく推移した百姓とも映る。また大島数馬という名前だけをみてしまえば、百姓利左衛門とは全く別に、公家家来の大島数馬が石見上里村に住んでいた、という誤った判断さえ下しかねない。

しかし本書で明らかにしたように、実際には村と百姓は多様に変容して様々な活動をみせた。ただし表面上、百姓としての「分」に基づく建前を遵守し、実態との矛盾を調整することによって、従来の秩序が維持安定された「穏便」な社会を実現させていたのである。本書のように、一つの村と家の相互関係を、長期的かつ多角的にとらえることは、近世百姓の実態理解はもちろん、建前と実態の齟齬を調整して「穏便」を希求する、近世社会の表裏実態を把握する上でも有効であると考える。

とはいえ本書も、大島家については多角的に分析しえたが、他の百姓たちの多様な側面については、ほとんど具体的には明らかにできなかった。大島家以外の百姓も、多様な活動実態を有していたと考えねばならない。

たとえば六右衛門一件において、他の「弱腰」な株庄屋たちとは異なり、六右衛門一派に臆することなく対峙して、豪胆な性格を史料上も垣間見せる石見村杢兵衛という人物がいる。本書で使用した史料上、杢兵衛は石見村惣代で、中御門家・善峯寺領兼帯株庄屋としての側面しかとらえられない。しかし全く別の史料からは、当時杢兵衛が「西岡岩見村馬持惣代」として、西岡郷の運送業において一定の地位を占めていたことが知れるのである（嘉永二年一二月「淀宿西岡馬持等口上書写」『長岡京市史　資料編三』一九九三年）。杢兵衛の豪胆さの背景には、こうした側面が作用していると理解することができよう。

このように、百姓は村落内部の側面のみではとらえきれない部分もあり、一人の活動が大島家のように多方面にわたる場合が相当に多かったとみられる。百姓の多様な側面を把握するのは、その家の史料が現存しない限り極めて困難であるが、百姓の村落内外での諸活動を可能な限り検討するように努めることが、今後の課題であろう。

また、近世近代移行期の動向に着目して、近世百姓の〝終焉〟と〝国民〟への変容について、実証的に明らかにすべきであったが、著者の力量不足もあり、石見上里村百姓側の史料からは、これを追うことができなかった。今後、近世近代移行期における近世百姓、および町人の動向にみる近世社会の〝終焉〟に着目することで、近世社会の本質や特質を、明らかにしたいと考えている。

なお、本書で述べた「穏便」を実現するための建前と実態の運用は、近世社会を安定化させている作法として、百姓以外の人々にも色濃くみられるはずであり、今後多様な側面から検討し、発展させていきたい。

付論　大島家の病と地域の医療

近世在方において、医師による医療はどのように行われていたのか。近年、近世の医師・医療をめぐる研究は増加・進展しているが、[1]近世における医師・医療の状況は、極めて地域差の大きな問題であり、その理解には、なお各地域での個別具体事例の検討・蓄積が必要な状況にある。またすでに指摘されているように、治療する側、すなわち医師など治療者側の研究に比べて、被治療者側からみた医療実態の研究は、史料的制約もあって、必ずしも多くはない。[2]畿内の医療状況についても、摂津・河内をフィールドとした研究はあるものの、[3]京都近郊における医療状況についての研究は寡聞にして知らない。[4]

このような研究状況を踏まえ、大島家の「日記」から、その家族が罹病した際の対応を具体的に描出し、そこでの医師のかかわりに焦点を当て、検討を加えることにしたい。[5]近世後期の石見上里村周辺地域には、第六章で明らかにしたように、多くの医師が存在し、また大島家も地域の医療に関わる医師の側面をもっていた。こうした環境の下、大島家で家族が罹病した場合、地域や京都の医師は、どのように関与したのだろうか。

本章は、大島家の医師活動に触れた第六章の補論として、大島家に病人が発生した際の具体的事例を分析し、近世後期京都近郊における地域医療の事例を提示したい。なお、その際、聊か冗長になるのは承知の上で、「日記」という史料の特性を活かし、可能な限り時間軸に沿った病気の経過と、多様な対応を描出する。本章は主に医師の活動に焦点を当てるものであるが、被治療者側による病への対処は、民俗的・宗教的要素も並行して行われており、一連の医療行為として、それらも総合的に把握するよう心がけたい。

一　天明・寛政期における家族の病

（一）大島家と河奈辺恒斎

まず天明期、大島家で病人が発生した際の事例からみていきたい。

天明七年（一七八七）八月九日、おしん（直良の娘とみられる）が「嘔吐泄瀉一両日前ゟ不止」という病状になった。大島直良は実父の岡本左内[6]を招き、診察・配剤を受けた。

> おしん儀所労ニ付、下久世村河奈辺恒斎へ胗(診)察頼申候、尤野夫(直良)頼ニ参候所、是も所労ニ而断被申候
> （八月二九日）

しかし経過が芳しくなかったのであろう、同月二九日には下久世村の医師河奈辺恒斎に診察の依頼に出向いたが、河奈辺自身が所労であったため断られている。また同日、「今夕大世日之式仕候、諸神へ御燈御膳備へ諸神弁ニ入口へ飾を付、子日松を立、是ハ病人御座候ゆへ年違之心持也、明朝ハ元旦之式仕候也」と、正月に置く子の日の松を置いて「年違之心持」としている。

> 今日駕籠ニ而数馬(直方)、おしん召連レ大仏三宅宗仙へ参られ候処、途中ニ而病人殊外疫(疲)レ候故、河奈辺氏へ立寄、胗察頼ミ申候而服薬申受帰申候
> （九月二日）

翌々日の九月二日には、直良の父直方がおしんを駕籠に乗せ、京都大仏（方広寺周辺）の小児科医三宅宗仙[7]の診察を受けに行くが、途中でおしんの病状が悪化したため果たせず、河奈辺のもとへ立ち寄って診察を受け、薬を受け取って帰っている。

> 出京丹治(直良)（中略）三宅宗達へ参り、おしん容躰得と申候而煎薬申受度存候処、宗達被申候ハ、一度も胗察不

申候而ハ煎薬も進し難き旨被申候、仍而丸薬申受帰候、序ニ河奈辺氏へ立寄容躰咄し申候　（九月三日）

翌三日、直良は出京の帰途、三宅宗達のもとへ立寄り、おしんの容態を話して薬を受けようとした。しかし三宅からは「一度も胗察不申候而ハ煎薬も進し難」と断られ、丸薬だけを受け取った。その帰路、河奈辺のもとへ立ち寄って容態を伝え、それ以降、直良は河奈辺へ七日・一三日・一四日・一五日・一六日・二〇日・二四日に出向いて容態を伝え、うち七日・一三日・一六日・二〇日・二四日には薬を受取っている。また一〇日・一七日・二六日には河奈辺自身が大島家へ診察・見舞に訪れている。直良は三宅宗達へ一三日に礼に行き、二〇日にはまた丸薬も受け取っている。また九月四日には、直良が長岡天神へ病気平癒祈願のため参詣して「七日之斎」を行っている。

二〇日、直良は「病人有之候ニ付、暫く出勤断申上度」と、おしんの病気を理由に正親町三条家への出勤を断り、二二日、正親町三条家から病人へ見舞として赤貝が送られている。同日には「野夫下桂へしる粘（ママ、粉カ）調ニ参り候、病人望候故也」と、病人がほしがった汁粉を求めに行っている。二三日には菩提寺である鶏冠井村南真経寺へ「病人祈禱」を頼み、「祈禱料銀壱両」を納め、翌二四日には南真経寺の使僧が「鬼子母神祈禱之御符二包持参」、二六日には河奈辺が「病人見舞」に来ている。

おしん事、夜前ゟ今朝へ向、殊外面色肉脱気力衰へ申候、尤過日ゟ広東彡相用ひ申候、此節ハ肉折用候、然る■■■（虫損）（「二今日」カ）甚以容躰不宜、今夜五ツノ終落命仕候、寔ニ死生有命、人力之施す可事なく、一統ニ愁歎而已罷出候　（九月二七日）

病気の間、広東人参や「肉折」を使用してみたようであるが、二七日、おしんは遂に「落命」した。なお二八日、「使を以て河奈辺氏へ死去之趣申遣、詞礼相演」、年末の一二月二七日には、河奈辺へ謝儀として銀三両を送っている。

また天明八年には直良の娘お道（天明六年生）も罹病・死去している。天明八年七月一八日にお道が罹病すると、すぐに河奈辺恒斎が呼ばれ、河奈辺は一九日・二九日・八月七日・一七日・二九日に来診、七月二七日には大島家から使いを遣わして容態を知らせ、薬を受け取っているが、お道は八月三〇日に没した。なおこの時期、正親町三条家の八千姫[8]も罹病し、その容態が悪化したため、直良は出勤中の七月二二日、「今宵宿可致旨、主侯ゟ被申候得共、当方ニも病者有之候趣申立退出」している。主人の姫が病気のため「今宵宿可致」と命じられたものの、自分の娘の病気を優先して帰宅している。しかし二四日に八千姫が逝去すると、葬礼のために二六日まで出勤している。

同年一〇月には、また娘とみられるお五保も罹病・死去している。この時もまず河奈辺に診察を依頼し、河奈辺が九日・一七日・二〇日・二六日、一一月四日と来診している。しかし一一月九日にお五保は死去、翌日「以使河奈辺恒斎へ死去之趣知らせ」ている。

天明期、大島家では下久世村の河奈辺恒斎が家庭医的役割を果たし、ほとんどの場合、まず河奈辺の診察を受けていたことがわかる。「日記」には「河奈辺恒斎医師」（天明八年七月一八日条、傍点引用者）との表現もみえ、医術の修行経験のある大島直良からみても、河奈辺は比較的高い医術能力を持つ「医師」として認識されている存在であった。なお、大島家は、河奈辺とは医療面以外での交際はみられない。大島直良の実家が上久世村の湯浅家であることを考慮すれば、その頃からの縁故であることが推測される。診察依頼には直良自身が直接出向くことが多く、河奈辺の来診は近村のため頻繁で、直良もしばしば河奈辺の元まで出向き、症状を報告して薬を受け取っていた。天明期には、直良や直方自身が調剤した形跡は見受けられないが、薬は購入して与えている。

おしんが重篤と判断された際、京都の著名な小児科医三宅宗仙・宗達の診察を受けることを希望した点は、より高度な医療を求めての、京都近郊ならではの選択肢であろう。しかし三宅から「一度も胗察不申候而ハ煎薬も進し難」として薬を受け取ることができなかったのは、それまで同様の方法で河奈辺から薬を受け取っていた直良にとって誤算であった。三宅の回答は医師としての理には叶っていようが、病人を京都へ連れていくには駕籠が必要であり、また三宅のような著名な医師を石見上里村まで招くには相当な費用がかかるため、容易なことではなかったのであろう。この「おしん容躰得と申候而煎薬申受度」と考えて出むいた直良と、「一度も胗察不申候而ハ」と答える三宅との間には、根本的な意識の齟齬をみることができる。

これに対し、河奈辺は従来から患者の容態を承知しており、直接診察せずとも適切な薬を処方できた。またなにより地理的に近く、来診も頻繁に行っていることから、大島家は河奈辺に信頼を寄せていたと思われる。しかしそれでも三宅へ診察を頼もうとする態度からは、京都の医師のほうが優れているという認識を抱いていたこともうかがえよう。

とはいえ、京都の医師は頻繁に診察を必要とする重病人の場合には、あまり活用できず、普段はもっぱら近隣の医師の診察を受けることになった。

（2）医師の選択――寛政期・亀五郎の病――

寛政七年（一七九五）八月一六日に誕生した直良の子、彦五郎（のち亀五郎と改名）は、誕生以来病弱で、寛政一〇年八月一日に病死する。この約三年間にわたり、直良は治療に当る医師を頻繁に変え、最終的には自身による治療、「他医を頼ず予か了簡」で治療を加えることになる。本項ではこの事例における転医の状況に着目し、検討を加えることにしたい。なお、直良は亀五郎が死去する寛政一〇年八月一日に、それまでの病の経過を回顧して記述しており、以下「　」で引用する史料のうち、特に日付を付さないものは、すべて同日条の記述による。

寛政八年七月一三日、彦五郎は「少々所労」になり、向日町の上田元林の診察を受けた。寛政期になると河奈辺恒斎は死去したのか、代わって上田元林が家庭医的役割を果たすようになっている。

しかし八月三日、直良は神足村の生駒大輔のもとを訪れ、診察を依頼する。生駒大輔は旧名福味大助といい、直良の仲介で同村の医師・生駒元禎の養子となった人物であった。依頼を受けた生駒は同日診察に訪れ、「主剤調合」している。五日には「生駒大輔代診（ママ）清吾」が診察し、「主剤弐帖」を与えている。その後七日・一八日には生駒自身が来診、一六日には生駒の使いが薬を持参している。しかし二六日には、生駒へ「以使札小児服薬申受」ると同時に「胗察見込之儀断申」と通告している。理由は記されていない。

寛政九年二月一九日、また「彦五郎少々所労」になると、今度は謡などをともに楽しむ友人でもある寺戸村の能勢元察に診察・服薬を依頼する。能勢元察は二〇日・二一日（薬三帖調合）・二四日（主剤三帖調合）と来診し薬を与えている。三月六日、「夜前彦五郎発熱」するとやはり元察へ療治を頼み、元察は六日・八日・一〇日・一二日・一四日・一七日・二〇日・二六日とかなり頻繁に診察に訪れている。なお一六日には「彦五郎所労ニ候故、名改仕候、亀五郎と名付」た。彦五郎は先祖直武の通称から付けられた名であったが、長命を保つ思いをこめて改名したのであろう。その後、六月一二日には「瘡腫」ができたが、七月には無事快復した。しかし同月再び病が悪化し、能勢元察は七月二六日・二九日、閏七月四日・八日と診察に訪れて薬を調合している。

ところが同月一三日、直良は突如「今朝以使札能勢氏へ見舞之儀断」を入れ、能勢の診察を断った。能勢元察の治療では回復がおぼつかないと判断したようである。またこれを境に能勢との交際が急に疎遠になっていることを考慮すると、治療上、直良との間に何らかの意見の不一致が生じたものと推測される。能勢に断りを出した同日、直良は駕籠で妻のお床と亀五郎を連れて「竹田村小児医者」のもとへ向かった。そこで「脾疳之症」との診断を受け、「煎薬七ふく壱廻り分」を受けて代銀三匁を支払っている。なお一七日には「伏見小児医者」（上記の医師と同医かは不明）へ行き、亀五郎の病について尋ねている。さらに二日後、妻のお床は亀五郎を連れて

「疳病之灸治」をするという「向日町真経寺門前賈家之女房」のもとへ行った。この人物は医師ではないようだが、効果的な「疳病之灸治」を行うという評判があったらしい。なお、この頃には「眼気大ニ悪しく、片眼盲シ」という状況になっていたが、「是ニ而大躰病気も極り候と」直良は病状が落ち着いたという観測をしていたようである。

一二月一八日、直良は柳谷の楊谷寺へ行き、「亀五郎眼病ニ候故祈願」し、「香水受ケ」て帰っている。楊谷寺は柳谷観音ともいい、その湧き水は眼病平癒の霊水として知られていた。もちろん医薬ではないが、これ以降、直良の楊谷寺参詣がしばしばみられるようになる。

同月二一日、直良は亀五郎を生駒のもとへ連れてゆき、再び生駒大輔に診察を依頼、「彼館ニおいて胗察之上、主剤」を受け取っている。以降二五日に生駒が診察に来て薬を与え、寛政一〇年正月四日には書状で容態を知らせ、八日・一一日・一二日・一四日・一六日・二一日・二六日、二月二日に生駒が来診（一月八日と二月二日は「生駒弟子」「生駒門人」が診察）、または薬を受け取っている。なお、一月一二日には「真珠入之丸薬」を生駒から購入している。

この頃亀五郎は更に視力が低下したため、直良は仏神への祈願にも熱を入れるようになる。一月一〇日に「妙見宮祈願ニ付垢離精進」し「予はなはだ以て心痛、何卒御納受所願ニ候」と切実な願いを吐露している。そして一七日に「亀五郎病気眼疾平癒願」のため摂津国能勢妙見宮へ参詣、「妙見山登り神前伏拝、御百度相勤」めた。一月二二日には伏見屋という薬屋で「真珠竜脳」を求めている。しかし病状はますます悪化の経過を辿り、「又候片眼白膜掛り」、また購入した「真珠等も相用申候得共少も功験なく、終ニ両眼盲」となってしまったのである。

二月二日、生駒氏の治療も効果がないと判断した直良は、手紙で「休薬致度旨断」を伝えると、今度は在京の親類岡一安・祥安に治療を依頼する。岡は二月二日・二一日、三月三〇日に来診し、二月一〇日には直良が薬を取りに行っている。しかしその後とくに診察は受けていない。なお、二月二五日には直良の実母岡本岩雄が亀五郎のために「平野巫姥へ祈禱」を頼み、「供物幷ニ守り」を持参、直良はこれに対し「深ク厚恩ヲ謝」している。三月一〇日には上里村に修行に来ていた「日本廻国之人武刕湯嶌三組町大嶋清介」という旅人（修験であろう）を呼び入れ、「亀五郎眼疾平癒、金剛杖ニ而目ヲ按ルノ事相頼」、「暫く読経いたし杖ニ而眼ヲ按」じてもらっている。

しかしその後も亀五郎は快方にむかう様子はなかったが、直良は盲目となった亀五郎の「眼気ハ打捨置」て、「内証調補」を優先し、「盲人なから先命ハ拾」ったものと判断した。

次々に医者を変えてきた直良であったが、その効果にはいずれも満足できなかったらしい。そのためこの時期になると、直良は「他医を頼ず、予か了簡ニ療用加へ」はじめる。その結果、「六月亀五郎廿二日ゟ発熱泄瀉絶食ニ而、廿四日比甚以容躰悪敷相見へ申候、昨日比ゟ少々宜敷様ニ相見なおし申候」といったんは持ち直し「盆後ハ大分宜敷見へ」た。しかし七月二五、六日には再び容態が悪化、二七日には治療に当たっていた直良自身も中暑で体調を崩してしまう。

行き詰った状況となった翌二八日、「能勢元察来臨、まんちう小児へ被送候、幸之儀ニ候故、亀五郎胗察相頼申候」と、疎遠になっていた能勢元察が、突如亀五郎の見舞いに饅頭を携えてやってきた。直良は「幸之儀ニ候故」と、能勢元察に診察を依頼する。能勢と直良はもとより友人関係であったが、寛政九年七月に「断」を出して以降、能勢は儀礼的な挨拶のために二回大島家を訪れているのみである。この突然の訪問は、長らく疎遠だった能勢が、大島家の状況を伝え聞き、直良に助力するつもりでやってきたとみるのが妥当であろう。なおこの日以降、再び能勢との交際が頻繁になっている。直良の「幸之儀ニ候故」というのは、「他医を頼ず予か了簡」の治療によって回復したと考えていた亀五頭の体調が急変し、自身まで倒れても、一度断った手前、今さら能勢や生駒などに頼ることもできない状態になっていたのではなかろうか。

二九日には、「亀五郎兼而病身ニ候所、当廿三四日比ゟ不食、此節ニ而ハ絶食薬湯ニ茶抔至て好ミ熱甚く渇スル故ニ候、其上陰嚢腫レ咳出、其外容躰甚以不安心」であったが、翌日八月一日は正親町三条家への出勤の日にあたっていたため、直良は「我子之病気ニ付不参之御断も相立かたく候故、拙者所労も小児病気も捨置押して参殿」しようとした。もっとも、特にこの時、出勤を要する行事があった訳でもなく、直良は過去に二度家族の病気（おしん・お道の事例）を理由に出勤を休んでいるから、この発言は明らかに矛盾している。この直良の態度は、「他医を頼ず」というような、最終的に自身ですべてに対処しようとした頑なさと同様のものといえよう。ただし正親町三条家出勤中の父直方は、「留主中不案心之趣」を理由に直良の出勤断りを出している。能勢が引き続き亀五郎の治療に当たったものの、八月一日午三刻、亀五郎は落命した。直良は亡くなった八月一日の日記にはかなり延々と、亀次郎の誕生から病気の経過、その療治を回顧した上で、次のような激しい悲しみを吐露している。

（前半亀五郎病状の回顧。省略）抑四年か間、大かた病ツヽケ申候上ニ而、盲人ニなり、得歩行も致さす、言語も審ならす、然ハ今度落命、予心肝ヲ裂か如く愁情不便なる事申も中々おろかなり、後世縁あらハ再ヒ我子に生れ来れかしと存候、涕泣袖を湿す事云計なし、又当春ゟ者妙見宮へ願申、一午日精進いたし喝題千遍・和歌一首を奉納して毎月いのり申候得共甲斐なく、天命ハ神助も及ぬ事かと只泣計なる事なり、清身而神前破顔

（寛政一〇年八月一日）

医師を次々に変え、頑なに「他医を頼ず予か了簡」で治療を加えた末、最後には自身が倒れ、また能勢に頼ることになる様子からは、当時まだ直良が医師としての活動を行っていない時期でもあり、未熟な面があったとい

える。

同年九月に母親が罹病すると、「能勢元察来臨、母所労ニ付、以使招申候ニ付胗察配剤有之候事」（九月二一日）と、能勢元察に診察を依頼している。能勢は二三日・二六日・二八日、一〇月三日・五日・八日に診察し、薬も調合している。一〇月一一日は直良が能勢へ使いを遣わして薬を受け取っている。なお、九月二六日、直良は「平野神子町勘兵衛」（同人は「花園様庄や」でもあり、直良とは面識があった）に「母所労未た治し申さす候ニ付祈禱頼」んでいる。

以上のように、亀五郎の病では、主治医とも言うべき存在の上田元林にはじまり、生駒大輔、能勢元察、そして再び生駒大輔、岡祥安と転医し、最後には自身で亀五郎の治療に当たり、最末期には再び能勢の治療を受けた。その他に「向日町真経寺門前賈家之女房」や「竹田村小児医師」などの治療も受け、妻や祖母、そして直良は、あわせて仏神にも頼っている。

この転医はほとんどが在方の医師で、また特徴的なのは、転医が大島家の縁故者内で選択されているということである。ただし縁故ではない「竹田村小児医者」等に依頼していることもあるが、これ以外には京都や伏見の医師への診察依頼はない。これは京都や伏見の医師の診療を受けるためには、患者側が医師のもとへ出向く必要があり、また著名な医師に来診を依頼するには費用がかかり、頻繁な診察を受けるには不適であった。それに比べて在方の医師は近くに居住しており、頻繁に往診に来てくれ、火急の場合も速やかに駆けつけてくれる利点があった。たとえば在京の岡祥安による診療回数と、寺戸村の能勢元察の診察頻度を比較すれば、その差は明らかであろう。亀五郎の病のように重症で、また急に発作を起こすような病では、頻繁に医師の診察を受ける必要から、地域の医師による診察が、最良の方法であった。また亀五郎の治療におけるこの頻繁な転医の背景には、最終的に「他医を頼ず予か了簡」で療治を加えたことからもうかがえるように、直良が次第に募らせていった「他医」に対する不信感があった。

しかし直良自身が医師として周辺地域への往診活動を行っていた享和三年（一八〇三）、息子子十郎が病になった時の対処は、亀五郎の場合と違うものになっている。

享和三年八月、子十郎が罹病すると、最初上鳥羽村の村岡良輔の診察を受け、その後「村岡・湯浅等両医相談配剤」と、上鳥羽の村岡氏と上久世の湯浅氏（ともに大島家の親類）が相談の上で配剤し、自身も加わって「無油断服薬為致」ている。[9] 直良自身が医師として活動するようになったことや、また亀五郎の対応に対する反省からの意識の変化であろう。子十郎は八月九日に死去するが、その時直良が日記に記した「扨々於予身残念至極、涕泣難止、愁傷非歎難及執筆候」の「於予身」は、医師としての自身を意識した言葉とみることもできる。

二　文政期・継嗣武幸の病

（一）　武幸の眼病と新宮涼庭

直良の継嗣である大島内蔵太武幸は、文政九年（一八二六）頃より眼病を患い始める。[10] すでに文政九年以前に発症していたとみられるが、「日記」では同年一月一六日に「内蔵太眼疾ニ付、文二郎（下男）六人部へ遣、容躰申入候、留主ニ而薬来」というのが初見である。武幸は継嗣であったこともあり、可能な限りの方策を尽くして眼病の治癒を試みたと思われ、当時における京都の著名な蘭方医・新宮涼庭の治療を受けている。本節ではその治療について具体的に検討することにしたい。

文政九年、武幸の眼病は向日神社の神主家で当時在京していた六人部氏がその診察・配剤にあたっていた。武幸もまだ軽度の眼病であったようで、自身上京して六人部氏からの診察・配剤を受けている。また日常生活にも支障はなく、向日神社への社参や自家の耕作にも従事しており、すぐに盲目になるような状況ではなかった。ただ、日記をつけるのは苦痛であったようで、文政九年以降、「日記」は裏表紙に「武幸誌」と記されながらも、実際には直良の筆跡になっている。武幸自身出京して六人部のもとへ出かけて診察をうけ、薬を受け取っているのが一月二六日、二月一一日・一六日、三月八日・一五日、四月二〇日、また弟の慶二郎（直珍）などが、二月二一日・二八日、三月一八日、四月二日・一一日と、薬を取りにいっている場合もある。このように、京都の六人部のもとへの、通院生活とでもいうべき状況であった。

直良不在中の四月六日、武幸が突如「発熱・譫言」したため家内は驚き、直良と本の貸し借りをするなど懇意であった鶏冠井村の医師・宇田原中[11]に急遽診察・調剤を依頼した。翌日直良の帰宅後も宇田原中が診察配剤を行っている。宇田は武幸の病を「焮種熱」と診断している。なお、同日の直良は「員馬従亀山帰宅昼半、夫ゟ回療」と息子の治療ではなく往診を優先している。八日、往診した宇田は「焮種熱ニ候故、発汗も不宜、解熱可宜由ニ而、硝石・石膏等之主剤」を用いた。一一日にも宇田が来診、「薬方被申演候而、内ニ而調合相用」た。

このように病名や症状、薬などを書きとめ、「内ニ而調合」するのは、直良の医師としての側面をうかがわせる。同日にはいわば武幸の主治医である六人部のもとへも症状を知らせたが、六人部は「先比ゟ下坂ニ而いまた帰京」していなかった。しかたなく二〇日、今度は快復した武幸自身が六人部のもとに出向いたが、なおも下坂中で留守であった。

> 内蔵太先日上京、六人部へ行候所、下坂ニ而留主中ゆへ、今日又々上京、岡本勇相談ニ而、新宮良底(涼庭)へ診察相頼ミ、即同伴ニ而新宮へ参り診察被致候、尤六人部留主中故、尚帰宅之節掛合候上と申事ニ而、先薬三十帖被呉候　（四月二三日）

そのため二三日、再び上京した武幸は、在京の岡本勇（武幸の従兄弟）へ相談する。岡本は「新宮良底(涼庭)へ診察相頼ミ、即同伴ニ而新宮へ参り診察被致候」と、武幸を連れて新宮涼庭の診察を受けさせ、「薬三十帖」を受け取った。これ以降、武幸の主治医は新宮涼庭へと移る。なお、新宮涼庭は長崎に滞在して蘭館医師から和蘭医学を修めた人物で、当時京都において、最も著名な蘭方医の一人であった。

その後五月一〇日に「六人部へ行」の記述を最後に、六人部の診察や薬を受ける記事はなくなり、五月二八日以降は本格的に新宮涼庭のもとで診察・配剤を受けるようになる。六月三日は慶二郎が新たに新宮から「塗薬」を受け取っている。その後八月七日・二二日、九月一三日、一〇月一日・二八日と、新宮のもとへ診察・配剤を受けに行っている。なお、新宮が大島家まで来診したことは一度もない。この縁を契機に、武幸は妻おちかの病気も新宮で診察させるようになっており、薬も奏効したようである。

（2）眼病の悪化

文政一〇年になると、同年の「日記」は裏表紙の「武幸誌」に偽りなく、一月三日からは武幸の筆跡に戻っている。健康状態が快復したのであろう。しかしそれも束の間のことで、二月一六日を最後に再び直良の筆跡となる。眼病が悪化したのであろう。

武幸は一月二四日、二月一六日には自身で新宮へ出向いて診察・配剤を受けていたが、眼病の悪化により、二二日には「内蔵太先比眼病ニ而引籠」っていたため、新宮へは容態を報告して薬を受け取っている。三月五日、「内蔵太眼疾逆上ニ而引籠」っていることを「甚以心配」した直良は、このようになった原因は「若哉障り等之事ニ而も無之候哉」と懐疑し、「小北山丹波屋勘兵衛」なる人物に祈禱を依頼する。そして武幸の代身となって祈禱を受け、「幣之様なる物ヲ授ケ候故受取帰り、病人之枕下ニ入置」た。眼病は近世を通じて多かった病気であるが、大島家からの眼病は亀五郎・子十郎に続き三人目（ただし日記で確認できる人数）であったことや、武幸の「逆上」が、「若哉障り等之事ニ而も無之候哉」と直良に思わせたのであろう。

内蔵太去ル十八九日比ゟ逆上いたし、眼疾段々と差重り、甚以難儀なる事ニ候故、今朝文吉・三郎左衛門頼ミ、新宮(ママ)へ(衍)良底へ乗輿ニ而参り処、放血いたし腹部脉体等委敷一覧、主剤被呉候、尤憎風・発熱等も有之、食味も少シハ違ひ候事故、駕籠ニゆられ帰宅之節、眩暈之様子有之候て驚申候、七ツ時帰り候故、とくと休息いたし相治り申候、慶二郎・文二郎附添ひ行、弁当所持候事、駕籠賃小遣等凡十四五匁入、委しくハ小遣帳ニ記す　（三月八日）

三月八日、祈禱の甲斐もなく、「眼疾段々と差重」ったため、武幸を駕籠に乗せて新宮のもとへ遣わして放血（刺絡）し、薬を受け取っている。その「駕籠ニゆられ帰宅之節」には「眩暈之様子」で直良を驚かせている。病人を京都へ連れて行くには駕籠に乗せなければならないが、これは費用面でも病人にとっても、かなりの負担となった。京都近郊の病人が京都の医師の診察を受ける場合、こうした病人側における移動の困難さが、大きな障害となっている。

三月一五日には、新宮のもとへ慶二郎を遣わし、「容躰申入配剤受取」っているが、二三日には武幸自身が「新宮へ参り胗察主剤申受」ており、とりあえず病状は落ち着いたようである。三月二九日には下男の文二郎を新宮へ遣わして「目薬」を受け取っている。「目薬」と記すのはこの日が初見である。その後四月四日（直珍）・一五日（武幸）・二二日（武幸）、五月一日（武幸）・九日（武幸）・一八日（武幸）・二六日（武幸）、六月五日（直珍）・一三日（武幸）・二一日（武幸）と、武幸自身が新宮へ出向いて診察・配剤を受けているほか、直珍が上京し薬を受け取っている。

六月三〇日、また武幸の具合が悪化すると、新宮へ知らせる一方、岡本勇にもこの旨を知らせ、放血をしてくれるように依頼、翌日岡本が来て放血している。これは武幸が「瘧のことく、昨日ハ大ニ発熱」したためであった。その後武幸は回復し、閏六月一五日には「内蔵太早天上京、新宮へ行、主剤申受候」と、以降再び自身で新宮のもとへ出向いている。また、九月二〇日頃から、親類の荘田正之進が、武幸のために「薬酒」（「反鼻酒」）を勧めているが、一〇月一〇日、これを新宮に相談すると「眼気ニ差かまひ候やう」であるので服用はやめたほうがよいと意見され、代わりに「風子之入候散薬」を拵えるので取りに来るように指示している。武幸は二一日に新宮のもとを訪れており、この時に右の薬を受け取ったと思われる。

一〇月二四日、岡本勇が、眼病平癒の情報を、大島家にもたらした。

> 岡本勇来臨、右ハ見舞且又内蔵太永々病気ニ候故、奇方療治之医師建仁寺ニ有之候由、尤医師ニ而ハなく儒者之由、幾人も功験見へ申候由、新宮先生とも心易き趣慥ニ承候故、相談ニ来り候趣被申述候、甚以懇情之至、一謝申述何分聞合被呉候よし頼申候事也、止宿　（一〇月二四日）

「奇方療治之医師」は「新宮先生とも心易き」人物で、その治療にも定評があるという。直良は「甚以懇情之至」と喜び、診察が受けられるように岡本勇に依頼する。なお二八日には慶二郎がいつもどおり新宮へ目薬を取りに行っている。

> 員馬（直良）俄ニ午ゟ上京、右ハ内蔵太昨日ゟ逆上眼痛故、岡本勇方へ行、兼而頼置候服薬之義相談候、彼方西洞院五条上ル丁へ今日変宅ニ而、大ニ取込中故談シ終り退出、尤明後日来臨候様被申候　（一一月一日）

一一月一日、武幸が「逆上眼痛」のため、直良は俄かに上京し、「岡本勇方へ行、兼而頼置候服薬之義相談」した。もちろんこれは一〇月二四日の「奇方療治之医師」による服薬を依頼した件であろう。岡本は明後日、大島家へその薬を持参すると約束している。

岡本が実際にやってきたのは三日後の一一月四日で、「先日相談之上頼置候薬一剤」を持参した。「甚以深切之至」と喜んだ直良だが、服薬を開始して六日後の一一月一〇日、「内蔵太発熱往来、且口中大ニ荒レ食物呑込かたく面体引〆候」という、逆に病状の悪化をもたらした。岡本は「先方医師へ得与懸合」、新宮へも相談するから一三日に来てくれるように頼む。一三日、直良は約束どおり岡本のもとへ行き、「岡本氏世話ニ而薬も来り候故受取」って帰っている（岡本の調剤か、新宮によるものかは不明）。直良は「内蔵太先日之服薬ゟ口中荒候ニ付」と記しているので、発熱や口中が荒れた原因は先日の「奇方療治之医師」の薬によるものとみなされている。

一一月一六日、「奇方療治之医師」にもこの件を通達したようであるが、とくに先方の反応は「日記」には記されていない。同日岡本が武幸を診察し、放血を行っている。一二月一三日には直珍と岡本が同伴で新宮のもとへ行き、「本より新宮氏も最初ゟ相談之上之事故始末申述」た。新宮は「委曲聞届、彼方煎剤・目洗薬・水薬等」を贈っている。しかし直良は同月二二日、正親町三条家に出仕する泉内匠に「内蔵太療治」を頼み、「製薬乞求」めている。泉は「承知之旨ニ而製薬ニ取掛り候由返答」している。この事件は、直良に新宮への不信感を抱かせたのであろうか。泉内匠から薬を受け取り、暮にはそれまで新宮と「奇方療治之医師」と思われる「小野氏」に礼物、そして岡本勇に肴料を送った。その後しばらくは泉内匠が武幸への配剤を行ったと思われる。

（3）　武幸の最期

文政一二年は日記が残っていないため経過を知ることができないが、同一二年には武幸は完全に盲目となっている。「日記」も「直良記」と記され、以前のように医師に通うこともなく、武幸自身も「日記」にはほとんど登場しない。ただ直良が二月一〇日に「員馬（直良）楊渓へ参詣、香水受帰る」とあり、三月一九日、四月一五日、五月九日、六月二八日、七月二九日、八月三〇日、九月三〇日、一一月一七日、一二月一七日と、ほぼ毎月一度、楊谷寺へ香水を受け取りに行っている記事がみられる。直良が武幸に何らかの医療行為を施していた可能性もあるが、すくなくとも「日記」に、そのような記事は見出せない。二月二三日に「岡本勇来臨（中略）内蔵太放血被致候、尤新宮ニ而相談之由也」とあり、なお新宮への相談も続いていたようである。

六月一二日、武幸の妻おちかは「鬲塞り」のため、新宮涼庭宅へ出向き診察を受けた。その際おちかは、「内蔵太事、今一応胗察ニ預り度、駕ニて上京候間いつ比ニ参り候哉を相尋」ており、新宮に夫武幸の再診を願い出た。おちかは諦めきれなかったのであろう。しかし新宮の塾生は、「先生故郷へ下られ留主中」で、四、五日中には帰宅するということであった。だがその後も武幸の再診はすぐには実行されていない。

八月二一日、ようやく駕籠の準備も整え、武幸を新宮のもとへ連れて行くことになったが、「病人少々上逆、且又雨天」で結局延引することになった。駕籠かきを頼んだ九介も「俄ニ疝痛」を訴えるなど、おちか以外の周囲は、最早再診の意味がない病状であることを承知しており、再診自体に消極的だったように見受けられる。

同月二六日、武幸は急な差込を起こし、家内は「大ニ驚」ている。その後も新宮のもとへ連れて行けるような状態にはならなかったのだろう。九月二日には伊勢講代参として村の五郎兵衛・栄蔵が出立する際、直良は五郎兵衛に銀六匁をあずけ、「家内安全・病人快全祈禱」を御師一文字太夫に依頼する書簡も託している。一〇月五日には、また武幸の病状は悪化し「胸鬲塞り吐瀉」したため、直良は「心配」し「服薬不怠」行っている。これは翌日おさまったようであるが、その後武幸が「日記」に登場することはない。武幸は翌一三年、家督を継ぐことなく没した。

武幸の診察は、当初向日町神主家出身で在京の六人部氏の診察を受けていたものの、その後親類岡本勇の紹介によって、当時京都でも評判の名医であった新宮涼庭の診察を受けることになった。その診療は基本的に宅診であり、武幸は京都までいわば通院した。急病の際に宇田原中や岡本勇の診察を受けている以外、地域の医師は全く武幸の治療には当たっていない。これは武幸が嫡子であり、可能な限りの治療を受けさせようとしているためであろうが、そこには在方の医師より京都の医師の能力に期待する意識があるといえよう。

三　治療と看病——直良の晩年と息子直珍——

大島直良は天保期、隠居した七〇歳頃から「省斎」と号し、天保五年（一八三四）八月には隠居屋を普請して住み、名実ともに隠居生活に入ったが、その後数回罹病している。この時期は「日記」の執筆者が息子直珍に移っているので、その病が客観的に記されている。直良の罹病に際しては基本的に他医の診察を受けず、主に息子の直珍がその治療にあたっており、症状の経過と対応が比較的詳しく判明するため、一節をもうけて取り扱っておきたい。

（一）天保一〇年の罹病

四ツ半御殿より使者来、夜前初更之比より父公（直良）吐瀉強、一統驚キ銘々世話致被呉候、未明之比沾苦痛止事無、手足冷気相詰候而、誠ニ命数之義危キ由、諸医被申候故、典薬宇津木診察致、是も六ヶ敷由申断、病症者寒霍乱ト申候事、早朝より使者知らせ来候故、早速予（直珍）同伴ニて上京参　殿、八ツ半比　加　田（諸大夫加田周防守）始厚情ニ取計致呉候、尤昨日　弥　左　衛　門（上里村正親町三条家領株庄屋）参殿ニて今朝一条里元より来、一日世話致呉候事、生　嶋（鶏冠井村正親町三条家領株庄屋）も同様也、然処予・加田氏相談致、何レ帰宅候ハ子ハ案心致かたく、早速輿長棒ニて六尺三人、予・生嶋・弥左衛門附添帰宅候処、初更過ニ相成候、尤気ハ実症ニて候へ（ママ）も、大ニ弱り食物も薄キ湯半椀計より進不申、大便者今以三四度下利致候、少シ下利相止候ハバと宜敷様ニ存候、何分老年之事故不案心ニ存候、尤金屋町より弥左衛門壱足先へ帰り、宅へ右之由知らせ飯之拵案内候事、幸ひ文次郎・政八郎・清次郎・長五郎遊居候故、大ニ〳〵都合宜敷世話致候事、六尺三人江飯酒出申候、夜中予・家内旁ニ居世話致、及鶏鳴候事

（天保一〇年八月二二日条）

天保一〇年八月二二日、七八歳になっていた直良は、突如主家正親町三条邸（御殿）で倒れた。「吐瀉強」く

「未明之比迠苦痛止事無、手足冷気相詰」という症状で、医者たちは「誠ニ命数之義危」いと判断、「典薬宇津木」に診察を依頼したが、彼も容態は「六ヶ敷」として治療を断っている。宇津木の診断では「寒霍乱ト申」病とのことであった。早朝、知らせを受けた直珍は急いで参殿、「何レ帰宅候ハ子ハ案心致かたく」と、その死をも想定したのであろう、「輿長棒ニて六尺三人」でもって自宅へ連れ帰った。直良の意識は確かであったが「大ニ弱り食物も薄キ湯半椀計より進不申、大便者今以三四度下利致」有様であった。医師たちの診断どおり、その病状はもはや「誠ニ命数之義危キ」ものとみられた。直珍は妻とともに夜通し「旁ニ居世話致、及鶏鳴」んでいる。

父公今日者宜敷様子相見候へ共、自由成かたく、両便ともまるにて世話致候事、食事少シ堅キ処治り申候事、平五郎頼ミ御殿書面ニて病人宜敷様子相達シ候事　（八月二四日）

二四日には「宜敷様子」だが「自由成かた」く、「両便ともまるにて世話致」さねばならない状態であったが、直珍はひとまず正親町三条家へも「病人宜敷様子」と伝えている。二五日には「辻経円師病人見舞」、二六日には「茨長（向日町茨木屋）より病人見舞としてリラヒ菓子壱箱、生島より菓子壱箱、弥左衛門より白砂糖壱袋、多兵衛より菓子壱袋」（多兵衛は同村正親町三条家領株株年寄）の見舞いが届いている。

今日者父公追々宜敷、湯粥之堅壱膳計余も進ミ候事、格別気分も悪敷事無之、只惣身タルク追々草臥居候様子ト相見候事　（八月二六日）

二六日、直良は「追々宜敷」なり、食事も進み、気分もよくなっている。その後しばらく直良に関して日記には特に何もしるされないが、順調に快復したらしく、九月五日には「父公義、四五日前より追々食事進、此比ニてハ力つき計、一統大慶案心致候事」とほぼ快復している。八月二二日には「誠ニ命数之義危キ」状態から、わずか一二日での全快は、長年医者として自分の健康に気を使っていたことを推測させる。

（2）　天保一三年の罹病

天保一三年、八一歳の直良は再び罹病する。この病気の経過は表1に示した。医療行為はあまりみとめられないが、家族の看病の様子がうかがえる。

当初一月二〇日には、「父公風邪之様子ニて被引篭候事、然し格別之事無之候事」と、直珍は「格別之事無之」と考えたが、二五日、「父公痰咳気強く、夜寐候事出来不申」という状況になり、隠居家から本家へ引き取った。肺炎であろうか。

以後、直珍は父の病状と経過を逐一記している。二六日、「老病故及心配、煎薬用ひ家内一等看病致候事、余程悪敷咳も止不申候故、扨々及心配候事」と、薬を与えながら心配している。その後も表1に示したように、直珍は具体的にその病状、とくに食欲に留意して書き留めている。二月一日に咳は多少収まったものの、食欲は減退し、二日、「何分老病之事故、身躰大ニ弱」っていたため、「日々ニ弱り、家内一統心配」している。その後も変化がなかったようで、「父公同様之事」との記事が続く。しかし同月一九日には咳も止り、二六日には「父公先全快、服薬明日より相休」と、ようやく長患いもほぼ全快して、この日から服薬もやめた。二九日には「父公寐所今日上ケ候事」、三月三日には「父公全快一統早朝祝ひ候事」、一一日には「父公今日閑亭江目出度引取之事」と、直良はまた快復して隠居家に戻っている。

なお、七月にも「父公心悪敷臥篭」とみえるが、こちらはすぐに治っているようである。老人であるため病気にかかりやすいものの、直良は基本的に丈夫であった。なお直良は、天保一四年には「予(直良)小瘡発シ今日ゟ薬湯ヲ始メ、時々浴す」（二月一六日）「予入湯三十返ニ終」（二月一九日）[12]などの記事がみえ、自身の病には他医の診察を受けず、自身で対処することもあったようである。

表1　天保13年・直良の病状経過

月　日	記　事
1月20日	父公風邪之様子ニて被引篭候事、然し格別之事無之候事
25日	父公痰咳気強く、夜寐候事出来不申、今日本家江引取候事
26日	父公昨日より痰セキ強く誠ニ困り、隠居より引取世話致居候へ共、何分老病故及心配候事、然し煎薬用ひ家内一等看病致候事、余程悪敷咳も止不申候故、扨々及心配候事
27日	長五郎、御池伊勢権方へ薬調ひニ遣申候、小遣百文 父公同様痰気候故、稀粘糖用ひ候処、少々宜敷様子相見へ候事、食事も味ひ無之候へ共、先々少シハ三度喰候事
29日	老父今日者少々宜敷、然し痰セキ止不申、顔抔少々水腫之様子、食事悪敷為覚候由也
2月1日	父公痰咳少々止り候へ共、何分老病之事故、身躰大ニ弱り居候、然し食事も湯積日々三椀位ひ者漸く進候事
2日	父公先々同様、然し食事悪敷少し減シ候様子ニ相見候事、長五郎下鳥羽沽生肴物調ひニ遣し候へ共無之、赤貝求帰り、直様味噌汁ニて進メ候処、二椀計食せられ候事、日々ニ弱り家内一統心配之事
7日	父公同様之事
8日	父公同様、然し今日者少々食事進候事
12日	父公同様也
15日	父公同様、少々宜敷相見へ候事
19日	父公昨日より食事大躰進候処、今七ツ時分者又々少々悪敷様子相見へ候事、然し咳ハ止り、只惣身たるく心地大ニ弱り甚困り候事
20日	父公先々宜敷ニ向かひ候へ共、何分少々ツヽ之加減善悪有之候故、不案心ニ相心得候
26日	父公先全快、服薬明日より相休候儀申居候へ共、何分老病之後故、甚両足始惣身弱りたるく、然し食事此比弐合位ひ者調ひ候故、一段とハ余程心快く相成、先案心家内一統致候事
29日	父公寐所今日上ケ候事
3月3日	父公全快、一統早朝祝ひ候事
11日	父公今日閑亭江目出度引取之事

（3）嘉永元年の罹病

父公、昼前門前ニて倒れ、腰痛自由出来不申候、其上大ニ吐シ甚弱り一統当惑致候事、早速服薬用当帰四逆湯、尤夜分両便とも丸ニて取候事　（嘉永元年五月一〇日）

嘉永元年（一八四八）五月一〇日、直良は自邸の門前で転倒した。「腰痛自由出来不申候、其上大ニ吐シ甚弱」ってしまった。直珍は「当帰四逆湯」を服用させている。「日記」に記される直良最後の病である。治療には直珍があたるが、「日記」中でも薬名が最も多く記載されており、医師として、患者に対して治療・観察する直珍の姿がうかがえる。

父公先達より格別替し事も無之、矢張胸痛筋攣急致痛候様子、外ニ悪敷事無之、食事等も常躰也、然し自由六ケ敷身動候ハヽ、当（尚カ）更攣急之様子也、何分老病内身大ニ弱り服中、只何となく衰弱、漸小便我手ニ丸ニ乗られ候計也、然し外ニ他病無之故、宜敷歟ト存候、何分老衰之上十ケ年已前之打僕此度さして候哉、只々諸神経之衰弱ニて攣急候哉、煎薬も直ニ予相談ニて潤腸湯用四五帖用候、早速大便通、大ニ気分宜敷由被申候、先達五六日計詰穴候故右之薬用ひ候事　夫より十全大補湯・当帰髪散用ひ候事　（五月二〇日）

直珍は注意深く直良の容態を診察・思案し、病状を見極めようとしている。また「煎薬も直ニ予相談ニ而潤腸湯用四五帖用候」とあるように、患者でもあるが直良自身が、直珍と相談して用いる薬を選んでいる。

父公先ツ病気宜敷方ニ向ひ痛攣急少々止候様ニ相成安喜之事　（五月二二日）

父公先宜敷候へ共、独歩行候事出来かたく候、夫故入湯背おい入させ候事　（五月二七日）

その後、おおむね「病気宜敷方ニ向」ったようだが、「独歩行候事出来かた」い直良を、背負って入浴させており、その姿は老人介護を想起させるものがある。

直良に関する記事は以降みられないが、二年後の嘉永三年（一八五〇）、大島数馬直良は八九年の天寿を全うし、その生涯を終えている。

以上、大島家の「日記」をもとに、その病気への対応と、そこでの医師のかかわりをみた。大島家では、基本的に病気になれば医師の診察を受けた。通常かかりつけの医師を決めていたようで、天明期では上久世村の河奈辺恒斎、寛政期には向日町の上田元林であった。しかしその医療のみでは不十分と判断した場合、転医が行われることになる。同地域には多数の医師が存在していたが、その中での医師選択は、主に縁故により行われている。

また京都市中には多くの著名な医師が存在していたが、その診療を受けるには基本的に患者側が医師のもとへ出向く、いわば通院の形態をとらねばならず、重病人には不可能であった。著名医の来診を受けることは、経済的にも容易ではなかったようである。ゆえに普段の診察は、身近に存在する地域の医師たちによって行われた。彼らの往診頻度は高く、日常的な医療では専ら彼らによる診療を受けていた。しかし京都の医師に期待する意識があり、大島武幸の眼病には、京都の著名な蘭方医新宮涼庭に依頼していた。

薬礼は、投薬数が必ずしも正確に記録されていないため一概に比較し得ないが、在方・京都いずれにせよ、医師へ支払われる謝礼薬代の額は安いとはいえないだろう（表2）。

また民俗的・宗教的医療も医師による診察と並行して行われていたが、直良にはこれを排斥する姿勢はみられず、みずから祈禱などを依頼していることもある。治療の目的というよりは、単純に自身にできることをしようとする態度であり、民俗的・宗教的医療行為の有無が、科学的医療の浸透・不浸透を判断する材料にはならない。

以上、京都近郊における医療と医師について「日記」をもとに具体的に描出し、患者側からみた近世後期の医療の具体像を提示することができたと考える。

表2　諸医師への薬礼

年	月　日	医師名	居住地	薬礼内容
天明7	12月27日	河奈辺恒斎	下久世村	謝儀として銀三両
8	12月28日	〃	〃	謝礼として南鐐二片
寛政7	7月13日	上田元林	向日町	刺鯖一刺・銀六匁（診察頼ミ、家方之丸剤四貼申受候謝儀）
	12月29日	〃	〃	薬料三匁・かます十枚
8	7月13日	〃	〃	丸薬料三匁・素麵十包
	12月28日	生駒大輔	神足村	金百疋（彦五郎服薬仕候ニ付謝儀）
9	閏7月13日	小児医者	竹田村	煎薬七ふく壱廻り分・代銀三匁
	11月24日	真経寺門前売家之女房	向日町	鲟魚十枚（亀五郎疳之灸治）
10	7月12日	岡一安	京都	薬料として南鐐一片
	7月13日	生駒大輔	神足村	謝礼白銀一封、売薬代合四拾七匁八分
文政9	7月11日	新宮涼庭	京都	薬礼銀六十二匁（薬剤二百余、水薬二壺）
	〃	六人部氏	〃	金二百疋（煎剤百廿余ニ其外水薬・散薬・丸薬等、丸薬代ハ別ニ直段聞ニ遣）
	12月19日	新宮涼庭	〃	銀百目
10	7月14日	〃	〃	謝礼金一両壱歩、別ニ目薬料百疋
	12月29日	泉内匠	〃	薬料三分二朱（薬代ニ而前日ゟ応対之事也）
12	7月13日	新宮涼庭	〃	謝礼南（鐐）三片
天保14	12月14日	〃	〃	謝礼金三歩

註：金額等の判明するもののみを挙げた。なお天保14年は、直珍の妻が新宮の診察をうけている。

(1)　海原亮『近世医療の社会史』(吉川弘文館、二〇〇七年)が、これまでの研究史を整理している。
(2)　中村文「村と医療――信濃国を事例として――」(『歴史学研究』六三九号、一九九二年)、前掲海原著書第一部第三章等。
(3)　山中浩之「在郷町における医家と医療の展開」(中部よし子編『大坂と周辺諸都市の研究』一九九四年)、竹下喜久男「摂津北部一豪農の医療への関わり」(大阪大学文学部日本史研究室『近世近代の地域と権力』、一九九八年)。
(4)　都市部近郊の医療という点では、長田直子「近世後期における患者の医師選択」(『国立歴史民俗博物館研究報告』第一一六集　地域蘭学の総合的研究、二〇〇四年)が江戸近郊の多摩地域を扱っている。
(5)　日記については序章。
(6)　大島直良は上久世村湯浅家より大島直方の養子に入った人物で、岡本左内(湯浅利政)は実父で医の心得があった。
(7)　三宅宗仙・宗達は妙法院門跡の侍医で、小児科医として十代二百年続いた家である。(前掲『京都の医学史』本文編)。
(8)　のち遐年姫と改名、直良は姫の読書指南役も勤めていた(第五章)。
(9)　「日記」享和三年八月九日条。
(10)　「日記」の裏表紙には筆記者が「直良記」「武幸誌」とその名を記しているが、文政九・一〇年は「武幸誌」と記されながらも、武幸眼疾のため、実際には直良がほぼすべてを筆記している(序章の表参照)。
(11)　宇田原中(源仲・愿仲とも)については、第五章参照。なお、「日記」では「原中」・「原仲」と表記されているため、本節では「原中」の表記で統一する。
(12)　天保一四年「日記」は基本的に大島直珍が執筆しているが、一月に主命により直珍が信州松本へ下向して留守であった期間、「日記」は直良が執筆している。この箇所は直良によるもの(序章の表参照)。

初出一覧

序　章　新稿

第一章　新稿

第二章　「京都近郊相給村落における百姓の「壱人弐名」」（『日本歴史』七四六号、二〇一〇年）を改稿

第三章　新稿、但し鷹陵史学会第一七回年次研究大会報告「村役人層による医師活動の社会的要因——山城国乙訓郡上里村大島家の事例から——」（二〇〇八年）を基礎に成稿

第四章　「公家家来と百姓の壱人両名——大島数馬と利左衛門——」（『地方史研究』三六〇号、二〇一二年）を改稿

第五章　新稿

第六章　「近世後期京都近郊村落における医師の活動実態——山城国乙訓郡上里村大島家の事例——」（『鷹陵史学』三四号、二〇〇八年）を改稿

第七章　「村落共同体における医師の役割——変死隠蔽事件を事例として——」（『地方史研究』三四七号、二〇一〇年）を改稿

終　章　新稿

付　論　新稿、一部は修士論文を改稿

あとがき

本書は、平成二十四年（二〇一二）度、佛教大学へ提出した学位請求論文「京都近郊相給村落と近世百姓」に加筆・修正を施し、付論一編を加えたものである。

本書の各章は、筆者が研究初期より取り組んできた、山城国乙訓郡石見上里村と同村大島家に関わる論考のみを以て構成している。初出一覧に明らかなように、およそ半分は新稿である。既発表論文についても、投稿時、紙幅の都合から割愛した内容を中心に加筆・修正している。

筆者の研究は、大島家の「日記」と、その〝主人公〟ともいうべき大島数馬直良に導かれるまま、次第に形になってきたように思う。もっとも、直良や「日記」の登場人物たちとの付き合いは九年近くになるが、彼らに接する筆者の視点や関心には、その間、変遷があった。

筆者は学部生時代、近世在方における学芸の展開を研究テーマにした。それは幼少期以来の漢学好きや和本漁りといった、若者らしからぬ趣味から生じた関心であったけれども、村にあって学問をする「在村知識人」、さらにその学問や知の伝播を「医療」という形で可視的にみる「在村医」というテーマが、筆者にはしっくりと合ったからである。こうした研究テーマの設定は、偏に恩師である竹下喜久男先生に、ゼミ所属以前から御目を掛けていただき、懇切なご指導を賜った御蔭であった。

卒業論文では、諸塾の門人帳によって、山城国の村々から、主に京都へ遊学する者たちを追い、修士課程では、より個別具体的な「在村知識人」の活動事例を明らかにすることをめざした。幸い、京都近郊の村に住み、手習師匠にして医師でもある大島家という、うってつけの「在村知識人」――とみなした家に、長期にわたる日記があると知って、これを分析することにした。大島家「日記」は、ほとんど研究に使用されたことのなかった史料でもあり、これを読み進める作業は、ひたすらに楽しかった。

しかし、どうもおかしい。

確かに大島直良は「在村知識人」である。医師である。手習師匠でもある。また公家に勤仕もしている。だが「日記」を読めば読むほど、彼の生活の中心が、そのどれでもないことが明らかになった。「日記」には、医師としての往診記事なども多数あるが、それよりも、耕作をはじめ、村の寄合、伊勢講の当番といった、そういう何気ない村での日常の記事が多くを占めている。特記される事件も、百姓の誰と誰が不和であるといったものから、主家である正親町三条家の内情に関わるものまで、実に多種多様であった。大島家の百姓らしい側面と、公家家来・医師・手習師匠として側面は、何の区別もなく打ち交り、渾然一体となっている。ならば、「在村知識人」といえる記事だけを「日記」から抽出してまとめてみたところで、大島家や直良の活動意義は、何もみえてはこないのではないか。

かくして、村や百姓そのものを詳細に分析・理解して、多面的総合的に研究する必要性を強く感じるようになった。もっとも、こうした問題に本格的に取り組みだしたのは、「在村医」をテーマとした修士論文をまとめて以降である。

「日記」以外の大島家文書や、同村のほかの文書群から、石見上里村という京都近郊相給村落や百姓そのものを分析し始めると、それが想像以上に大変な作業であることがわかったが、なんとか時間と労力をかけながら、石見上里村の基礎構造や同村百姓の特質を、地道に分析する作業を進めていった。

研究上の大きな転機となったのは、「六右衛門一件」と「壱人両名」である。もっとも、大島家文書を分析していくなかで、正親町三条家家来大島数馬と百姓利左衛門が同一人物ではないか？という疑問とその確信をもったのは、かなり早い時期だったと思う。ただし当初、公家侍と百姓という、二つの姿と名前を使い分け、まるで変身でもするかの如きこの状況を、面白いとは思ったが、どのように考察すべきか、必ずしもその道筋はみえなかった。これを本格的に考察し始めたのは、文政期の村方騒動「六右衛門一件」分析のなかで、「壱人両名」という史料用語と遭遇してからである。この用語を発見したことで、大島数馬＝利左衛門という構図もまた、「壱人両名」と位置づけるべきであることが、はっきりとみえてきた。また、六右衛門一件における忠右衛門＝六右衛門という状況とそれをめぐる騒動は、相給村落における株百姓の領主帰属や実態、そして身分支配の分析へと、研究を発展させるきっかけともなった。

「六右衛門一件」と大島家の「壱人両名」は、その後石見上里村以外における筆者の研究にも、大きな影響を与え、一つの画期となった。これ以降、筆者は「壱人両名」を研究テーマとして取り組むようになり、様々な史料に恵まれたこともあって、百姓のみならず、京都町人、帯刀人、後期糸割符、地下官人といった人びとの身分格式へと、関心を広げることになった。百姓・町人側に立脚して、そのあり方から近世社会を分析する視点は、「在村知識人」への関心以来のものだが、現在の筆者の研究課題には、大島家「日記」と大島直良に導かれるまま、見出されたものが多い。故に本書にまとめた石見上里村と大島家の研究は、筆者にとってまさに研究の原点といえるのである。

もっとも、百姓の建前と実態に着目して、その分析を重視するようになったのは、竹下先生のご退職にともない着任された渡邊忠司先生からご指導頂いたことや、とりわけ、修士二年だった平成十八年（二〇〇六）から今日まで、東近江市教育委員会市史編纂室において、大量の町共有・個人文書の調査・整理に、長らく関わらせて頂いていることが大きく影響している。文書の調査・整理における「現場」での経験、生の史料を大量にみることでしか得られない着想や問題関心は、筆者の研究上の基礎になっている。同所での経験を基に、佛教大学図書館や草津宿街道交流館でも長時間、史料の調査・整理に関わらせていただき、京都町人や宿駅関係の文書群に接し得たことも、実に有意義であった。いずれの「現場」でも、多くの関係各位には大変お世話になった。感謝の念に堪えない。

今日にいたるまで、大学の内外を問わず、多くの関係各位から受けたご厚情に対する感謝は、到底筆紙に尽くし得ない。幾多の言い得ぬ障碍のなか、まがりなりにも研究を継続することができたのは、偏に先輩、友人、仲間や知己を始めとする、周囲の恩恵と庇護によるものである。今ご芳名を列記し得ない非礼をお詫びしつつ、お世話になったすべての方々に、等しく、衷心より謝意を表したい。

大島家文書を主史料とした本研究には、ご子孫の大島直良氏・ご令室富美子氏・ご子息直人氏から、ご理解と種々のご教示を賜った。先祖とご同名である直良氏と初めてお会いしたのは、筆者が修士一年であった平成十七年（二〇〇七）の初夏のことであった。見も知らぬ若造による、ほとんど突然の訪問であったにもかかわらず、ご親切に様々なお話を聞かせて下さったことを、今でも懐かしく思い出す。本書刊行に際しては、富美子氏・直人氏からも、親しくお話をうかがうことができた。大島家の皆様に、深く感謝の意を表したい。

なお、本書は佛教大学研究叢書の一冊である。叢書の一冊として出版を許可された佛教大学の関係各位、および刊行に際してお世話になった思文閣出版の原宏一・大地亜希子両氏に御礼申上げる。

最後に私事にわたり恐縮だが、苦労をかけ続けている両親に本書を呈し、日頃の感謝のしるしとしたい。

平成二十五年癸巳臘晦

尾脇秀和

索　　引

か

◎著者略歴◎

尾脇秀和（おわき・ひでかず）

1983年　京都府生まれ
2005年　佛教大学文学部史学科卒業
2013年　佛教大学大学院文学研究科博士後期課程修了、博士（文学）
現　在　佛教大学総合研究所特別研究員

〔主要論文〕
「近世「壱人両名」考―身分・職分の分離と二重身分―」（『歴史評論』732号、2011年）、「幕末期京糸割符の動向とその終焉―「糸割符」の身分格式と特権―」（『日本史研究』599号、2012年）、「近世禁裏御香水役人の実態―地下官人の職務・相続・身分格式―」（『古文書研究』75号、2013年）ほか

佛教大学研究叢書22

近世京都近郊の村と百姓（きんせいきょうときんこうのむらとひゃくしょう）

2014（平成26）年2月25日発行

定価：本体4,800円（税別）

著　者　尾脇秀和
発行者　佛教大学長　山極伸之
発行所　佛教大学
〒603-8301　京都市北区紫野北花ノ坊町96
電話　075-491-2141（代表）
制　作
発　売　株式会社　思文閣出版
〒605-0089　京都市東山区元町355
電話　075-751-1781（代表）

印　刷
製　本　シナノ書籍印刷株式会社

 ISBN978-4-7842-1731-1　C3021

『佛教大学研究叢書』の刊行にあたって

二十一世紀をむかえ、高等教育をめぐる課題は様々な様相を呈してきています。科学技術の急速な発展は、社会のグローバル化、情報化を著しく促進し、日本全体が知的基盤の確立に大きく動き出しています。高等教育機関である大学も、その使命を明確に社会に発信していくことが重要な課題となってきています。

本学では、こうした状況や課題に対処すべく、先に「佛教大学学術振興資金」を制度化し、教育研究の内容・成果を公表する体制を整備してきました。その一部はすでに大学院、学部の研究紀要の発行などに実を結び、また、通信教育課程においては鷹陵文化叢書、教育学叢書、社会福祉学叢書等を逐次刊行し、研究業績のみならず教育内容の公開にまで踏み出しています。今回の『佛教大学研究叢書』の刊行はこの制度化によるもう一つの成果であり、今後の本学の研究を支える根幹として位置づけられるものと確信しております。

研究者の多年にわたる研究の成果は、研究者個人の功績であることは勿論ですが、同時に、本学の貴重な知的財産としてこれを蓄積し、活用していく必要があります。したがって、それはまた特定の研究領域にのみ還元されるものでもありません。社会への発信が「知」の連鎖反応を呼び起こし、延いては冒頭にも述べた二十一世紀の知的基盤社会を豊かに発展させることに、大きく貢献するはずです。本学の『佛教大学研究叢書』がその貢献の柱になることを、切に願ってやみません。

二〇〇七年三月

佛教大学長　福原隆善